Knaur.

Knaur.

*Im Knaur Taschenbuch Verlag ist von
Manfred Lütz außerdem erschienen:*
Lebenslust

Über den Autor:
Dr. med. Dipl. theol. Manfred Lütz ist Facharzt für Psychiatrie und Psychotherapie, Nervenarzt und Theologie. Er arbeitet als Chefarzt eines psychiatrischen Krankenhauses in Köln und ist zudem Berater großer Wirtschaftsunternehmen.

MANFRED LÜTZ

Der blockierte Riese
Psycho-Analyse der katholischen Kirche

Mit einem Geleitwort von Paul Watzlawick

Knaur Taschenbuch Verlag

In diesem Buch ist aus rein pragmatischen Gründen der Lesbarkeit stets die männliche Sprachform gewählt worden, wofür ich Leserinnen um Verständnis bitte. Der Paartherapeut Jürg Willi konstruierte den Satz: »Wenn man/frau mit seiner/ihrem Partner/in zusammenleben will, so wird er/sie zu ihr/ihm in ihre/seine oder sie/er in seine/ihre Wohnung ziehen«, um deutlich zu machen, dass eine befriedigende Lösung des Sprachproblems nicht möglich ist. »Ich ziehe die einfache Sprache der zwar korrekteren, aber unübersichtlicheren vor.« Diese Auffassung teile ich.

Besuchen Sie uns im Internet:
www.knaur.de

Vollständige Taschenbuchausgabe 2001
Droemersche Verlagsanstalt Th. Knaur Nachf., München
Copyright © 1999 Pattloch Verlag, München
Alle Rechte vorbehalten. Das Werk darf – auch teilweise – nur mit Genehmigung des Verlags wiedergegeben werden.
Umschlaggestaltung: ZERO Werbeagentur, München
Satz: Beate Endres, Neuburg
Umbruch: Ventura Publisher im Verlag
Druck und Bindung: Clausen & Bosse, Leck
Printed in Germany
ISBN 3-426-77534-4

INHALTSVERZEICHNIS

Geleitwort von Paul Watzlawick · · · · · · · · · · · · · · · · · 9
Vorwort des Autors · 11
Einleitung · 13

I. Einblicke – Vor der Therapie · · · · · · · · · · · · · · · · · 17

II. Der Patient – Zur Situation der katholischen Kirche · · · 22
   1. Feststehende Riten 22
   2. Vaterlose Gesellschaft und Heiliger Vater · · · · · · · · · · 26
   3. Machtvolle Familienmythen · · · · · · · · · · · · · · · · · 37
   4. Drama ohne Ende · 41

III. Scheiternde Therapien –
    Über schlechte Erfahrungen mit der Psychotherapie · · · 46

IV. Skeptische Hoffnung –
    Der Paradigmenwechsel in der Psychotherapie · · · · · · · 53

V. Blockierungen – Sichere Wege zum Unglücklichsein
   und ihre sorgfältigen kirchlichen Umsetzungen · · · · · · · 67
   1. Das Utopiesyndrom · 67
   2. Die großen Vereinfachungen · · · · · · · · · · · · · · · · · 76
   3. Die Starrheit der Rollen · · · · · · · · · · · · · · · · · · · 78
   4. Die ahistorische Einstellung · · · · · · · · · · · · · · · · · 79

VI. Lösungen – Was die Kirche über die Verwendung
    von Ochsen und Zahnlücken lernen kann · · · · · · · · · · · 84

1. Systemische Klassiker –
   Paul Watzlawick und die Folgen 84
2. Ein therapeutisches Genie –
   Milton Erickson und die Hypnotherapie 94
3. Radikale Konsequenz –
   Steve de Shazer und die lösungsorientierte Therapie .. 98
4. Erfolgreiches Management –
   Gunther Schmidt und die Organisationsberatung 113

VII. Der blockierte Riese –
   Über die Kräfte der katholischen Kirche 116
1. Die katholische Lösung –
   Eine Lösung zweiter Ordnung 117
2. Psychologisch unmöglich, aber wirklich katholisch –
   Die Orden und das Exklusivitätsverbot 121
3. Perspektivwechsel –
   Was die katholische Kirche von einem
   Stammtisch unterscheidet 123
4. Beleuchtungswechsel –
   Der Weg aus der kirchlichen Problemtrance 127
5. Utilisieren von Problemen –
   Über die Zahnlücken der Kirchengeschichte 137
   a) Die Kriminalgeschichte des Christentums 138
   b) Licht ins Horrorkabinett: Über Kreuzzüge,
      Hexen, Ausbeutung und Inquisition 139
   c) Kirchengeschichte als Heilsgeschichte? 150
6. Bewältigungsstrategien –
   Bewährte Methoden, Rückfällen zu begegnen 151
   a) Aufbruch: Über die Quellen kirchlicher Kräfte 152
   b) Den Ochsen über die Mauer werfen – oder:
      Wie die Kirche Krisen meistert 155
7. Ressourcen – Warum »dieser Saustall
   zweitausend Jahre nicht untergegangen ist« 164

a) Man kann sich die Löwen nicht aussuchen – oder:
Über Ressourcen reden 179

b) »Abgesehen von seinen heiligen Weihen
ist dieser Pfarrer ein Esel« – oder:
Über Unterschiede,
die einen Unterschied machen 189

c) Wie man hässliche Krähen lieben kann – oder:
Über zirkuläres Fragen 207

d) Jenseits der katholischen Herzoperation – oder:
Etwas anders machen! 219

VIII. Der entfesselte Riese –
Ausblicke nach der Therapie 226

Nachwort · 242
Anmerkungen · 245
Literaturverzeichnis · 264
Stichwortverzeichnis · 269

Geleitwort

Vor noch nicht allzu langer Zeit war man in der Psychotherapie durchgängig der Ansicht, dass menschliche Probleme in aller Regel eine Sache des Individuums sind und auch dort analysiert und behandelt werden müssen. Individuelle Eigenschaften und ihre Pathologien standen im Mittelpunkt des Interesses. Die erzielten Ergebnisse blieben freilich weitgehend unbefriedigend. Die Entwicklung der systemischen Therapie hat demgegenüber die Aufmerksamkeit auf die Beziehungen zwischen Menschen gelenkt, auch Gruppen wie zum Beispiel Familien in den Blick genommen und so einen Paradigmenwechsel in der Psychotherapie herbeigeführt. Dadurch trat die Befassung mit hilfreichen Veränderungen und effektiven Lösungen in den Vordergrund.

Was noch vor einigen Jahrzehnten kaum möglich schien, vollzieht sich inzwischen auf breiter Front: Die Übernahme systemischen Denkens in vielen unterschiedlichen Therapieschulen. Darüber hinaus wurden diese Denkformen und dieses Wirklichkeitsverständnis aber auch in anderen Lebensbereichen erfolgreich angewandt. So hat die Unternehmensberatung davon profitiert, denn die Überwindung der Einschränkung auf das Individuum ermöglichte den neuen Therapieformen die Berücksichtigung umfangreicher und komplexer Beziehungssysteme.

Dieses Buch macht den interessanten Versuch, systemisches und lösungsorientiertes Denken auf eine Großorganisation, die katholische Kirche, anzuwenden. Es handelt sich dabei um einen in Therapeutenkreisen relativ unbekannten Patienten mit manchen irritierenden, aber auch zahlreichen erstaunlichen Facetten. Manfred Lütz ist es gelungen, ungewöhnliches Licht auf diese Einrichtung zu werfen und so ein spannendes und unterhaltsames Panorama der katholischen Kirche unter systemischer Perspektive zu zeichnen. Es werden originelle und aussichtsreiche Auswege aus krisenhaften Sackgassen gewiesen. Ein bemerkenswertes Buch, das beweist, dass die Nutzanwendung systemischen Denkens weit über die klassische Einzeltherapie hinausgeht.

Ich wünsche dem Buch und systemischem Denken in Deutschland weite Verbreitung.

Palo Alto, im November 1998 *Paul Watzlawick*

*»Ich glaube jedoch, dass unter den Trümmern
der gegenwärtigen Institutionen noch die
katholische Hierarchie weiterleben wird.«*

Wladimir Iljitsch Lenin

Vorwort des Autors

Das vorliegende Buch unternimmt es, moderne systemisch lösungsorientierte Psychotherapieverfahren auf die krisenhafte Situation der
katholischen Kirche anzuwenden.

Vielfältige Anregungen haben zum Entstehen dieses Buches beigetragen. Joachim Hesse, dem profunden Kenner neuester psychotherapeutischer Entwicklungen, danke ich dafür, mich vor nun fast 10 Jahren in vielen kontroversen und fruchtbaren Diskussionen auf diese
neuen Sichtweisen neugierig gemacht zu haben. Die hier vorgelegten
Thesen konnten sich dann in vielen Vorträgen der Kritik stellen und
dadurch Kontur gewinnen. Nicht zuletzt waren es die kraftvollen und
kreativen Lösungen meiner Patienten, die mich immer wieder motivierten, die Fruchtbarkeit dieser neuen Methoden auch an einem so ungewöhnlichen »Patienten« wie der katholischen Kirche auszuprobieren.

Der Bindestrich im Titel bei »Psycho-Analyse« ist bewusst gesetzt.
Denn in diesem Buch steht nicht die klassische »Psychoanalyse« im
Vordergrund – obwohl ihre Denkformen in den ersten Kapiteln Verwendung finden –, sondern modernere Verfahren, die zur »Analyse«
und »Therapie« der Kirche in analoger Weise angewandt werden.

Herrn Professor Dr. Michael N. Ebertz, Freiburg, danke ich für die
kritische Prüfung der soziologischen Aspekte und Herrn Professor Dr.
Dipl. psych. Jörg Fengler, Köln, für manchen psychotherapeutischen
Hinweis.

Ohne die anregenden Gespräche mit Herrn Bernhard Meuser, dem
Leiter des Pattloch-Verlages, und sein unermüdliches Drängen wäre
das Buch gewiss so nicht zu Stande gekommen.

Wellerswist, im Januar 1999   *Manfred Lütz*

Einleitung

Der bekannte österreichisch-amerikanische Psychotherapeut Paul Watzlawick ist der Überzeugung, man finde die von ihm bevorzugten ungewöhnlichen Lösungen am ehesten bei »Barmännern, spontan remittierten Neurotikern, Vertretern, Ladendetektiven, Finanzberatern, Lehrern, Bewährungshelfern, Linienpiloten, Polizisten mit einem Talent für die Entschärfung brisanter Situationen, einigen eher charmanten Gaunern, erfolglosen Selbstmördern, Psychotherapeuten – und sogar einigen Eltern«.[1] In der Tat, wer sich mit modernster Psychotherapie befasst, ist immer wieder genötigt, die üblichen Trampelpfade zu verlassen und auf Abenteuerfahrt zu gehen. Doch diese Abenteuer lohnen sich, denn sie eröffnen ganz erstaunliche Perspektiven. Das hat die Pioniere moderner Psychotherapie ermutigt, die neu eingeschlagenen Wege mit radikaler Konsequenz zu Ende zu gehen. Das Ergebnis ist, dass die Erfolge dieser neuen Richtungen in den letzten Jahren zu einem Paradigmenwechsel in der gesamten Psychotherapie geführt haben. Selbst große Wirtschaftsunternehmen nutzen systemische und lösungsorientierte Sichtweisen, um Krisen elegant und effizient zu bewältigen.

Dieses Buch kann man als Einführung in solche modernen psychotherapeutischen Verfahren lesen. Freilich bleibt eine Einführung in die Psychotherapie immer trocken und spröde, wenn sie nicht an einem Beispiel erfolgt. Wie soll man aber einen Patienten finden, den alle Leser wenigstens vom Hörensagen her kennen? Da trifft es sich gut, dass gerade diese neue Therapierichtung die Einengung auf das isolierte Individuum überwunden hat und den Patienten immer als Teil sozialer Systeme sieht. Die Familientherapie hat den »Patienten Familie« entdeckt, und die Organisationsberatung hat solche Sichtweisen sogar auf Großorganisationen übertragen. Gesucht wird für unsere Zwecke also eine hinreichend marode Großorganisation, die möglichst allen ein Begriff ist. Und da bietet sich in unseren Breitengraden geradezu der Musterfall eines Patienten an: die katholische Kirche!

Wo wäre das, was man so landläufig »verklemmt« nennt, wohl besser zu studieren? Wo kann man Resignation, Frustrationen und bedrückte Stimmung bis hin zu veritablen Jammerdepressionen zuverlässiger und uneingeschränkter finden? Wo ist eine Problemtrance schneller herstellbar? Und das alles erfreulicherweise bei großer Medienaufmerksamkeit, die es selbst Lesern, die noch nie einen Katholiken in freier Wildbahn bewusst erlebt haben, ermöglicht, sich wenigstens ungefähr vorzustellen, worum es sich handelt. Außerdem hat dieser Patient eine ziemlich interessante Krankengeschichte, deren genauere Kenntnis nebenbei der Allgemeinbildung nützen kann. Schließlich haben sich schon alle möglichen Therapeuten an der katholischen Kirche ziemlich erfolglos versucht, was den ganz neuen Methoden eine attraktive Chance gibt zu zeigen, was wirklich in ihnen steckt.

Mit klassischen Methoden würde man bei diesem Patienten vielleicht – psychoanalytisch – eine frühe Störung feststellen, die in den ersten Lebensmonaten angelegt war, oder – verhaltenstherapeutisch – falsche frühe Prägungen in Zeiten der Gründung. Das ist alles schon probiert worden, doch zu therapeutischen Fortschritten haben diese Bemühungen nicht geführt. Dennoch können solche herkömmlichen Sichtweisen nützlich sein für eine Beschreibung der Lage. Die Situation der katholischen Kirche erinnert nämlich geradezu penetrant an die schwierigste Familienkonstellation, die wir so kennen – die der Alkoholikerfamilie: Spaltungen, Depressionen, Abwertungen, Überverantwortlichkeit, Rollendiffusionen, Überlastung aller Beteiligten. Man kann den Alkoholismus geradezu als Selbstmord auf Raten bezeichnen, der ganze Familien ins Verderben stürzt.[2]

Dass den Autor bei einem solchen Patienten unweigerlich eine gewisse Lust auf Therapie überkommen muss, hat damit zu tun, dass er vor seiner derzeitigen Chefarzttätigkeit an einem großen psychiatrischen Krankenhaus lange Jahre Leiter der Suchtklinik war, die als erste in Deutschland ein modernes, konsequent syste-

misch lösungsorientiertes Psychotherapiekonzept erfolgreich an-
wandte. Paul Watzlawick, Steve de Shazer, Helm Stierlin, Gunther
Schmidt, Fred Kanfer und viele andere Avantgardisten der Psychotherapie trugen persönlich zur Entwicklung und Umsetzung dieser
Konzeption bei.[3] In der Beratung großer Wirtschaftsunternehmen
fand der Autor die Fruchtbarkeit dieser neuen Sichtweisen ebenfalls immer wieder bestätigt.

Auch der Patient katholische Kirche ist ein Großunternehmen,
in gewisser Weise sogar ein multinationaler Konzern. Auf einen Be-
handlungsversuch bei diesem blockierten Riesen käme es also jedenfalls an. Freilich, um das Wort von Paul Watzlawick aufzugrei-
fen: Die katholische Kirche ist gewiss der erfolgloseste Selbstmör-
der der ganzen Menschheitsgeschichte. Zweitausend Jahre lang ist
es ihr trotz eifriger Bemühungen nicht gelungen, sich selbst den
Garaus zu machen. Da wäre von dieser merkwürdigen Einrichtung
womöglich noch etwas zu lernen. Gleichzeitig könnte man dabei
aber auf verborgene Kräfte stoßen, die für eine Therapie des Patienten nützlich sind. Sicher ist, dass es ungewöhnliche Methoden sein
müssen, die zum Einsatz kommen sollten, aber aus fachlicher Sicht
gibt es Hinweise, dass die Aussichten auf einen Erfolg der Therapie
gar nicht so schlecht stehen, wie man auf den ersten Blick denkt. Es
ist da mit einigen erstaunlichen Ergebnissen zu rechnen.

Für denjenigen, der den lieben Gott einen guten Mann sein lassen will und dem die Kirche ein böhmisches Dorf ist, kann dieses
Buch Aufschluss über die moderne Psychotherapie und über ein
vielleicht ganz unterhaltsames Therapiebeispiel geben. Er wird darüber hinaus Einblicke in die europäische Geistesgeschichte nehmen und erfahren können, wie Katholiken so denken und leben.
Außerdem werden Kabinettstücke der Kirchenkritik – unter freilich ungewöhnlicher Beleuchtung – dargeboten. Vielleicht ist auch
jemand, der für Dinosaurier schwärmt, an einem solchen zweitausendjährigen Urvieh besonders interessiert. Immerhin ist die katholische Kirche die älteste bestehende Großinstitution der Welt.

Für den Christen, zumal für den Katholiken, werden andere
Aspekte im Vordergrund stehen. Er wird ebenfalls etwas über mo-

derne Psychotherapie erfahren. Aber er wird die Darstellungen der Kirchengeschichte als die eigene »Familiengeschichte« lesen mit all den »Familienmythen« und traumatischen Krisen. Er ist ja Teil dieser »Alkoholikerfamilie«, und so werden ihn vor allem die Lösungen interessieren, die endlich Entlastung bringen könnten, die aus Sackgassen herausführen und Kräfte für die Zukunft freisetzen. Vielleicht wird er überrascht sein, dass ein Psychotherapeut den Patienten Kirche für gar keinen so aussichtslosen Fall hält. Freilich würde auch die völlig ausgebrannte Frau eines passionierten Alkoholikers jedem therapeutischen Optimismus zunächst mit verärgerter Skepsis begegnen.

I.
Einblicke – Vor der Therapie

Begeben wir uns also zum Anwärmen gleich einmal mitten in den katholischen Suppentopf: Tatort Deutschland, eine beliebige katholische Pfarrgemeinde. Der Bischof kommt. Insider nennen diesen Vorgang Visitation. Früher sah dabei der Bischof in einer Pfarrgemeinde nach dem Rechten. Das ist heute anders. Heute ist es eher die Pfarrgemeinde, die den Bischof visitiert. Und das geht dann so: Zeitig vor dem Ereignis trifft sich der Pfarrgemeinderat, bestehend aus engagierten katholischen Christen mittleren Alters, und berät: Was fragen wir den Bischof? Nach monatelangen Debatten kommen völlig überraschenderweise unfehlbar folgende vier Themen zu Stande: erstens, Sexualität und Kirche oder: der Papst und die Kondome; zweitens, der Zölibat als Problem oder: fällt er nicht, haben wir nicht mehr genug Priester; drittens, Frauen und Kirche oder: ohne Frauenpriestertum keine Gleichberechtigung, und schließlich viertens, der römische Zentralismus, die Unfehlbarkeit des Papstes, zu wenig Demokratie in der Kirche oder: wir haben sowieso nichts zu sagen.

Analysiert man diese Diskussionsthemen, so muss man zugeben, dass sie aus sehr unterschiedlichen Bereichen stammen. Streng genommen haben sie lediglich eines gemeinsam: Der Bischof kann auf all das nur unbefriedigend antworten. Er kann nicht während der Visitation die katholische Sexualmoral revolutionieren und Kondome verteilen, er kann nicht während der Visitation den Zölibat aufheben und die Pfarrgemeinderatsvorsitzende heiraten, er kann nicht während der Visitation das Frauenpriestertum einführen und seine neue Frau gleich »durchweihen«, und er kann schließlich nicht während der Visitation den Vatikan abschaffen. Das heißt, er kann in der Tat all diese Fragen nur unbefriedigend beantworten. Er kann das natürlich je nach Mentalität auf sehr unterschiedliche Weise tun. Er kann diese Fragen rheinisch harmlos

17

gemütlich – unbefriedigend beantworten, er kann sie hölzern pflichtbewusst preußisch – unbefriedigend beantworten, er kann diese Fragen kumpelhaft gesellig, ganz einer von uns! – unbefriedigend beantworten, er kann sie verärgert gereizt ungeduldig – unbefriedigend beantworten, er kann diese Fragen melancholisch resignativ entschuldigend – unbefriedigend beantworten, er kann sie charismatisch visionär durchgeistigt – unbefriedigend beantworten, er kann diese Fragen schließlich cholerisch empört deftig – unbefriedigend beantworten, er kann sie aber auch tief betroffen zerbrechlich und gequält – unbefriedigend beantworten. In jedem Fall wird der Bischof alle diese Fragen – unbefriedigend beantworten. Nach der Visitation gehen die Mitglieder des Pfarrgemeinderats nachdenklich nach Hause, man redet noch miteinander über dies und das. Schließlich sagt einer mit einem tiefen Seufzer: »Wir haben uns so große Mühe gemacht, aber er hat alle unsere Fragen unbefriedigend beantwortet.« Auch der Bischof fährt bedrückt nach Hause zurück. Seinem Fahrer sagt er: »Wissen Sie, das war wieder das Gleiche wie in der vorigen Gemeinde, immer die gleichen Themen, aber über die Besonderheiten und Talente dieser Gemeinde habe ich wieder so gut wie nichts erfahren.«

Psychologisch nennt man das eine sorgfältig geplante Frustration. Weihbischöfe, zu deren wesentlichen Beschäftigungen solche Veranstaltungen gehören, darf man angesichts dieses Schicksals getrost für Heiligsprechungskandidaten halten.

Nun bestehen Pfarrgemeinderäte aus anständigen engagierten Christen, die oft mit großer Hingabe ihren Dienst in der Kirche tun. Es sind keine bürgerschreckenden Revoluzzer. Sie kommen aus dem Mittelstand, die Krawatte dominiert. Auch der Bischof ist in der Regel ein freundlicher, eher zurückhaltender älterer Herr, durchaus kein machtlüsterner rigider Chauvi, der nichts lieber täte, als andere Christen zu vergraulen. Dennoch endet dieses Zusammentreffen fast zwangsläufig in der beschriebenen Sackgasse. Zwar werden sich ganz gewiss weder die Mitglieder des Pfarrgemeinderats noch der Bischof auf ihrem Sterbebett für eine der genannten Fragen interessieren. Nicht die Sexualmoral, nicht der Zölibat, nicht das Frauenpriestertum und auch nicht der Vatikan werden sie dann beschäftigen, sondern viel eher die Frage Luthers: Wie finde ich einen gnädigen Gott? Dennoch werden beide Seiten immer wieder von jenem starren Ritus geradezu magisch angezogen, der doch, wie jeder weiß, nur kräfteaufreibend ist und zu nichts Konstruktivem führt. Man nennt so etwas Problemtrance. Sie gleicht der bekannten Konstellation aus »Problemfamilien«, die heute höchst erfolgreich mit Methoden moderner Psychotherapie behandelt werden. Könnte das dann nicht vielleicht auch ein Weg sein, um aus Sackgassen wie der oben beschriebenen Visitationstrance herauszukommen?

Genau das will dieses Buch versuchen, und so handelt es sich einerseits von Psychologie und andererseits von der katholischen Kirche. Doch halt! Sollte man nicht denken, dass beide herzlich wenig miteinander zu tun haben? Die Psychologie scheint ganz gut ohne den lieben Gott auszukommen, und die katholische Kirche hat mit manchen Psychologen betrübliche Erfahrungen gemacht. Da, wo man versucht hat, Psychologie und Theologie zusammenzurühren, kam zumeist nur Unbekömmliches heraus: Psychologie, die sich zur Religion hochstilisierte mit gravitätischen Psychotherapeuten als neuen Beichtvätern, oder Theologen, die sich als Schrumpfformen von Psychogurus gebärdeten, die kleinen Brötchen, die sie in der Psychoszene buken, in der Kirche als Brot des Lebens verkaufend. Da ist es gewiss besser, beide Bereiche fein säuberlich auseinander zu halten.

Dennoch muss man zugeben, dass die oben am Beispiel der Visitationstrance geschilderten derzeitigen Verhältnisse in der katholischen Kirche einem Psychotherapeuten geradezu das Wasser im Munde zusammenlaufen lassen. Ich kenne konservative Katholiken und progressive Katholiken. Bei beiden Gruppen ist trotz aller wohlbekannter inhaltlicher Unterschiede die Stimmung völlig identisch: Es herrscht durchgehend Problemtrance, das heißt, es wird nur noch gejammert. Nun behauptet die Psychologie zwar, dass jammern gesellig mache, doch gewinnt man zunehmend den Eindruck, dass hier derzeit zu viel des Guten geschieht. Beklagt wird der Zustand der katholischen Kirche. Zwar liegen beide Fraktionen dem Inhalt nach in allen üblichen Fragen gründlich im Streit, formal aber stimmt man sogar in der Analyse der Ursachen der Misere vollkommen überein: Schuld am schlechten Zustand der Kirche sind die anderen, nämlich die jeweils andere Fraktion. Je nach intellektuellem Niveau und Temperament spielt sich das auf jeder Ebene ab zwischen Stammtisch und Habilitationsschrift. Die Anklagebank ist aber stets leer, denn die »anderen« sind gar nicht im Raum, und mit denen möchte man auch überhaupt nichts zu tun haben. So trifft man sich nur unter seinesgleichen und sagt dort den »anderen« mal so richtig die Meinung.

Dabei hat sich auch noch ein lästiger Mechanismus eingeschlichen, der irgendwelche Abwechslungen und Überraschungen verhindert: Es gibt inzwischen eine Art political correctness in beiden Lagern, die zur präzisen Organisation geistiger Windstille führt. Sie basiert auf strengen ungeschriebenen Gesetzen: Sagt jemand beispielsweise Positives über den Zölibat, so denken sich die Zuhörer dessen Meinung zu allen anderen kirchlichen Fragen sogleich hinzu. Sagt ein anderer Kritisches über den Reichtum der Kirche, muss er sich auch nicht weiter erklären. Für mehr visuelle Gemüter reicht übrigens schon die Orientierung an der Priesterkleidung aus für die Einteilung in Licht und Dunkel.

Dem Familientherapeuten bietet sich also hier das klassische Szenario einer »Problemfamilie«: Anstrengende Konflikte, Erstarrung der Rollen, dauernder Betrieb, und dennoch kommt aus all dem Trubel nichts Kreatives mehr heraus. Das alles schreit geradezu nach Psychotherapie. Unter Berücksichtigung der genannten Bedenken wird man dabei freilich sehr sorgfältig vorgehen müssen. Die üblichen, aber erfolglosen Rezepturen sind zu vermeiden, und um unzuträgliche Vermischungen auszuschließen, ist darauf zu achten, dass es sich nur um die analoge Anwendung von Psychotherapiemethoden handeln kann. Das verleiht dem Ganzen etwas eher Experimentelles, bietet aber die große Chance ungewöhnlicher Auswege aus einer verfahrenen Lage.

Wer in diesem Buch Bestätigung sucht für das, was er immer

schon gesagt hat, der sollte sich die Lektüre sparen. Wenn es nämlich darum gehen soll, Wege aus eingefahrenen Sackgassen zu finden, ist mit beunruhigend Neuem zu rechnen. Das ist heutzutage freilich so etwas wie ein Stilbruch, und ich war ursprünglich darauf gefasst, bei den einen wie bei den anderen nur auf Ärger und Unverständnis zu stoßen, so dass im besten Fall nützliche Missverständnisse herausgekommen wären. Da war es dann überraschend, dass bei Vorträgen beide Seiten ihren Überdruss an den langweiligen üblichen Streitszenarien äußerten und durchaus gespannt waren, wie vielleicht ganz ungewöhnliche neue Sichtweisen die angestrengte Lähmung beseitigen könnten. Es ist also offensichtlich an der Zeit, aus den alten Laufgräben auszubrechen, denn im Grunde möchten sie doch alle den vielen Menschen, die Gott suchen, wieder kraftvolle und frische Antworten geben. Das Abenteuerliche eines solchen Unterfangens dürfte im Übrigen für Christen nichts Unbekanntes sein, ist doch das Christentum seit der Berufung der Apostel von allem Anfang an ein Abenteuer des Glaubens.

Ein solches Abenteuer wird freilich nur Früchte bringen, wenn man nicht bloß bereit ist, einmal wenigstens probeweise eine andere Perspektive einzunehmen, sondern sich auch mit einer ganz anderen Denkweise zu befassen.

II.
Der Patient – Zur Situation der katholischen Kirche

1. Feststehende Riten

Die katholische Kirche ist lustfeindlich, frauenfeindlich, undemokratisch, hierarchisch unterdrückend, veraltet, romzentrisch, überhaupt institutionell«: So in etwa wird geredet, wenn die Sprache auf diese Kirche kommt. Es soll an dieser Stelle noch gar nicht untersucht werden, inwiefern dieses Bild inhaltlich zutrifft. Vielmehr sticht zunächst bloß das eigenartige Phänomen ins Auge, dass man für solche Behauptungen keine Argumente mehr benötigt. Wer so spricht, dem wird dennoch fast in jedem beliebigen Kreis Zustimmung zuteil werden. Vor allem bei vielen kirchlichen Gruppierungen sind das inzwischen In-Bemerkungen, die sozusagen zum Gattungsbestand gehören und Totemfunktion[4] haben. Das wird an der geradezu urtümlichen Heftigkeit deutlich, mit der geringste Abweichungen von diesem Kanon streng sanktioniert und gegebenenfalls mit Ausstoßung aus der Gruppe der Wohlmeinenden geahndet werden. Warum aber um alles in der Welt legen selbst Kirchenmitglieder auf die Einhaltung dieser Negativklischees einen so großen Wert? Masochistische Selbstbestrafungstendenzen? Doch diese Menschen machen einen ausgesprochen gesunden, geradezu berstend normalen Eindruck!

Wer nach anderen Gründen sucht, der stößt auf ein interessantes sozialpsychologisches Phänomen. Während Katholiken noch vor 40 Jahren eher genau gegenteilige Auffassungen vertraten und jeden Abweichler ausstießen – wehe, jemand sagte etwas gegen den Papst! –, ist das strenge konservative Festhalten an einem Überzeugungskodex heute unverändert, nur der Inhalt hat sich ins Gegenteil verkehrt. Da sich aber die Begriffe konservativ und progressiv unsinnigerweise über den Inhalt definieren, halten sich heutige Vertreter der oben genannten Klischees für mutige Progressive, während sie doch formal die strikt konservative Haltung ihrer Vorväter unverändert an den Tag legen. Diese unreflektierte Konservativität der »Progressiven« ist eines der Grundprobleme der heutigen Kirche. Denn die Selbstdefinition übersieht die unbewegliche und veränderungsfeindliche Starrheit der inhaltlich »progressiven« Positionen, die ganz im Trend liegen und damit keinerlei vitales Innovationspotenzial enthalten. Hierhin gehört auch die so oft festzustellende erstaunliche Intoleranz der »Toleranten«, denn wer sich selbst als tolerant definiert, läuft Gefahr, für die eigene Intoleranz blind zu werden. Wer also behauptet, das traditionelle katholische Milieu gebe es nicht mehr, der hat vielleicht in der falschen Richtung gesucht. Spätestens der gutbürgerliche Habitus dieser so genannten Progressiven verrät, dass man es hier eben keineswegs mit Umstürzlern zu tun hat.

Demgegenüber hat der Konservative zwar nicht die Inhalte gewechselt, aber er wurde gezwungen, seine Verhaltensweisen völlig zu ändern. Er ist heute eher ein exotischer Außenseiter, der auf Barrikaden steht, die er dem Trend entgegenbaut. Seine Auffassungen gelten von vornherein im Wortsinne als abwegig. Wenn er sich traut, auch nur eine der oben genannten Behauptungen vorsichtig in Frage zu stellen und damit ein Tabu zu brechen, muss er sich auf einsamem Posten einem Sturm von Anfeindungen erwehren.[5] Manch einer bestätigt daher einfach die gängigen Klischees und erklärt trotzig, es sei gut, dass die Kirche so sei. In derart bedrängter Lage verwundert es nicht, dass sich viele Konservative in Gruppen Gleichgesinnter zurückziehen, um wenigstens ein bisschen von dem tragenden Milieu zu erleben, das der soziologischen Situation des Konservativen gemäß ist, Gruppen, die dann aber ebenfalls häufig in ihren Positionen erstarren.

Damit ergibt sich soziologisch die erstaunliche Schlussfolgerung, dass das konservative katholische Milieu in zwei konservative Fraktionen auseinander gefallen ist, die sich gerade in ihrem konservativen Beharrungsvermögen durch wechselseitige Polarisierungen und Beargwöhnung von Abweichlern in den eigenen

Reihen noch stabilisieren. Es herrscht zwar äußerlich immer mal wieder klirrender Schlachtenlärm und große Aufgeregtheit zwischen beiden Gruppierungen, aber das sind bloß noch ehern feststehende Riten. In Wirklichkeit bewegt sich da nichts mehr.

Die oben genannten Negativklischees von der katholischen Kirche deuten freilich auch etwas ganz Rührendes an, nämlich die große Sehnsucht vieler Menschen, dass diese Kirche all ihre Hoffnungen und Utopien hier auf dieser Welt verwirklichen könnte, wenn sie nur wollte. Sind doch erfüllte Sexualität, Selbstverwirklichung als Mann oder als Frau und schließlich das Projekt gesellschaftlicher und politischer Freiheit die irdischen Utopien einer Menschheit, die vor höheren Zielen resigniert hat. Von der katholischen Kirche erwartet man offenbar, jenen zerbrechlichen Zielen einen geradezu sakralen Bestand zu geben – und reagiert mit enttäuschter Empörung, wenn diese Kirche sich dem verweigert, da all die in jenen Klischees anklingenden Forderungen eben des spezifisch Religiösen ermangeln und der Transzendenz keinen Raum geben. Tatsächlich verkäme ja eine Religion, die nur noch festtagsgestimmte Paraphrase irdischer Utopien wäre, zur zeitvertreibenden doppelten Buchführung und machte sich überflüssig. So hält gerade die Weigerung der katholischen Kirche, sich einfach anzupassen und bloß im Diesseits aufzugehen, die Sehnsucht aufrecht, die die Aggressivität mancher Kirchenkritik speist.

Es gibt aber auch Bedingungen der Kirchenkrise, die ganz unabhängig von der Kirche selbst sind. Um das wahrzunehmen, ist es allerdings erforderlich, über den katholischen Tellerrand hinauszublicken. Wer die Kirche nicht auch als eine von vielen Institutionen sehen kann und weiß, dass alle Institutionen zurzeit eine Krise durchleben, der wird immer wieder nur kontextblinde binnenkirchliche Problemanalysen erstellen, die an der Sache vorbeigehen. Es gibt eine Krise der Gewerkschaften – die Austrittszahlen liegen hier höher als die Zahl der Kirchenaustritte.[6] Es gibt eine Krise der Politiker – vor wenigen Jahren auch vom damaligen Bundespräsidenten von Weizsäcker thematisiert. Es gibt eine Krise der Schule – wir Psychotherapeuten behandeln heute mehr Lehrer, die

Angst haben vor ihren Schülern, als Schüler, die Angst haben vor ihren Lehrern. Auch an der Universität mehren sich die Probleme – Professoren haben die Aura des Elitären verloren. Die Ärzteschaft ist ebenso krisengeschüttelt – allerorten schießen Geistheiler und andere so genannte alternative Heilkünstler mit lautem Mediengeklingel aus dem Boden und erschüttern die Unvergleichlichkeit der »Halbgötter in Weiß«. Es gibt eine Krise der Polizei – schon vor 30 Jahren sang der österreichische Kabarettist Georg Kreisler: Wer schützt den Schutzmann? Und last but not least: Es kriselt auch im Militär – nach dem Ende des Ost-West-Konflikts fragen viele junge Menschen nach dem Sinn der Armee. Da ist die Krise der katholischen Kirche nur eine unter vielen Institutionskrisen. Offensichtlich binden sich Menschen im Zeitalter der Individualisierung nicht mehr gerne dauerhaft an Verbände und Autoritäten. Die Tatsache, dass auch die Kirche unter diesem allgemeinen soziologischen Trend zu leiden hat, darf nicht als Entschuldigung für mangelnde eigene Bemühungen um notwendige Veränderungen missbraucht werden. Aber es wäre provinzielle Kirchturmpolitik, diese soziologischen Phänomene einfach zu ignorieren – wie es in den meisten Analysen der Kirchenkrise dennoch geschieht.

Freilich muss man zugeben, dass sich die Krise der katholischen Kirche von allen anderen Institutionskrisen auf eine spezifische Weise unterscheidet: Obwohl bekennende Katholiken in der heutigen Gesellschaft eine kleine Minderheit sind, ist die katholische Kirche vor allem in den Medien überproportional präsent mit einem geradezu monströsen und rigiden Negativklischee, das im Übrigen mit hoher Suggestivkraft auch auf die Kirchenmitglieder selbst zurückwirkt. Wie Gulliver liegt der blockierte Riese unbeweglich da, und tausende kleiner Wichte scheinen damit befasst, ihn zu fesseln und gefesselt zu halten. Irritiert, hilflos und resigniert reagieren viele Katholiken auf das hohe Ausmaß an Aggressivität, ja oft sogar an Hass, das gegen sie anbrandet, ohne dass sie sich eigentlich erklären können, was sie denn so Schlimmes tun, wenn sie bloß sagen, dass sie katholisch sind.

2. Vaterlose Gesellschaft und Heiliger Vater

Bei dem Versuch, diesen merkwürdigen Befund zu erklären, gewinnt ein Standardwerk der kritischen Linken irritierende Aktualität. 1963 verfasste Alexander Mitscherlich, Psychoanalytiker, Sozialpsychologe und später eines der Idole der achtundsechziger Studenten, das ideenreiche Buch »Auf dem Weg zur vaterlosen Gesellschaft«.[7] Darin machte er deutlich, dass in der Massengesellschaft die Väter in die Krise geraten seien. Das, was die klassische Psychoanalyse Freuds für die eigentliche Rolle der Väter erklärte, nämlich Repräsentanten von Norm und Moral zu sein und in die kulturellen Traditionen einzuführen, genau das konnten nach Mitscherlich in einer solchen Situation zumal deutsche Väter nach dem Zweiten Weltkrieg unter anderem durch ihre Verwicklung in den Nationalsozialismus nicht mehr leisten. Auch wenn man diese Sichtweise im Einzelnen hinterfragen kann, sowohl was den psychoanalytischen Ansatz als auch was die soziologische Analyse betrifft, so muss man doch zugeben, dass das Ziel dieses Weges aus unterschiedlichen Gründen offensichtlich erreicht ist.

Man spricht heute von der äußeren und inneren Abwesenheit der Väter. Äußere Abwesenheit: Da sind diejenigen Väter, die ihrer Verantwortung physisch entfliehen, indem sie die Mütter und ihre Kinder allein lassen. Das gilt nicht nur für Trennungs- und Scheidungssituationen, sondern auch für die Väter, die formal Familienväter, aber in Wirklichkeit doch nicht da sind. Anlässlich der Verabschiedung eines Chefarztkollegen hörte ich den maliziösen Spruch, eine Arztfrau sei eine Witwe, deren Mann noch nicht gestorben ist. Das gilt aber auch für andere berufsvernarrte Väter. Innere Abwesenheit: Das meint die Väter, die, was ihr psychisches Alter betrifft, immer etwa ein Jahr jünger sein wollen als der jüngste Sohn. Es sind Väter, die alles, aber auch wirklich alles verstehen und natürlich auch billigen, die mit diesen Söhnen womöglich auch noch haschen gehen und die eigene Jugendlichkeit am liebsten verewigen würden. Mit all dem dementieren sie aber nur beständig ihre Rolle.

Auf diese Weise wird solchen Kindern die Pubertät vorenthalten, das Entstehen einer eigenen Position im Protest gegen einen verlässlichen Widerstand. Wie viel von der allgemein beklagten Jugendgewalt ist allein gelassene vagabundierende Aggression, die Objekte sucht, welche ernsthaft standhalten? Aber auch Ersatzobjekte bieten sich nicht mehr an. Viele Lehrer sind der pädagogischen Auseinandersetzungen mit ihren Schülern schon längst überdrüssig, verzichten auf jeden Bildungsanspruch und verstehen sich nur noch als neutrale Wissensvermittler, bei denen Widerstand ins Leere läuft. Es gibt auch – Gott sei Dank – keinen »Vater Staat« mehr, und gegen Politiker kann man kaum mehr wirksam protestieren. Noch die achtundsechziger Studenten hatten in Kurt-Georg Kiesinger eine veritable Vatergestalt, gegen die sie aufbegehren konnten. Doch heute kann man oft nicht sicher sein, ob ein Politiker, gegen den man protestieren will, zum Zeitpunkt der angemeldeten Demonstration noch der gleichen Auffassung ist. Möglicherweise hat er bis dahin Umfrageergebnisse gelesen, die es geraten erscheinen lassen, eine andere Meinung zu vertreten. Im schlimmsten Fall wird er sich an der Demonstration beteiligen und den Organisatoren für ihren Einsatz danken.

Die Lage wird dadurch verschärft, dass es auch im Erwachsenenalter einen Aggressionsstau gibt, der kaum abreagiert werden kann. So haben Menschen heute so viele Chefs wie noch nie in der Geschichte. Der Leibeigene früherer Jahrhunderte sah seinen Herrn manchmal bloß zweimal im Jahr, um ihm die Abgaben zu überreichen. Die Menschen in der freiheitlich demokratischen Grundordnung sind zwar formal völlig freie Bürger in einem freien Land. De facto aber erleben sie täglich ihren Chef am Arbeitsplatz, der Anweisungen gibt und sie, selbst bei aller persönlichen Freundlichkeit, beaufsichtigt, ohne dass sie ihren Ärger über den Vorgesetzten herauslassen, geschweige denn sich letztlich gegen ihn wirklich durchsetzen könnten. Denn wer kann es sich schon leisten, den Arbeitsplatz zu gefährden, der doch existenzielle Grundlage ist? Der Handwerksgeselle des 19. Jahrhunderts konnte einfach weiter in die nächste Stadt ziehen. Der Arbeitnehmer von heute sieht aus unterschiedlichen Gründen kaum eine Möglichkeit, auszuweichen. So lädt sich all die angestaute, unadressierte Aggression abends oft bei der falschen Adresse ab, nämlich beim Ehepartner. Wohin sonst könnte sie sich wenden? Weit und breit zeigt sich niemand mehr bereit, als Protestobjekt zur Verfügung zu stehen, und es gibt offensichtlich auch keine Institution mehr, die protestabel ist – außer einer einzigen, der katholischen Kirche.

Die evangelische Kirche kommt da übrigens nicht in Frage. Mein bester Freund ist evangelischer Christ und in seiner Kirche sehr engagiert, aber auch er beklagt wie viele andere evangelische Christen eine gewisse Denkschriftenmentalität seiner Kirche, wo mit einem Einerseits-Andererseits oft unvereinbare Positionen in einem Text miteinander verbunden werden. Das birgt die Gefahr der öffentlichen Belanglosigkeit. Gegen einen solchen Text kann man kaum wirklich protestieren. Und das erklärt ein befremdliches Phänomen, das vor einigen Jahren in den Medien Aufmerksamkeit erregte: Die Gründe für den Kirchenaustritt aus der evangelischen Kirche waren 1993 in einigen Gegenden: der Zölibat, der Papst und der Umgang mit Eugen Drewermann.[8] Man hat diesen absurden Befund damals damit zu erklären versucht, dass die Menschen schon gar nicht mehr wissen, was eigentlich katholisch und was evangelisch sei. Doch psychologisch ist eine solche Erklärung wenig befriedigend. Wenn man aber den Kirchenaustritt als einen Protest gegen »die da oben« versteht, dann kann man solchen Protest schlechterdings nicht irgendwie »evangelisch« begründen, sondern nur mit den gesellschaftsweit bekannten üblichen katholischen Protestthemen. Da man aber als Mitglied der evangelischen Kirche nun einmal nicht aus der katholischen Kirche austreten kann, tritt man sozusagen ersatzweise aus der evangelischen Kirche aus, begründet das aber korrekt mit den katholischen Themen.

Die katholische Kirche eignet sich in einer »vaterlosen Gesellschaft« besonders gut zum Ausfüllen dieser Leerstelle. Sie kennt verbindliche Autoritäten, die sich so markant äußern, dass gerade deswegen regelmäßig ein öffentlicher Proteststurm losbricht. Sie vertritt ungemütliche Normen und moralische Prinzipien und bekennt sich skandalöserweise zu einer zweitausendjährigen Geschichte, alles Aufgaben, die die Psychoanalyse Freuds dem Vater zuschreibt. Dass an der Spitze dieser Kirche Männer, Bischöfe, Priester – französische Anrede »mon père« – und Diakone stehen und ganz an der Spitze ein veritabler »Heiliger Vater«, das muss einem klassischen Psychoanalytiker auf der Suche nach den verloren gegangenen Vätern am Ende geradezu Tränen der Rührung in die Augen treiben. Wen wundert es da noch, wenn an dieser alten Kirche all die nichtgelebten »Vaterkisten« ausgelassen werden, ja wenn diese Gesellschaft in einer Art kollektiver Pubertät gegen diesen »Vater« aufbegehrt, das einzig übrig gebliebene Protestobjekt von geradezu atavistisch sakraler geheimnisvoller Potenz?[9]

Das erklärt vielleicht ein weiteres merkwürdiges Phänomen. Die katholische Kirche wird heute öffentlich vorwiegend mit einem ihrer Tradition gänzlich fremden puritanisch leibfeindlichen Klischee belegt.[10] Öffentliche Debatten über diese Kirche werden sehr schnell zu eigentümlich pubertärem Sexualitätsgeschwätz. Dieser Kirche, die von Anfang an gerade Leibfeinde hinauswarf,[11] die im Gegensatz zu anderen christlichen Konfessionen den Geschlechtsverkehr als Vollzug eines Sakraments hoch schätzte und im katholischen Barockstil die Schönheit des nackten menschlichen Körpers sogar in den Gottesdiensträumen feierte, nötigt man heute tatsächlich ein sexualverbietendes misanthropisches Klischee auf. Man hat festgestellt, dass ganz im Gegensatz zu allen Vermutungen nur etwa fünf Prozent der Äußerungen des Papstes das Thema Sexualität berühren – doch über fünfzig Prozent der Medienberichterstattung in Deutschland über päpstliche Äußerungen betreffen diesen Bereich. Auch der pubertäre Jüngling blättert wohl manche Illustrierte durch – bis Sex vorkommt. Es ist geradezu amüsant, sich auszumalen, wie in gleicher Weise hartgesottene Journalisten, die ansonsten ganz erwachsen sind, mit peinlicher Akribie päpstliche Äußerungen durchblättern – bis sie Sex finden. Erschwerend kommt hinzu, dass der jetzige Papst zwar in seinen Sozialenzykliken viele neue Akzente gesetzt, aber auf dem Gebiet der Sexualmoral eigentlich nichts wirklich Neues gesagt hat. All das haben vor ihm Papst Johannes XXIII. und Papst Paul VI. auch schon gesagt. Wenn ein Journalist aber doch eigentlich Neues berichten sollte, dann ist es immerhin erstaunlich, dass der Papst reden kann, was er will: Die Schlagzeile ist, dass er beispielsweise immer noch bezüglich der Empfängnisverhütung die Auffassung der Enzyklika »Humanae vitae« von Papst Paul VI. teilt. Für den Psychotherapeuten ist dabei interessant, dass es hier offensichtlich gar nicht um Nachrichten geht. Man bedient vielmehr einen Ritus, der immer wieder das eigene »Erwachsensein« bestätigt, indem man »Pappi« mal so richtig die Meinung sagt. Und wo sind in der Pubertät die Konflikte schöner auszutragen als auf dem Gebiet der Sexualität, wo gerade doch das »Verbotene« so reizt. Wer aber um alles in der Welt verbietet hier noch etwas! Das ist der Grund, warum das, was in der Öffentlichkeit als die Haltung der katholischen Kirche zur Sexualität herumgeistert, bei näherem Hinsehen kaum etwas mit dieser Kirche selbst zu tun hat, sehr viel aber mit den gesellschaftlichen Projektionen auf diese Kirche.

Es hieße, die Macht sozialpsychologischer Projektionen völlig zu verkennen, wenn man forderte, der Papst müsste doch nur die Sexualmoral der Kirche ein kleines bisschen harmloser gestalten und schon hätte man vor diesem Thema seine Ruhe. Was auch immer der Papst sehr differenziert zur Sexualmoral sagt, es wird durch die Brille gesellschaftlicher Projektionen gelesen. Diese Gesellschaft wird die Kirche nicht so leicht aus der leer gewordenen Position des Sexualvermiesers herauslassen. Dass manche »Konservative« auf dieses Spiel hereinfallen und irrtümlich meinen, mit gewissen leibfeindlichen Bemerkungen besonders katholisch zu sein, bestätigt nur die Macht sozialpsychologischer wechselseitiger Rollenzuweisungen und die Starrheit solcher Kontexte. Das sollte man nicht bejammern, sondern als Rahmenbedingung zur Kenntnis nehmen.

Wenn also der deutsche Michel donnernd aus dem Ohrensessel dem Papst und dieser ganzen katholischen Kirche so richtig die Meinung sagen kann, dann ist das eine subtile Form der Gewaltprophylaxe und damit eine effektivere Aggressionsabfuhr als der schönste Ehekrach. Es ist nämlich besser, wenn er geistig den Heiligen Vater verprügelt als körperlich eine ihm nahe stehende Person. Das schont den Ehefrieden, dem es sogar dienen kann, wenn sich beide im Protest gegen diese Kirche traut vereinen.[12] Eine bekannte Journalistin reagierte einmal auf diese Thesen mit dem Ausruf: »Dann müsste man die katholische Kirche für diese Gesellschaft ja geradezu erfinden, wenn es sie nicht schon gäbe«, was ich nur bestätigen konnte.

Diese Sendung hatte damals übrigens den Titel: Tabu, Schutz oder Schranke? Ich war als katholischer Theologe eingeladen. Diese Spezies soll bei derartigen Sendungen zumeist die Rolle des Spielverderbers übernehmen. Einige Tage vorher rief eine Journalistin bei mir an, um mich für die Moderatorin schon einmal kurz zu interviewen, und fragte, was ich denn von Tabus so hielte. Ich antwortete, ich sei rheinischer Katholik. Wir hätten überhaupt keine Tabus. Tabu, das sei ein Wort aus der Südsee, Maorisprache. Wir hätten zwar Normen, Moral, Verantwortung – aber keine Tabus. Daraufhin hörte ich sekundenlang am Telefon nichts mehr – und dann brach es aus der Journalistin heraus: »Na hören Sie mal, das geht aber nicht, Sie sind hier ›pro Tabu‹ vorgesehen.« Die Sendung kam dann doch zu Stande.

Man kann die Ratlosigkeit dieser Journalistin gut verstehen. Wenn in Freuds bekanntem Werk »Totem und Tabu« die Entstehung von Tabus auf den Urmythos vom Vatermord zurückgeführt wird,[13] dann müsste doch gerade diese in die Vaterrolle gezwungene Kirche die ideale Verteidigerin von Tabus sein. Schließlich ist die katholische Kirche die einzige bemerkenswerte Institution, gegenüber der Tabubrüche als Vatermordsurrogate wirksam inszeniert werden können. So wird heute der gesamte Blasphemie- und Skandalbedarf dieser Gesellschaft fast ausschließlich auf Kosten der katholischen Kirche befriedigt. Da ist es im Grunde fast verwunderlich, dass Aktaufnahmen am Altar des Kölner Domes erstmals 1996 versucht wurden. Erschrockene Katholiken sollten dabei bedenken, wie sehr derartig unappetitliche Phänomene verdeutlichen, dass selbst für solche Perversen das mutwillig verletzte Sakrale in dieser Gesellschaft geradezu selbstverständlich in der katholischen Kirche repräsentiert ist. Interessant ist in diesem Zusammenhang aber, dass die so heftige Aggression gegen den »Vater« dann aber doch eine tief sitzende Verbundenheit signalisiert: Kaum ist der Papst unpässlich, fährt fast ein Schreck gerade durch Medien, die ihn sonst nur angreifen. Man pubertiert gegen den Vater, aber sterben soll er nicht.

All solche Vaterprojektionen widersprechen dem überkommenen Selbstverständnis der Kirche als »Mutter Kirche«. Noch Karl Rahner, streitbarer und kritischer Theologe, konnte unumwunden vor wenigen Jahrzehnten feststellen: »Die Kirche ist eine alte Frau mit vielen Runzeln und Falten. Aber sie ist meine Mutter. Und eine Mutter schlägt man nicht.«[14]

Als ganz ungewollte Repräsentantin von dem, was die klassische Psychoanalyse als Väterlichkeit versteht, hat die katholische Kirche nach allgemeinem Empfinden nicht nur für Moral und Normen einzustehen, sondern auch für die Einführung in die kulturellen Traditionen. Was die Geschichte betrifft, ist der Kirche dabei eine recht undankbare Aufgabe zugewiesen. Ihr wird nämlich gesellschaftlich nicht erlaubt, für die Leistungen der Geschichte zuständig zu sein, das übernimmt diese narzisstisch selbstverliebte Gesellschaft schon mit Freude selbst. Es gibt aber so viel Peinliches und Bedauerliches in jeder Geschichte, dass man diesen Bereich gerne loswird und entsorgt. Und da gibt es in dieser Gesellschaft einen breiten überparteilichen Konsens: Für die großen Leistungen der Geschichte waren natürlich die Nationen zuständig, etwa die Deutschen. Waren sie nicht Deutsche, der Dominikaner Meister Eckhard, Goethe, Schiller? Für die Katastrophen der Geschichte aber erklärt man die katholische Kirche für verantwortlich.

Man nehme beispielsweise die Hexenverbrennungen. Die gängige Meinung dazu ist, Hexenverbrennungen hätten im Mittelalter stattgefunden und die katholische Kirche sei daran schuld gewesen. Beides ist aber historisch eindeutig falsch, wie jeder weiß, der sich mit dem Thema auch nur ansatzweise befasst hat.

Das christliche Mittelalter hat keine Hexen verbrannt.[15] Im Gegenteil, wer im Mittelalter behauptete, es gebe Hexen, der machte sich des Irrglaubens verdächtig, denn Hexenglaube war heidnischer germanischer Aberglaube. Es war eine große Leistung des christlichen Mittelalters, diesen Aberglauben überwunden zu haben. Erst nach der Pest in der Mitte des 14. Jahrhunderts traten in Mitteleuropa schreckliche Hexenverfolgungen als Volksbewegung auf. Bei Katastrophen neigen die Menschen bekanntlich dazu, Minderheiten oder Außenseiter als Sündenböcke auszuwählen und zu verfolgen. Neben den Juden waren das in dieser Zeit die Hexen. Mitte des 14. Jahrhunderts beginnt aber nach manchen Periodisierungsvorschlägen schon die Neuzeit, und die letzten Hexenverbrennungen fanden erst 1793 in Posen statt, also vor wenig mehr als zweihundert Jahren. Es war unser eigenes Zeitalter, die so rationale Neuzeit, das in den Hexen – um mit C. G. Jung zu sprechen – seinen irrationalen Schatten verbrannte.

Und die katholische Kirche? Die berüchtigte spanische Inquisition hat keine einzige Hexe verbrannt – aus dem gleichen Grund, wie im Mittelalter: Hexenglaube galt als unchristlich. Nur in Mitteleuropa, in Frankreich, Polen und vor allem in Deutschland, wurden tumultuarisch Hexen verbrannt. Daran beteiligte sich die ganze Gesellschaft, zu der auch Kirchenmänner gehörten: Die »Hexenbulle« von Papst Innozenz VIII., die die Hexenverfolgungen wenigstens regulieren sollte, aber in unseren heutigen Augen natürlich inakzeptabel ist – wurde von Deutschen erwirkt, zwei Dominikanern, und betraf deren Tätigkeit. Diese katholischen Deutschen Heinrich Institoris und Jakob Sprenger und die evangelischen Deutschen Luther und Melanchthon waren sich im Hexenwahn einig. Über die Reformation kam es sogar zum Export des deutschen Hexenbrennens nach Nordeuropa. Das heißt aber im Klartext: Die schrecklichen Hexenverfolgungen sind nicht eine Aktion der universalen katholischen Kirche, sie sind vielmehr Teil unserer deutschen historischen Schuld. Doch dieser Peinlichkeit ist man dadurch enthoben, dass diese Schuld an die katholische Kirche delegiert wurde. Die hexenbrennenden deutschen Dominikaner Institoris und Sprenger wurden zu Repräsentanten der katholischen

Kirche gemacht, der deutsche Dominikaner und Mystiker Meister Eckhard aber gilt als Repräsentant der deutschen Nation. So einfach ist das. Die Psychoanalyse nennt dieses Phänomen Gut-Böse-Spaltung, ein neurotisches Symptom. Wie bei Aschenputtel gehen die Guten (Ereignisse der deutschen Geschichte) ins Töpfchen (der deutschen Nationalgeschichte) und die Schlechten (Ereignisse der deutschen Geschichte) ins Kröpfchen (der katholischen Kirche).

Andererseits ist es selbstverständlich geworden, das Ausmaß der den Deutschen zuzurechnenden, ungespaltenen Geschichte zeitlich milde zu begrenzen. Ein deutscher Bundespräsident wird in Prag gerade noch deutsche Schuld der vergangenen siebzig Jahre thematisieren. Niemand erwartet, dass er über die Gräueltaten spricht, die deutsche Landsknechte im Dreißigjährigen Krieg dort verübten. Der Papst aber muss sich ganz selbstverständlich für den Fall Galilei rechtfertigen, der sich zur gleichen Zeit ereignete.

Dass die katholische Kirche sich nicht von ihrer ganzen Geschichte einfach distanziert, wie von des ewigen Streits müden redlichen Katholiken gefordert, sondern, bei aller Selbstkritik im Einzelnen, diese Geschichte – oft auch als Last – auf sich nimmt, sichert dieser Gesellschaft historische Identität. Niemand, der die Geschichte, aus der er erwachsen ist, als seine eigene leugnet, kann im Wortsinne selbstbewusst und erwachsen leben. Es ist ein Zeichen der Schwäche, dass diese Gesellschaft sich bloß auf negative Weise ihrer Identität vergewissert, indem sie sich ihrer ganzen Geschichte nur indirekt stellt, nämlich verkleidet im Protest gegen die Geschichte der katholischen Kirche.

Die von Jürgen Habermas schon vor Jahren diagnostizierte »Neue Unübersichtlichkeit«,[16] in der kaum jemand sicher ist, wofür er eigentlich eintreten soll, treibt auf solche Weise in neurotisch anmutende Identitätsfindungen. Man meint wenigstens zu wissen, wogegen man ist: gegen die katholische Kirche. Wer aber im Protest stecken bleibt, findet bekanntlich nicht zu wirklicher Unabhängigkeit vom Protestobjekt und zu reifer Identität. Hinzu kommt das Abhandenkommen des Ost-West-Konflikts, der bei

Linken wie Rechten das Weltbild sauber hielt, zugleich mit dem Ende gestalteter Ideologien. Als Feindbild gibt es zur katholischen Kirche also keine Alternative mehr. Durch ein solches Feindbild ist die Welt scheinbar einfacher zu verstehen und besser zu durchschauen. Im Sinne der Religionssoziologie Niklas Luhmanns hätte diese Identifikation der katholischen Kirche mit dem Bösen schlechthin fast schon religiösen Charakter, es wäre die Art von »Komplexitätsreduktion«, die nach Luhmann Religionen leisten.[17] Hat man einmal den archimedischen Punkt, aus dem heraus man die Welt erklären zu können meint – die Unheilsmacht der katholischen Kirche –, wird alles klar und beruhigend eindimensional. Auf nichts muss man dann noch die Antwort schuldig bleiben. Es gibt inzwischen eine ganze Literaturgattung, die von solchen simplen Weltformeln lebt und sich in unendlicher Geschwätzigkeit über Gott und die Welt verbreitet, überall die katholische Kirche als Bösewicht ausmachend. Dass es sich dabei zum Teil um kirchlich alimentierte Biedermänner und -frauen handelt, zeigt nur die Attraktivität dieser Denkform. Vor allem der Papst hat in diesem Spiel eine derart festgelegte Rolle, dass er nichts Unerwartetes mehr sagen kann: Was auch immer er äußert, gilt als bestenfalls falsch, schlimmstenfalls böswillig. Man fühlt sich erinnert an die meckernden Greise aus der Loge der Muppets-Show.

Das Ergebnis von alldem ist geistiger Stillstand. Vorbei die Zeiten geistreicher, bisweilen auch ätzender Kirchenkritik. Der Philosoph Peter Sloterdijk nennt kirchenkritische Bemerkungen bloß noch »Treibsätze für Karrieren«. In tödlicher Langeweile wird insbesondere in den Medien ein starrer Ritus zelebriert. Regelmäßig vollzieht beispielsweise das Hamburger Nachrichtenmagazin »Der Spiegel« eine Art Selbstvergewisserungsritual und hält sich dabei in pubertärer Abhängigkeit sogar an den kirchlichen Festkalender. Hat man das Thema der Weihnachtsausgabe erfahren, ist der Inhalt meist bis ins Detail vorhersehbar. Eine Zeitschrift, die sich sonst einen durchaus intellektuellen Anstrich gibt, unterschreitet bei diesem Thema mit eherner Zuverlässigkeit Boulevardniveau. Sie zeigt dabei auf ihre Weise geradezu eine Treue zur katholischen

Kirche – die evangelische Kirche erwähnt sie kaum – und wirkt auf diese Kirche ob der Berechenbarkeit dieser Kritik auch nicht mehr irgendwie beunruhigend.

In einer Lage, in der der Einzelne immer mehr auf sich selbst zurückgeworfen wird, ist das Gemeinsam-gegen-irgendetwas-Eintreten noch wenigstens ein Schattenbild sinnvermittelnder Gruppenbildung. Wenn allein die Existenz dieser Kirche dazu beiträgt, so darf doch nicht verkannt werden, dass jener institutionsfeindliche Individualisierungstrend die Erfahrung von Sinn und damit eine Grundlage religiöser Bildung künstlich schwächt. Sinn ist nicht produzierbar wie sonst alles, was heutigen Menschen wertvoll ist, sondern im Gegenteil, Sinn begegnet in der Beziehung, im »Du«, wie der jüdische Religionsphilosoph Martin Buber herausgearbeitet hat,[18] oder im »Wir« einer Gemeinschaft. Daher ist der Versuch, im soziologischen Geschick der Individualisierung, Sinn aus sich selbst heraus zu produzieren, wie es in den Plastikreligionen der Esoterik geschieht, die dem Einzelnen losgelöst von Gemeinschaft und Verantwortung unverbindlichen Sinn verspricht, schon im Ansatz zum Scheitern verurteilt. Dennoch trifft diese Bewegung zurzeit eine Kirche besonders, die sich freimütig gerade als sichtbare und verbindliche Institution definiert.

Dies mag auch erklären, warum man jeden beliebigen Unsinn heute als Heilsbotschaft zu Markte trägt, jede noch so offensichtlich getürkte »Wunderheilung« medienwirksam inszeniert – nur nicht über eine Wunderheilung beispielsweise in Lourdes berichtet. Wer gerade noch abwegigste esoterische Theorien für denkbar erklärte, ist da nämlich sofort bereit, kirchlichen Aberglauben und Schlimmeres zu unterstellen. Das Negativklischee der katholischen Kirche hat fast zwingenden Charakter. Kirchenmitglieder, die dem ausgesetzt sind, reagieren darauf je nach Temperament unterschiedlich, aber meist defensiv.

Man hat die heutige Gesellschaft als narzisstisch bezeichnet.[19] Das ist ein Produkt des Individualisierungstrends einer Gesellschaft, die diesen Trend nicht erleiden will, sondern umwertet zum höchsten Glück. Die Selbstverliebtheit, die in den so genannten

»frühen Störungen« den Psychotherapeuten ihre Pathologie ausbreitet und den Zeitgenossen die »Fröste der Freiheit«[20] beschert, reklamiert eine Gesellschaft narzisstischen Glücks. Glaubt man der Psychoanalytikerin Alice Miller, so ist der »ideale« Partner des Narzissten aber jemand mit einer Depression.[21] Ist also die Depression einer Kirche, die unermüdlich den Wert der Uneigennützigkeit hochhält, der Preis für den ungebremsten Narzissmus der Gesellschaft?

3. Machtvolle Familienmythen

Unter den vielen Konflikten, die sich weitgehend aufgelöst und die katholische Kirche als einziges relevantes Protestobjekt zurückgelassen haben, wurde ein historischer Konflikt bisher nicht erwähnt, und doch ist er für die kirchliche und insbesondere die deutsche Befindlichkeit von nicht zu unterschätzender Bedeutung: der Konflikt zwischen den beiden großen Konfessionen in Deutschland. Die ökumenische Bewegung hat, getreu dem dringenden Wunsch Jesu, »... dass alle eins seien ...«,[22] Unverständnis und Feindschaft zwischen den Konfessionen weitgehend beseitigt. Das Zweite Vatikanische Konzil hat diese Entwicklung aufgenommen und jedem Katholiken zur Aufgabe gemacht. Theologisch scheint der Prozess einer Überwindung sich ausschließender Differenzen aussichtsreich. Der Papst versäumt es bei keinem Besuch, einen ökumenischen Akzent zu setzen.

Sozialpsychologisch ergibt sich aber ein Problem: Die Kritik an der anderen Konfession ist nicht bloß zurückgegangen, sondern es ist das andere Extrem eingetreten: Die Kritik an der anderen Konfession brach abrupt ab. Sie ist nun de facto unter Tabu gestellt und widerspricht in beiden Konfessionen der political correctness. Die klassische Familientherapie wird aber stets bezweifeln, dass »Familienmythen«, wie beispielsweise der interkonfessionelle Konflikt, der 450 Jahre ungebrochen herrschte, schlagartig und spurlos aus einem Familiensystem, als das wir die Christenheit einmal analog und probeweise verstehen wollen, verschwinden können. Und in der Tat nimmt der unbefangene Beobachter von außen innerhalb der Christenheit heutzutage den gleichen Schlachtenlärm wahr wie in den Zeiten vor der ökumenischen Wende. Zwar wird kein Katholik mehr so über Protestanten reden wie noch meine eigenen Großmütter. Wir Kinder waren nie ganz sicher, ob es sich da wirklich um Menschen handelte. Sie sahen zwar genauso aus, aber irgendetwas stimmte mit denen nicht. Auch wird kein Protestant so über Katholiken reden wie noch die Großmütter meiner protestantischen Freunde: Vorsicht, Vorsicht, die lügen wie gedruckt, und dann beichten sie. Aber mit gleicher Heftigkeit und auch Verachtung, mit der man früher über die andere Konfession redete, überzieht man heute den innerkirchlichen Gegner. Von außen betrachtet hat sich also nur die Front, die früher zwischen den Konfessionen lag, in die Mitte der Konfessionen verlagert. Die Menge der »Truppen« auf beiden Seiten und die Heftigkeit der Entwertung der anderen Christen ist weitgehend gleich geblieben. Wenn aber Ökumene die versöhnte Gemeinschaft der Christen meint, dann müsste man nüchtern feststellen, dass es im Grunde keinen wirklichen ökumenischen Fortschritt gegeben hat. Es ist wohl eine rührende sozialpsychologische Naivität, zu meinen, einen wirkmächtigen Familienmythos durch einige Kommissionssitzungen und gemeinsame Pfarrfeste aus der Welt schaffen zu können. Damit soll Sinn und Auftrag der Ökumene keineswegs gering geschätzt werden, im Gegenteil. Aber wer wirklich der Ökumene dienen will, hat sich doch stets selbst zu prüfen, inwiefern er auch dem Frieden und dem respektvollen Umgang der Christen in der eigenen Konfession dient. Alles andere wäre inkonsequent.

So scheint der innerkirchliche Konflikt durch zwei Triebkräfte aufrechterhalten zu werden: Zum einen geht das Abhandenkommen von Protestobjekten auch an Katholiken nicht vorbei. Ihnen ist aber im Grunde die gesellschaftlich übliche Attacke auf »die katholische Kirche« verwehrt. Also verschiebt sich die Aggression auf das wie auch immer geartete »Kirchenbild« der jeweils anderen Seite. Zum anderen wirkt hier ein nicht wirklich bewältigter, sondern tabuisierter »Familienmythos« nach, der ebenfalls psychologisch nur von der anderen Konfession auf den innerkirchlichen Gegner verschoben ist. Daher steht die Heftigkeit und Klischeehaftigkeit, mit der sich manche innerkirchlichen Gegner befehden, der Heftigkeit und Klischeehaftigkeit der allgemein gesellschaftlichen Kirchenkritik kaum nach. Paradoxe Situation: Angesichts der Anfeindungen der Kirche von außen schließen sich Kirchenmitglieder nicht etwa zusammen, in ökumenischem Geist auch in der eigenen Kirche wesentliches Gemeinsames von unwesentlichem Trennendem unterscheidend, sondern es tobt im Inneren eine Schlacht um die rechten Überzeugungen und Strategien, die von außen kaum mehr verstanden werden kann.

Auf diese Weise beobachtet man die geradezu bruchlose Übernahme des seit Jahrhunderten gelernten katholisch-protestantischen Konflikts in den binnenkirchlichen Raum – von den Konfessionskriegen zum exkommunikativen katholischen Stammtischgeraune. Das mag auch erklären, dass der innerkirchliche Konflikt im Land der Reformation besonders erbitterte Züge trägt. Wer die Wirkmächtigkeit der Geschichte unterschätzt, wird am ehesten ihr Opfer. So zeigt sich heute das bemerkenswerte Phänomen, dass es zwischen konservativen Katholiken und konservativen Protestanten oft mehr Gemeinsamkeiten gibt als mit den innerkirchlichen Gegnern, und das Gleiche gilt zwischen den so genannten Progressiven beider Seiten.

Hinzu kommt das, was man als vertikale Kirchenspaltung bezeichnet hat. Viele Christen, die sich selbst als »Basis« definieren, werten – aus konservativer oder progressiver Position – die Kirchenleitung ab und setzen sich auf diese Weise selbst absolut. Dies mag oft mit einem Verhaltensmuster zu tun haben, das schon vor Jahren der Soziologe Schmidtchen hervorhob.[23] Nach seiner Beobachtung neigen Menschen, die zugleich in zwei sich widersprechenden Sinnsystemen leben, dazu, das gesellschaftlich mehr unter Druck Stehende auf Dauer aufzugeben. Der ständige öffentliche Druck auf die katholische Kirche ist aber für das durchschnittliche Kirchenmitglied eine schwere Belastung, zumal er sich allein zeitlich kaum argumentativ wappnen kann und oft weder Elternhaus noch Religionsunterricht eine solche Zurüstung leisten. Die Alternative besteht darin, sich dem öffentlichen Druck weitgehend in eine kirchliche Innenwelt mit ihren üblichen Konfliktthemen hinein zu entziehen. Die dann geäußerte klischeehafte Kirchenkritik hat Selbsttrostfunktion in bedrängter Lage. Auf derartige vertikale Spaltungstendenzen reagieren manche Kirchenleitungen, indem sie ihre Verantwortung vor allem als bürokratische Kontrollpflicht missverstehen und dadurch noch mehr Misstrauen säen. Damit aber treiben beide Seiten subjektiv redlich und pflichtbewusst in das, was man eine symmetrische Eskalation nennt. Es ist für beide ein höchst anstrengender und frustrierender Vorgang, aus dem nichts Weiterführendes herauskommt und der für Kirchenfremde exotisch wirkt.

So zeigt sich eine in der Tat desolate Situation: Die vielfältigen Bemühungen verschlimmern eher die Lage, und die angestrebten Ziele sind unerreichbar. Da scheint nämlich, kurz gesagt, das stillschweigende Ziel der »Konservativen«, dass endlich auch die Progressiven das »Depositum fidei« respektieren mögen, und die »Progressiven« streiten dafür, dass den Konservativen der »Geist des Zweiten Vaticanums« aufgehe. Mit anderen Worten: Ziel ist die Auflösung der anderen Fraktion und deren Anschluss an die eigenen Positionen. Solch einfache Rezepturen, die von beiden Seiten mit Verve vorgetragen werden, entlarven sich mit ein bisschen Lebenserfahrung als utopisches Projekt, in das nichtsdestotrotz erhebliche Kräfte und Hoffnungen investiert werden, das aber nur in einen klassischen Problemstellungskrieg mündet und in eine symmetrische Eskalation bis zur Erschöpfung.

Solche Konstellationen erinnern an aussichtslos erscheinende in die Jahre gekommene Ehekriege, denen Paul Watzlawick die Konsequenz der angestrebten Ziele vor Augen führt: »Nun bist du mit dem Kopf durch die Wand. Und was wirst du in der Nachbarzelle tun?«[24] Was wäre denn, wenn alle Konservativen progressiv würden oder alle Progressiven konservativ? Hat es so ein uniformes Christentum jemals gegeben? Ist ein Zustand anzustreben, in dem ein Christ den anderen nicht auch in seinem Anderssein als seinen Bruder lieben und respektieren soll? Oder soll es genügen, im anderen vor allem das zu lieben: dass er der gleichen Meinung ist? Im anderen sich selbst lieben – sollte das im Ernst ein sinnvolles christliches Projekt sein? Und soziologisch gesehen: Wenn die innerkirchlichen Gruppierungen, die man üblicherweise bekämpft, tatsächlich in die Auflösung getrieben würden, was würde man sich für die ehemaligen Mitglieder dieser Gruppierungen als innerkirchliche Beheimatung wünschen – für dieselben Menschen, nicht für umgebackene? Das wären dann doch mit großer Wahrscheinlichkeit schon von den Personen her Gruppierungen ganz ähnlichen Charakters – und warum sollte man die dann nicht wieder so nennen wie zuvor?

Fassen wir den Befund zusammen: Eine ziemlich aussichtslos zerstrittene »Familie« in unwirtlichem Umfeld. Alle sind voller Engagement und gutem Willen, aber streben utopische Ziele an. Es scheint, dass, wie so oft in derartigen Familienkonstellationen, die angestrebten angeblich so einfachen Lösungen das eigentliche Problem sind. Dennoch macht man stets noch mehr von dem, was erfahrungsgemäß nicht funktioniert. Neues ist tabu, wer über anderes als über Probleme redet, macht sich verdächtig. Schließlich sind alle völlig überanstrengt und am Ende ihrer Kräfte – und aus dem ganzen Trubel kommt nichts Sinnvolles mehr heraus.

4. Drama ohne Ende

Die Transaktionsanalyse hat für solche Familienkonstellationen eine plastische Beschreibung mit dem »Drama-Dreieck« geliefert.[25] Man unterscheidet zwischen Rettern, Verfolgern und dem Opfer. Da sind zunächst die so genannten Retter, die es als ihre Pflicht ansehen, dem Opfer, nehmen wir an, dem Alkoholiker, zu helfen: Sie räumen ihm die Flaschen weg, besorgen im Notfall neue, halten die Fassade der Familie Nachbarn, Freunden und Angehörigen gegenüber aufrecht, entschuldigen den Alkoholiker beim Arbeitgeber immer wieder mit fadenscheinigen Gründen, sorgen zugleich dafür, dass trotz des chaotischen Verhaltens des Alkoholikers die notwendigen Dinge erledigt werden. Sie opfern sich auf, befeuert von der Hoffnung, dass er doch endlich seine so oft gehörten Versprechungen einlöst und abstinent wird, eine Therapie macht, irgendwie ein anderer Mensch wird. Trotz aller Enttäuschungen werden sie in ihrer Rolle gehalten, da der Alkoholiker immer dann, wenn er nüchtern ist, liebenswürdig und geradezu rührend hilfsbereit sein kann. Früher hat man ein solches Helferverhalten »coalkoholisch« genannt und damit vor allem Frauen noch zusätzlich zu ihrem Leid pathologisiert. In unserem Fall soll das nur das Verhalten des einen Teils jener Familie beschreiben, die sich dem Alkoholproblem eines Mitglieds gegenübersieht. Den anderen Teil der Familie hat man als »Verfolger« bezeichnet. Das sind oft »pensionierte« Retter, die irgendwann der nicht gehaltenen Versprechungen des Alkoholikers überdrüssig wurden und in die gegenteilige Haltung kippten: Sie sind nur noch voller Vorwürfe und Bitterkeit, glauben ihm nichts mehr, schreiben ihm die Schuld an allem zu, was in der Familie schief läuft, machen ihn zum Sündenbock, den man bloß in die Wüste schicken müsste und alles würde gut.

Und nun tritt eine interessante Dynamik ein: Die »Verfolger« geraten in heftigen Streit mit den »Rettern« und beschuldigen sie – durchaus zu Recht –, dass der Alkoholiker ja nur deswegen so problemlos weiter trinken könne, weil sie ihm stets die Flaschen wegräumen und auch sonst alles tun, damit das System aufrechterhalten wird. Die »Retter« aber werfen den »Verfolgern« – ebenso zu Recht – vor, der Alkoholiker finde gerade wegen der dauernden Kränkungen immer wieder einen Grund zum Trinken.

So tobt über dem Kopf des Alkoholikers ein Titanenkampf zwischen »Rettern« und »Verfolgern« – und der Alkoholiker kann ganz in Ruhe weitertrinken. Erst wenn beide Parteien innehalten und sich überlegen, wer es denn eigentlich ist, der wirklich die Verantwortung für die Situation hat, nämlich der Alkoholiker selbst, können sie aus ihrer klischeehaften Rolle aussteigen. Ihr Blick fällt auf das so genannte Opfer, das dann erst auf sich selbst verwiesen ist und nun Druck bekommt, selbst etwas zu tun. Was hier mehr strukturell beschrieben wird, sind in der Realität oft erschütternde Dramen. Die Rollen in solchen Konstellationen können dabei ständig wechseln: Der betrunkene Alkoholiker wird plötzlich zum »Verfolger«, der »Verfolger« zum »Opfer« und der »Retter« nun zum »Retter« des »Verfolgers«, oder der überanstrengte »Retter« wird das »Opfer«, das der »Verfolger« verfolgt und nun der Alkoholiker aufopferungsvoll rettet und wie der möglichen Rollenwechsel mehr sein können. Bei dauernder hektischer und von hohem Ernst gekennzeichneten Betriebsamkeit, erstarrten Rollenmustern und permanent wechselnden Konstellationen ist ein anstrengenderes Leben als in diesem Drama-Dreieck kaum vorstellbar – und dennoch kommt aus alledem nichts Konstruktives mehr heraus. Obwohl scheinbar dauernd etwas passiert, passiert in Wirklichkeit nichts, außer dass alle Beteiligten schließlich am Ende ihrer Kräfte sind.

Es soll hier nicht behauptet werden, dass die katholische Kirche eine Alkoholikerfamilie sei, doch die Analogien sind frappant. Spitzen wir die Rollen zu: Da sind auf der einen Seite die »Retter«, in unserem Bild die »Konservativen«, die voll Eifer alles daransetzen, die Kirche zu retten. Sie scheinen auch ziemlich genau zu wissen, was da zu geschehen hätte – vor allem müssten die »Verfolger« das Verfolgen drangeben, und überhaupt müsste man sie, die »Retter«, nur machen lassen. Nicht dass der Heilige Geist seine Bemühungen um die Kirche dann einstellen könnte, aber er könnte jedenfalls mal ausspannen. Auf der anderen Seite stehen die »Verfolger«, das sind in unserer Analogie die »Progressiven«. Die hauen wacker und ausdauernd auf die Kirche ein – natürlich nur zum beabsichtigten Besten der Kirche. Alles bloß, damit diese altehrwürdige Institution sich wieder dem »Beispiel Jesu« öffne. Was darunter zu verstehen sei, das wissen auch sie ziemlich genau. Sie werden nicht bestreiten, dass der Heilige Geist weht, wo er will, aber sie haben kaum Zweifel zu wissen, wo er wehen will. Und in einem sind auch sie ganz sicher: Er könnte sich viel Arbeit sparen, wenn sie freie Bahn hätten. Beide Seiten könnten bei aller Geschäftigkeit auf die Idee verfallen, von sich zu behaupten, »Wir sind Kirche«.

Auf diese Weise verdeckt auch hier der Streit der Fraktionen den Blick auf das Wesentliche, den Glauben und die Kirche selbst, die so das »Opfer« zu werden droht. Denn solange »Retter« und »Verfolger« bloß sich selbst oder der anderen Gruppe die Verantwortung für Erreichen oder Nichterreichen der Lösung zuschreiben, werden die ursprünglichen Kräfte und Antworten dieser Kirche übersehen. Sie ist freilich kein Alkoholiker, hier liegt die Grenze des Bildes, aber eine »Leidende«, ein Opfer, ist sie gewiss. Eine Lösung müsste also darin liegen, den oft so selbstgerechten Parteienstreit in den Hintergrund treten zu lassen, um den Blick auf das Eigentliche zu eröffnen.

Dieser Befund verheißt freilich für die Therapie keine leichten, oder besser, keine der üblichen Lösungen. Das Übliche, davon hat man inzwischen fast im Übereifer nur stets mehr desselben gemacht. Herausgekommen sind zwei Gruppen hinter starren Bastionen, die sich ängstlich voneinander fern halten, so dass das Feindbild sauber bleibt. Beide Seiten produzieren sich dabei selbst immer wieder neu in eine Problemtrance hinein, indem sie zur Lösung der Krise unerreichbare Ziele reklamieren und darunter leiden, sie nicht erreichen zu können. So werden mit der Zeit die so genannten Lösungen zum eigentlichen Problem.

Ein gutes Beispiel ist das vor wenigen Jahren erschienene so genannte Dialogpapier des Zentralkomitees der deutschen Katholiken. Der anspruchsvolle, von Martin Buber und anderen geadelte Begriff »Dialog« sollte aus der Krise heraushelfen. Viel Mühe und die besten Absichten wurden eingesetzt – doch trotz vielfacher Beachtung löste dieses Papier nichts. Heftige Kritik an dem Papier wurde ebenso heftig zurückgewiesen – der Dialog über den Dialog fand nicht statt. Der Grund war, dass dieses Papier aus einer durchaus verständlichen Enttäuschung einiger kirchlicher Laien erwachsen war, aber trotz allen Bemühens in seinen Auswirkungen über die Artikulation dieser Enttäuschung nicht hinauskam. Das hatte schon mit der Überschrift zu tun: »Dialog statt Dialogverweigerung« hieß es da. Dass damit eine mögliche Gegenposition schon unter das Verdikt »Dialogverweigerung« gestellt wurde, so dass im Grunde nur das selbstvergewissernde Gespräch unter Gleichgesinnten herauskommen konnte, wurde offensichtlich nicht gesehen. Damit geriet das Wort »Dialog« zum Parteibegriff, der den aus der Gemeinschaft der Wohlmeinenden ausschloss,[26] der sich nicht dazu oder gar auch nur zu dem Papier bekannte. Außerdem blieb das Wort in diesem Papier auf die kirchliche Binnenkommunikation eingeschränkt und verfehlte daher die Weite des Zweiten Vatikanischen Konzils, das in der »Dialogkonstitution« schlechthin, »Gaudium et spes«, das Wort nur einmal für das innerkirchliche Gespräch benutzt, aber nicht weniger als achtmal für den Dialog mit den Menschen außerhalb der Kirche. Erschwerend kam hinzu, dass der Begriff Dialog ohnehin durch inflationären Gebrauch allgemein gesellschaftlich entwertet wurde,[27] so dass er zurzeit kaum noch verwendbar ist. Dass auch ein solches gut gemeintes Projekt scheiterte, zeigt nur noch einmal mit aller Klarheit, dass die üblichen Wege wohl kaum weiterführen werden.

Gefragt sind daher ungewöhnliche Methoden. Und solche Lösungswege hält insbesondere die moderne Psychotherapie bereit.

III.
Scheiternde Therapien –
Über schlechte Erfahrungen mit
der Psychotherapie

Bevor wir aber die spannenden Entwicklungen moderner Psychotherapie und ihre Anwendbarkeit auf die Kirche untersuchen, werfen wir noch einen kurzen Blick auf das derzeitige Verhältnis von Psychotherapie und Kirche.

Da sieht es recht übel aus. Die Psychotherapie nimmt heute Kirche und Christentum kaum zur Kenntnis. Allenfalls einige oberflächliche Klischees werden da reproduziert. Damit sind aber auch die heftigen Attacken, deren sich die Gründungsväter der heute bestehenden Psychotherapieschulen im Geist des neunzehnten Jahrhunderts befleißigten, bloß noch Geschichte. Kirchenvertreter dürfen im Rahmenprogramm von Psychotherapieveranstaltungen einige Worte »Über den Tag hinaus« sagen – dann geht man wieder zur Tagesordnung über. Das hat auch damit zu tun, dass Kirchenvertreter, die sich mit Psychotherapie befassen, vielfach ein derart devotes Verhältnis zu dieser Disziplin unterhalten mit aus psychotherapeutischer Sicht vor allem epigonalen Positionen, dass ein fruchtbarer wissenschaftlicher Diskurs nicht zu erwarten ist.

Demgegenüber boomt in kirchlichen Kreisen das Interesse für alles, was nach Psychotherapie aussieht. Wer auch nur einen Wochenendkurs in einer Psychotherapiemethode vorzuweisen hat, gilt als Experte, wer nicht, pflegt seine Minderwertigkeitskomplexe. Es ist schon erstaunlich, wie das Gold jahrhundertelanger spiritueller Tradition freigebig über Bord gehievt wird, nur um für manche Glasperlen modischer Psychotherapie Platz zu schaffen.

Begehrt ist vor allem ein Amalgam aus Psychotherapie und Seelsorge, das den, der solches lehrt, zum Guru befördert. Da hilft es nichts, wenn seriöse und renommierte Psychotherapeuten wie Otto Kernberg bescheiden auf die Grenzen ihrer Kunst hinweisen und nachdrücklich für eine Trennung von Psychotherapie und Seelsorge plädieren, um gefährliche Manipulationen zu vermeiden. Wenn schon alle zum Psychotherapeuten laufen, schmücken sich kirchliche Begierdetherapeuten einfach mit einem solchen Etikett, um im Glanz dieser Disziplin einfach zu behaupten, dass irgendwie das ursprüngliche Christentum ja auch »nichts anderes als …« diese therapeutische Richtung gewollt habe. Die jetzige Kirche sei freilich, man müsse leider darauf hinweisen, vom ursprünglichen Weg abgekommen, wie man persönlich nachweisen könne, man werde sie aber schon wieder dahin zurückprügeln … oder auch nicht – daran sei sie dann eben selbst schuld. Auf solche Weise verkommt freilich das Christentum bloß noch zur Illustration beliebiger psychologischer Auffassungen.

In unserem Zusammenhang ist von besonderem Interesse, dass man sich im kirchlichen Bereich vorwiegend mit inzwischen eher veralteten pathologiebetonten Psychotherapieformen befasst und diese dann so absolut setzt, als handle es sich um veritable Glaubenslehren, um gnostisches Wissen, das in das Eigentliche einführe. Das wohl bekannteste Beispiel war Eugen Drewermann. Zwar hat er seine eigene Psychotherapieausbildung, wie er an eher entlegener Stelle selbst mitteilte, »aufgrund der inneren und äußeren Reibungen nicht bis zu Ende durchführen können«,[28] und berichtet unabsichtlich von offensichtlichen und verheerenden Behandlungsfehlern,[29] zwar fehlt seinem gesamten Werk eine wissenschaftlich-kritische Auseinandersetzung mit der von ihm verwendeten Methode, das heißt, dem Geltungsanspruch psychoanalytischer Deutungen.[30] Dennoch gelang es ihm eine Zeit lang, sich durch geschickte Medienstrategie zu einer geradezu unanfechtbaren Autorität zu stilisieren. Während er aus der Sicht moderner Psychotherapie nur Ladenhüter zu bieten hatte und seine Veröffentlichungen das Niveau wissenschaftlicher psychotherapeutischer Literatur nicht erreichten,[31] sicherte ihm allgemein gesellschaftlich das hemmungslose Bedienen aller antikirchlichen Klischees zeitweilige Aufmerksamkeit. Innerkirchlich kam ihm seine zutiefst konservative Struktur zu Hilfe, mit einem überhöhten

Priesterideal, an dem jede Realität scheitern musste, und mit einer ausgeprägten Bischofsfixierung – während er wissenschaftlich kontroversen Auseinandersetzungen stets aus dem Weg ging, legte er auf Gespräche mit Bischöfen großen Wert.[32] Insbesondere gelang es ihm, die oben skizzierte kirchliche Malaise besonders eindrücklich zu beschwören und sie mit endlosen Antworten auf nicht gestellte Warum-Fragen fest zu verankern, indem er sein Publikum geradezu in Trance versetzte. Dazu benutzte er ein defizitorientiertes veraltetes Psychoanalyse-Patchwork, das er wie eine offenbarte Wahrheit darbot, eine spezielle Auswahl von Psychoanalytikern gewöhnlich wie Kirchenväter zitierend. Jeder gut ausgebildete Psychoanalytiker weiß, dass er, wenn er nur will, hinter jeder scheinbar noch so glücklichen Konstellation beliebige Defizite zur Sprache und damit auch zur Wirklichkeit bringen kann. Wenn er verantwortungsvoll arbeitet, wird er solche Suggestionen aber unterlassen.

Auch die unkritische Rezeption der Gesprächspsychotherapie von Carl Rogers ist in kirchlichen Kreisen allenthalben anzutreffen. Diese verdienstvolle Methode, die, von bedeutenden Therapeutenpersönlichkeiten bei psychisch Kranken angewandt viel Gutes geleistet hat, indem sie einfühlsames Verstehen zur Heilung einsetzt, wurde von manchen Kirchenvertretern kurzerhand mit Seelsorge identifiziert. Da kommt jemand dann mit einer schweren Glaubenskrise zum Seelsorger. Alle verstehen ihn, seine Frau, sein Psychotherapeut, seine Freunde. Er aber sucht existenziellen, spezifisch seelsorglichen Zuspruch bei einem Seelsorger, der ihn jedoch auch nur wieder – qualifiziert versteht. Durch solche Vermischungen aber wird Seelsorge unbeabsichtigt manipulativ.[33] Auch diese Methode fokussiert im Übrigen eher auf Defizite, der methodisch geschulte verständnisvolle Blick lädt ein zur Betrachtung von Problemen.

Schließlich hat es der Theologe und Psychotherapeut Pater Dieter Funke in seinem Verständnis der Psychoanalyse so weit gebracht, schon die Tatsache, dass jemand im kirchlichen Dienst tätig ist, als einen Hinweis auf erhebliche psychische Defizite zu erklären.[34] Dass er ein Institut unterhält, das sich diesen Störungen gegen Bezahlung bereitwillig annimmt, ist dann nur konsequent, dass er in dem Buch auch gleich die Adresse und Telefonnummer nennt, ist – vorsichtig ausgedrückt – ziemlich geschäftstüchtig. Gewiss wird man aus professioneller Sicht einem Therapeuten, der Menschen einer bestimmten Berufsgruppe grundsätzlich für gestört hält, dennoch manchen Patienten schicken – nur nie jemanden aus dieser Berufsgruppe.

Diese knappen Hinweise zeigen, welch verhängnisvolle Auswirkungen Psychotherapie in Kirchenkreisen haben kann. Sie hat hier offensichtlich nicht zur Lösung von Problemen beigetragen, sondern eher solche angerichtet. Die Affäre um Eugen Drewermann hat dem Bild von Christentum und Kirche in der Öffentlichkeit geschadet. In nüchternem Abstand wird man selbst die wohlfeile These von einer »fruchtbaren« Krise nicht bestätigen können. Ergebnis ist heute jedenfalls die völlige gesellschaftliche Irrelevanz Eugen Drewermanns, der auch mit spektakulären Abwegigkeiten – wie dem Gleichsetzen der Schutzwürdigkeit von Fischen mit der Schutzwürdigkeit von menschlichen Embryonen[35] – keine Aufmerksamkeit mehr erringen kann. Andererseits ist mancher fruchtbare Gedanke Drewermanns durch den von ihm inszenierten totalen Kommunikationsabbruch in der Kirche nicht mehr vermittelbar.

Möglicherweise hat dieses Scheitern kirchlicher Psycho-Expeditionen mit der auf Defizitwahrnehmung eingeschränkten sozialpsychologischen Befindlichkeit von Kirchenvertretern zu tun. Daher wählen sie offensichtlich aus den zahlreichen Psychotherapiemethoden gerade diejenigen aus, die diese Befindlichkeit bestätigen. Dass solche – meist psychoanalytisch inspirierten – Methoden dann nicht als falsifizierbare mehr oder weniger nützliche Konstrukte verwandt werden, sondern wie unfehlbare Dogmen, macht die kirchliche Psychoszene so starr. Weiterentwicklungen werden kaum rezipiert, man findet eher Anhänger als Vertreter von Psychotherapiemethoden, offene wissenschaftliche Kontroversen finden kaum statt. Auf Kritik wird zumeist mit dem Repertoire reagiert, das früher in kirchlichen Kreisen bei Blasphemie zum Einsatz kam.

So ist der Aufmerksamkeit kirchlicher Psycho-Vertreter die sorgfältige wissenschaftstheoretische Debatte weitgehend entgangen, die wesentlich durch das Buch von Jürgen Habermas »Erkenntnis und Interesse« ausgelöst wurde. Habermas, der die Psychoanalyse durchaus wertschätzte, warf Freud und der klassischen Psychoanalyse ein »szientistisches Selbstmissverständnis« vor,[36] eine Verwechslung mit der Naturwissenschaft. Dass diese Debatte von führenden Vertretern heutiger Psychoanalyse nachdenklich und konstruktiv aufgegriffen wurde, ist in kirchlichen Kreisen kaum rezipiert worden. Die Psychoanalyse versteht sich heute nicht als eine »exakte« Wissenschaft im Sinne der Naturwissenschaft, sondern als hermeneutische Disziplin,[37] die in der Beziehung zwischen Therapeut und Patient Deutungen hervorbringt, die der simplen Allgemeingültigkeit entbehren. Der hochtrabende Gestus mancher kirchlicher Psychotherapeuten, der Kirche vom Stuhle psychologischer Weisheit irgendwelche allgemein gültige »Wahrheiten« um die Ohren zu hauen, ermangelt daher der wissenschaftlichen Seriosität. Dass die vorherrschende Stimmung von gravitätischer Humorlosigkeit geprägt ist, verwundert bei solchem Mangel an Selbstrelativierung nicht.

Erschwerend kommt für den Bereich der katholischen Kirche hinzu, dass die Vorliebe für individuum-zentrierte Methoden, wie vor allem die klassische Psychoanalyse, schon eine Vorentscheidung dafür bedeutet, Gemeinschaft als etwas eher Zusätzliches und Institution als etwas Beschränkendes zu verstehen. Das »Ideal« ist die dyadische Beziehung zwischen Patient und Therapeut beziehungsweise zwischen Seelsorger und »Klient«. Alles von außen Hinzutretende gilt dann als irritierender Artefakt. Vom Selbstverständnis der katholischen Kirche her ist aber Gemeinschaft und sogar Institution etwas Primäres, innerhalb dessen sich jeder Dialog immer schon getragen weiß.

Sich angesichts dieser Lage erneut mit moderner Psychotherapie zu beschäftigen, um der Kirchenkrise beizukommen, hieße damit fast, eine Warnung des amerikanischen Psychotherapeuten Steve de Shazer zu missachten: Wenn man immer wieder etwas tut, was nicht funktioniert, bekommt man ein Problem. Doch setzt eine solche Befürchtung voraus, dass das, was kirchliche Psychotherapeuten gewöhnlich als »die moderne Psychotherapie« reklamieren, wirklich die moderne Psychotherapie ist. Dem ist aber nicht so. Die klassische Psychoanalyse ist in Amerika weitgehend ausgestorben, es hat hier ganz im Sinne der Wissenschaftstheorie Kuhns[38] im Kontext eines Generationenwechsels ein regelrechter Paradigmenwechsel stattgefunden.[39] Öffentlichkeitswirksam haben spätestens die Filme von Woody Allen auf unterhaltsame Weise die ausgeprägte Pathologie- und Problemorientierung traditioneller Psychoanalyse ad absurdum geführt. So sind es hier inzwischen verhaltenstherapeutische und vor allem systemische Ansätze, die die Szene beherrschen. In Deutschland bestimmt zwar die Psychoanalyse nach jahrelangen Kämpfen noch die Berufspolitik, und die meisten bekannten Psychotherapeuten haben noch eine psychoanalytische Ausbildung, aber sie wenden die Methode oft kaum mehr an oder modifizieren sie im Licht neuerer Erkenntnisse. Die Therapieeffizienzforschung stellte manchen psychoanalytischen Verfahren verheerende Noten aus. Die im Auftrag der Bundesregierung angefertigte Studie von Grawe und anderen ergab beispielsweise für die große Analyse eine Eignung allenfalls für Gesunde.[40] So ist über die Wirksamkeit vor allem der Psychoanalyse, aber auch verwandter Methoden unter Fachleuten allenthalben Ernüchterung eingetreten. Bedeutende Psychoanalytiker selbst sind redlich genug, die Krise ihrer Therapierichtung einzugestehen[41] und die Einbeziehung insbesondere moderner systemisch lösungsorientierter Konzepte zu fordern.[42] Die historischen Verdienste der Psychoanalyse müssen gar nicht bestritten werden, wenn man feststellt, dass sie gewiss nicht »die moderne Psychotherapie« repräsentiert.

Daher soll hier nicht mehr desselben von dem geschehen, was erwiesenermaßen nicht funktionierte, sondern versucht werden, moderne systemische und lösungsorientierte Psychotherapieformen darzustellen und auf ihre Nützlichkeit in der derzeitigen Kirchenkrise zu überprüfen. Damit soll keineswegs gesagt werden, dass das Neue immer schon das Beste sein muss, und es ist sicher empfehlenswert, dass der Leser sich ein gesundes Maß an Skepsis bewahrt. »Das soll nun wieder so was sein«, war das Urteil eines Münsteraners über den Ansatz Eugen Drewermanns – der für Münsteraner denkbar vernichtendste Verriss, wie mir ein anderer Westfale versicherte. Wer sich solcher Skepsis nicht stellt, erwartet schon vor dem Argument Zustimmung. Dennoch muss ein solches Psychotherapieprojekt erlaubt sein, ist doch die Wissenschaft für den Katholiken nicht in sich von Übel, im Gegenteil: Die Tätigkeit der von Gott geschaffenen Vernunft kann und soll zur Ehre Gottes den Menschen in die Wahrheit einführen – und das gilt auch für die wissenschaftliche Psychologie, die Lehre von der Seele.

IV. Skeptische Hoffnung –
Der Paradigmenwechsel in der
Psychotherapie

Mara Selvini Palazzoli war eine erfahrene Psychoanalytikerin. Sie hatte sich bei ihrer Tätigkeit in Mailand vor allem mit magersüchtigen Mädchen beschäftigt. Viel hatte sie darüber publiziert und ihre Beschreibungen dieses unheimlichen Phänomens perfektioniert. Doch trotz absolut korrekt angewandter Psychoanalyse: Nüchtern betrachtet blieb der Erfolg aus. Das ist bei einer Erkrankung, die in fünf bis zehn Prozent der Fälle tödlich verläuft, eine bedrückende Bilanz. Sie versuchte, Fehler der Therapie zu finden, doch sie hatte alle Regeln der Psychoanalyse akribisch angewandt: Es wurde frei assoziiert, Träume wurden gedeutet, aufkommender Widerstand wurde bearbeitet, Übertragung und Gegenübertragung berücksichtigt. Man arbeitete in Einzeltherapie, Angehörige blieben wie üblich außen vor.

Da entschloss sie sich eines Tages, bedrängt von der Situation, den Weg orthodoxer Psychoanalyse zu verlassen. Es war 1972. Angeregt von Forschungsergebnissen der amerikanischen Palo-Alto-Gruppe emanzipierte sie sich von der rigiden Theorie und gab ihrer Intuition Raum, die ihr sagte, dass insbesondere die Eltern nicht bloß in ihren frühkindlichen Erziehungseigenarten, sondern in ihrer aktuellen Beziehung mit der Patientin von Bedeutung für die Aufrechterhaltung der Symptomatik waren. Sie lud die Eltern mit zur Sitzung ein – und sofort ergaben sich ganz neue ungewöhnliche Konstellationen.[43] In einem solchen Fall zeigt sich nämlich, dass die Magersucht im aktuellen Familienkontext durchaus »Sinn« machen kann.

Da sind Eltern, die tief in einer Ehekrise stecken, alles scheint auf eine definitive Trennung hinauszulaufen – und plötzlich entwickelt die sechzehnjährige Tochter jene bedrohliche Symptomatik. Sie isst nichts mehr, magert zum Skelett ab, droht zu sterben. Den Eltern bricht fast das Herz. Sie versuchen beide, alles zu tun, um ihr Kind zu retten. Selbstverständlich eint sie diese Aufgabe. Wie schon lange nicht mehr, ziehen sie an einem Strang. Sie tragen ihr Kind geradezu in die Psychotherapie. In Einzeltherapie würde sich eine Psychotherapeutin vergeblich abmühen. Es will dann einfach keine Besserung einer Symptomatik eintreten, die nicht bloß ein behandlungsbedürftiges Defizit ist. Vielmehr hat sie in diesem speziellen Familienkontext durchaus ihren positiven Sinn, kann doch das Mädchen tagtäglich erleben, dass ihre Erkrankung die so befürchtete Trennung der Eltern verhindert. In solch einer Situation muss Zunehmen höchste Gefahr bedeuten. Erst durch Einbeziehung der realen Eltern kann es in derartigen Fällen gelingen, dem Mädchen entweder erlebbar plausibel zu machen, dass die Eltern zusammenbleiben werden, auch wenn die Tochter wieder zunehmen würde, oder aber, dass die Trennung der Eltern eben nicht die befürchtete Katastrophe bedeuten würde. Erst wenn das gelingt, kann das Mädchen auf das Symptom »verzichten«.

Dieser Fall ist für unsere Zwecke erheblich vereinfacht dargestellt, lässt viele Aspekte dieser Erkrankung unberücksichtigt, soll aber auch nur deutlich machen, inwiefern eine »systemische« Denkweise, die das Individuum stets in einem Kontext wahrnimmt, zusätzliche wichtige Perspektiven und vor allem Behandlungsmöglichkeiten eröffnet. Sie bleibt nicht bloß auf den einzelnen Patienten beschränkt, wie viele andere Therapieformen. Das heißt aus systemischer Sicht ausdrücklich nicht, dass die anderen Therapieformen »unwahr« wären, sie betrachten die gleiche Situation bloß unter einer anderen, oft weniger nützlichen Perspektive.

Die Wahrheitsfrage führt in einer therapeutischen Disziplin ohnehin in die Irre. Nach Aristoteles ist die Medizin und damit jede Therapie eine technische Wissenschaft. Ihre Einsichten und Diagnosen dienen ausschließlich der therapeutischen Hilfe und haben damit keinen Wert in sich.[44] Eine noch so ausgefeilte therapeutische Theorie ist Makulatur, wenn sie nicht zur wirksamen Behandlung beiträgt. Wer heilt, hat Recht, heißt ein altes ärztliches Prinzip. Daher ist die Therapieeffizienzforschung auch keine unsittliche

Zumutung an Psychotherapie, sondern sichert ihr ihre Eigenart. Demgegenüber sind auf dem Gebiet des Therapeutischen Theorien, die im Gewand letzter Wahrheiten daherkommen, stets verdächtig, ihren Kompetenzbereich zu überschreiten und mit unlauteren Methoden Weltanschauung unter die Leute bringen zu wollen. Die Suspendierung der Wahrheitsfrage mag manchem Theologen auf den ersten Blick bedenklich erscheinen. Recht besehen sichert aber gerade eine methodische Bescheidenheit der Psychotherapie, die sich auf den Umgang mit mehr oder weniger nützlichen Perspektiven beschränkt, der Philosophie und Theologie ihren eigenen Bereich, wenn sie gemäß ihrem Auftrag »von der Wahrheit« handeln.

Die Phänomene in therapeutischer Absicht aus unterschiedlichen Perspektiven wahrzunehmen, beispielsweise aus den unterschiedlichen Perspektiven der Familienmitglieder, kennzeichnet systemische Therapiemodelle. Hier mag die therapeutische Kunst der Kunst selbst nahe sein. »Nulla si sa, tutto si imagina (Nichts weiß man, alles stellt man sich nur vor)«, zitierte Kardinal Silvestrini den Regisseur Federico Fellini, während er das Requiem für ihn hielt. Weniger emphatisch und präziser formulierte der antike Philosoph Epiktet: »Nicht die Dinge selbst beunruhigen uns, sondern die Meinung, die wir über sie haben.«[45]

Doch auch die moderne Naturwissenschaft hat für solche neuen Sichtweisen Pate gestanden. Während die Wahrheitsfrage durch die Quantentheorie suspendiert wurde und bescheidener der Suche nach Wahrscheinlichkeiten wich, gilt im subatomaren Bereich die Abhängigkeit des Beobachteten vom Beobachter und die Komplementarität von Welle und Korpuskel je nach Perspektive. Vor allem aber hat die Kybernetik ein Denken in Regelkreisen gelehrt, das die alte Frage nach Ursache und Wirkung wie beim Thermostaten unentschieden lässt. Nicht mehr statische Eigenschaften sind da von Interesse, sondern vielmehr die Beziehungen verschiedener Elemente zueinander, die freilich bei der Therapie im Sinne einer »Kybernetik zweiter Ordnung« den oder die Beobachter mit einschließen. Solche Einsichten wurden insbesondere von Maturana und

Varela für die Biologie fruchtbar gemacht.[46] Dass beispielsweise das Ganze eines Moleküls stets mehr ist als die Summe seiner Teile, war schließlich eine Erkenntnis, deren Konsequenzen Ilya Prigogine den Nobelpreis bescherten. Dem entspräche analog übrigens der alte theologische Gedanke, dass das Ganze der Kirche stets mehr ist als die Summe der einzelnen Kirchenmitglieder.

Wenn aber dergestalt therapeutisch nur noch in wechselseitigen Beziehungen – hier zwischen den Eltern und dem Mädchen – gedacht wird, und das Ursache-Wirkungsprinzip keine Anwendung mehr findet, wo bleibt dann die Frage nach dem Warum? Denn in der Tat, wer therapeutisch und diagnostisch ganz grundsätzlich auf die Beziehung fokussiert, der kann nicht mehr sagen, ob es irgendein Verhalten des Mädchens war, das wenigstens indirekt die Eltern in die Trennung trieb, oder ob die Trennung der Eltern die »Ursache« der Magersucht war oder ob nicht vielmehr die Magersucht letztlich am Beginn von allem stand. Man kann nur Wechselwirkungen feststellen. Menschen stehen immer schon in Zusammenhängen – übrigens religiös gesprochen auch in Schuldzusammenhängen, die nicht in der Dichotomie Kollektivschuld/Individualschuld aufgehen. Die klassische Theologie nennt das Erbschuld.[47] »Wir können nicht nicht kommunizieren« (Watzlawick), wir wirken ständig auf andere Menschen ein, und andere Menschen wirken auf uns ein. Selbst unser Schweigen oder unsere Abwesenheit kann eine unüberhörbare Botschaft sein.

Die therapeutische Suspendierung der Warum-Frage hat grundstürzende Konsequenzen. Es ist immerhin die Frage der beginnenden Neuzeit, die auch deutschem Bedürfnis nach Tiefsinn besonders entspricht. Mit den Worten von Goethes Faust: »Dass ich erkenne, was die Welt im Innersten zusammenhält, schau alle Wirkungskraft und Samen und tu nicht mehr in Worten kramen.«[48] Es kann gar nicht bestritten werden, dass die Warum-Frage von erheblichem heuristischem Wert für die Entwicklung der modernen Wissenschaften gewesen ist. Diese Weltsicht, die die Modernisierung der Welt in beeindruckender Weise beflügelte, war durchdrungen vom Ursache-Wirkungs-Denken. Doch bekanntlich zerbrach das deterministische Galilei-Newton'sche Weltbild an der Quantentheorie und ist heute nur noch eine historische Reminiszenz.[49] Damit war übrigens letztlich auch das psychoanalytische Projekt gescheitert – jedenfalls im Sinne der ursprünglichen Absicht Freuds, seine Psychologie in die deterministische Naturwissenschaft seiner Zeit einzufügen. Während also die klassische Psychoanalyse die »Ursachen« für späteres Gelingen und vor allem Versagen in der frühen Kindheit sah – die damit in gewisser Weise den Status des Eigentlichen erhielt –, brachen systemisch denkende Psychotherapeuten, oft selbst noch psychoanalytisch geschult, mit dieser Sichtweise. Der Perspektivwechsel von Mara Selvini Palazzoli, der eigentlich nur wie eine kleine Korrektur des Settings (der äußeren Therapieanordnung) wirkte, entwickelte eine Eigendynamik, die zum Paradigmenwechsel in der Psychotherapie beitrug.

Bevor die Warum-Frage in der Psychotherapie auf diese Weise zur Disposition gestellt wurde, hatte sie freilich schon einiges Unheil angerichtet. Vor allem war da das psychoanalytische Konstrukt der »schizophrenogenen Mutter«, mit dem Frieda Fromm-Reichmann[50] ein bestimmtes Mutterverhalten als Ursache für die Schizophrenie eines Kindes anschuldigte. Es wird in der Folge von zahlreichen Mutterselbstmorden berichtet. Erst Jahre später sah man ein, dass dieses Konstrukt wissenschaftlich so nicht zu halten war. Man kann das getrost die Contergankatastrophe der Psychotherapie nennen. Wie viel subtile Frauendiskriminierung in manchen derartigen Mutterzuschreibungen liegt, bedürfte einer eigenen Darstellung.

Auch im alttestamentlichen Buch Hiob erlangt die »Warum-Frage« eine quälende Bedeutung. Protestierte doch der gerechte Hiob gegen die Schicksalsschläge, die Jahwe zuließ. Da aber kamen einige Freunde und mahnten ihn, dass es sich nicht zieme, mit Gott zu hadern. Jahwe sei ein gerechter Gott, er tue nichts ohne Ursache, Hiob habe gewiss gesündigt und wenn er sich partout nicht erinnere, dann sicher unbewusst. Damit stießen diese so genannten Freunde den gerechten Hiob in noch größere Qualen. Am Schluss aber schilt Jahwe diese »Freunde« und preist Hiob, der in allen Prüfungen den Glauben nicht aufgegeben hat. Christliche Therapeuten, die allzu bereitwillig mit der Warum-Frage und dem Unbewussten hantieren, sollten sich vielleicht mehr mit dem Buch Hiob befassen.

Viktor Frankl, der Begründer der so genannten Logotherapie, hatte früh der therapeutischen Engführung auf die Warum-Frage widersprochen. Er hatte die Wozu-Frage in den Vordergrund gestellt und damit die Frage nach dem Sinn. Wenn der Sinn dabei auch manchmal zu emphatisch beschworen wird, was die von ihm grundsätzlich durchaus respektierte Grenze zwischen Psychotherapie und Religion verschwimmen lässt, so haben seine originellen Ideen die heutige systemische Therapie doch vielfältig befruchtet. Frankl lenkte den Blick darauf, dass selbst ein Symptom in einem bestimmten Kontext einen Sinn haben kann und dass es nicht weiterführt, in diesem Symptom stets bloß ein Defizit zu beklagen. Wie jemand selbst der verzweifelten und menschenverachtenden Situation im Konzentrationslager noch so etwas wie »Sinn« abgewinnen kann, das hat der Jude Viktor Frankl als KZ-Häftling in Auschwitz und in drei anderen Lagern selbst erlebt und in seinem erschütternden Buch »Ein Psychologe erlebt das Konzentrationslager«[51] beschrieben: In den erniedrigendsten Situationen stellte er sich vor, dass er über diese gegenwärtigen Erlebnisse in der Wiener Volkshochschule einen Vortrag halten würde. Damit gab er diesem scheinbar jeden Sinns spottenden Zustand aus eigener Kraft Sinn und bewahrte sich in tiefster Erniedrigung das Bewusstsein seiner unverlierbaren Würde. Er begab sich selbst in eine geistige Distanz von der Situation, der er körperlich nicht entfliehen konnte. Schillers lyrischer Jubel: »Der Mensch ist frei geschaffen, ist frei, und würd er in Ketten geboren …«,[52] wurde hier in der Prosa eines realen Lebens bewahrheitet. Auch der Humor, mit dem Frankl in der Therapie arbeitete, ermutigte zur Selbstdistanzierung, zu einer neuen Perspektive, die manches Elend in einem anderen nützlicheren Licht erscheinen ließ. Mehr ein genialer Erfinder als ein ruhiger Forscher, ersann Frankl viele Interventionsformen, die insbesondere systemische Therapeuten eifrig nutzen. So die »paradoxe Intervention«,[53] in der ausgerechnet das beklagte Symptom verordnet wird, darauf bauend, dass ein absichtlich »getanes« Symptom etwas ganz anderes ist als ein passiv und hilflos erlittenes. Was man »tut«, kann man ändern, was man bloß erleidet, kann man nur ertragen. Wer wie Mara Selvini Palazzoli sogar im Defizit, in der Magersucht, Sinn zu sehen vermag, der wird überhaupt den Blick vermehrt auf die Kräfte, die »Ressourcen«, des Patienten richten. Auf solche Weise wird er die Hoffnung auf die damit zu gestaltende Zukunft wecken, anstatt die Aufmerksamkeit immer wieder starr auf die defizitäre und nicht mehr zu ändernde Vergangenheit zu lenken. Sinn lebt aus einem Kontext, der auch andere Menschen stets mit im Blick hat. Schon ein weiterer früher Dissident der Psychoanalyse, Alfred Adler, hatte Familienkonstellationen für bedeutsam gehalten. So konnte die systemische Therapie bis in technische Details hinein aus einem reichen Reservoir an wichtigen therapeutischen Ideen und Erfahrungen schöpfen.

Dass diese neuen Sichtweisen in der Luft lagen, zeigt die Tatsache, dass schon vor Mara Selvini Palazzoli in den Vereinigten Staaten ähnliche Überlegungen angestellt wurden. Zwar hatte die Mailänder Therapeutin die theoretischen Arbeiten dieser so genannten Palo-Alto-Gruppe rezipiert. Der Weg beider Richtungen ist aber durchaus eigenständig. Gregory Bateson hatte schon in den vierziger Jahren originelle Ideen entwickelt. Von 1952 bis 1962 war er Mitbegründer des Mental Research Institute in Palo Alto, dem sich später so bekannte Forscher wie Paul Watzlawick anschlossen. Neben einigen der schon genannten Ideen – vor allem genialen Anwendungen der paradoxen Intervention und der »Symptomverschreibung« – hatte sich diese Gruppe mit moderner Kommunikationstheorie befasst, dabei auch mathematische Modelle berücksichtigend. Bateson bezog sich schon früh auf die »Principia mathematica« von A. N. Whitehead und B. Russell. Das 1910 bis 1913 entstandene mathematische Grundlagenwerk übersetzte er, insbesondere was die so genannte logische Typenlehre betrifft, in Kommunikationstheorie.[54] Er untersuchte komplementäre Beziehungen – wie beispielsweise Eltern-Kinder-Beziehungen –, bei denen vor allem die Grenzen der Subsysteme zu beachten sind, um das zu vermeiden, was man später »Parentifizierung« genannt hat. Auf der anderen Seite beschrieb er symmetrische Beziehungen – wie konkurrierende Beziehungen der Kinder untereinander –, in denen symmetrische Eskalationen vorkommen, die sich tendenziell unbegrenzt steigern können, wenn man nicht in so genannten Lösungen zweiter Ordnung die logische Ebene wechselt. Die Prohibition war dafür ein Beispiel, wo die Eskalation der polizeilichen Kontrolle nicht zur Lösung des Problems führte, sondern nur zur Eskalation der kriminellen Subtilität und insgesamt zu einer nicht gekannten Steigerung des kriminellen Potenzials. Im therapeutischen Bereich beschrieb Bateson die »Double-Bind-Beziehung«, die durch gleichzeitige Verwendung widersprüchlicher Beziehungsmuster zu Störungen führen kann. Solche Beziehungsfallen zeigen sich bei einer bestimmten Form feindseliger Fürsorglichkeit, etwa dann, wenn eine Mutter Doppelbotschaften sendet, ihr Kind einerseits nonverbal ablehnt und verärgert aggressiv behandelt, andererseits aber verbal dem Kind erklärt, all das geschehe aus ganz besonderer Liebe.

Die neue Sichtweise ermöglichte es, Störungen und vor allem Erstarrungen der Beziehungsmuster besser wahrzunehmen. Die präzise Beachtung der Art solcher Beziehungen und der unterschiedlichen Rollen führte dann therapeutisch zu passgenauen Interventionen. Wenn nur noch »mehr desselben« gemacht wird, um eine Veränderung mit aller Macht geradezu zu erzwingen, dann gerät man gewöhnlich nur noch tiefer in die Sackgasse. Demgegenüber ging es solchen Interventionen um eine Veränderung von solchen Veränderungen, bei denen sich alles nur zum Schlimmeren verändert. Das führte dann oft zu ganz unerwarteten Lösungen. Dabei kam es nicht darauf an, eine möglichst komplizierte Lösung auszudenken, sondern vielmehr darauf, dass ein Unterschied gemacht wurde, »der einen Unterschied macht«, der mithin in der Lage war, die Konstellation zu ändern, und der auf diese Weise »passte«.

Um solche Interventionen präzise zu konstruieren, reichte es aber nicht mehr, nur in der Situation als Therapeut befangen zu bleiben. Die Distanzierung von der Situation, die Viktor Frankl innerlich vollzogen hatte, um der entsetzlichen Lage im KZ noch eine nützliche Perspektive abzugewinnen, wurde von Mara Selvini Palazzoli in die alltägliche Behandlungssituation übertragen. Sie führte eine Einwegscheibe ein, die vom Therapie-Zimmer aus wie ein Spiegel aussah, hinter der aber, wie die zu therapierenden Personen natürlich wussten, ein Therapeutenteam den Ablauf der Sitzung genau verfolgen konnte. Die Sitzung selbst wurde vor dem Spiegel von ein oder zwei Therapeuten geleitet. Aus einer solchen Metaposition hinter der Scheibe heraus konnte das Team dann mit den Therapeuten in einer Unterbrechung am Ende der Sitzung eine der berühmten Mailänder Interventionen konstruieren, die dem Patienten bzw. der zu therapierenden Gruppe, meistens einer Familie, am Ende der Sitzung mitgeteilt wurde. Die Unbefangenheit der Situation hinter der Scheibe[55] ermöglichte es diesem Team, auch nonverbale Verhaltensweisen von Familienmitgliedern sorgfältig wahrzunehmen, die den Therapeuten im Raum, die in die Interaktionen der Familie direkt involviert waren, entgehen mussten. Da war zum Beispiel der Junge, der in der ganzen Familiensitzung nichts sagte, zu dem aber an den wichtigen Stellen der Sitzung alle Familienmitglieder verstohlen hinblickten. Er hatte durch seine nonverbalen Kommentare eine Schlüsselrolle in jener Familie. Jede Intervention am Ende der Sitzung hatte das zu berücksichtigen. Wie schon beim oben zitierten Magersuchtfall war im Übrigen bei systemischer Betrachtung gar nicht sicher auszumachen, wer denn nun eigentlich der Patient im klassischen Sinne sei. Denn das neue Denken ging zwar davon aus, dass bei irgendeinem Familienmitglied die Symptomatik sichtbar wurde. In Wirklichkeit verstand man diese Symptomatik aber als eine Störung der Kommunikation in der Gesamtfamilie, die an einer Stelle deutlich wurde. Daher sprach man nur noch vom »Indexpatienten« und ging letztlich davon aus, dass die Gesamtfamilie »krank« sei. Hinweise darauf gab es vor allem dann, wenn deutlich wurde, dass die »Heilung« des »Indexpatienten« zum Ausbruch der gleichen oder einer anderen Störung bei einem anderen Familienmitglied führte.

Die Mailänder Richtung verfolgte diese Fährte allzu sehr. »Genogramme« machten eine Symptomgeschichte oder eine Geschichte gestörter Kommunikationen über Generationen augenfällig. So gelangte man nun oftmals noch über die in der klassischen Psychoanalyse gängige Pathologiesicht der Individualgeschichte hinaus zur Pathologisierung ganzer Familiengeschichten. Das schmälert nicht das Verdienst der Mailänder, war aber in den letzten Jahren Grund für unterschiedliche Weiterentwicklungen in dieser Gruppe.

Demgegenüber war der Hauptstrom der systemischen Therapie, wie er insbesondere in den Vereinigten Staaten, namentlich in Palo Alto vorherrschte, entschieden ressourcenorientiert. Man würdigte und stärkte vor allem die Kräfte des Patienten. Das hieß selbstverständlich nicht, dass man Defizite leugnete. Man hielt aber die Fokussierung auf Defizite therapeutisch für wenig nützlich. Solche Sichtweisen hatten dann ihren Einfluss auf die europäische Psychotherapieszene. In Deutschland war es vor allem Helm Stierlin in Heidelberg, der mit seiner Arbeitsgruppe Epoche machte. Das, was man mit einem missverständlichen Ausdruck »Familientherapie«[56] nannte, wohl weil »Systemische Therapie« unangemessen technisch klingt, das machte Helm Stierlin in den siebziger Jahren in Deutschland heimisch. Dem erst jüngst emeritierten Nestor der systemischen Therapie in Deutschland kam dabei zugute, dass er als ausgewiesener und anerkannter Psychoanalytiker, Leiter der renommierten Heidelberger Abteilung für psychoanalytische Grundlagenforschung, wissenschaftlich über jeden Zweifel erhaben war. So konnte es gelingen, in der trotz aller Innovationen recht konservativen deutschen Psychotherapieszene den Durchbruch für diese neue Sichtweise zu erreichen. Inzwischen haben auch andere Psychotherapierichtungen systemische Gesichtspunkte bereitwillig aufgegriffen. Einer der führenden deutschen Psychoanalytiker, Peter Fürstenau, hält insbesondere systemisch lösungsorientierte Therapieformen gerade bei sehr schwerwiegenden frühen Störungen für indiziert und plädiert nachdrücklich für die Einbeziehung systemischen Denkens in die Psychoanalyse.[57]

Wie sehr der Durchbruch dieser Sichtweise in der gesamten Psychotherapieszene erfolgt ist, wurde mir bei einem Vortrag deutlich, den der derzeit wohl bekannteste Paartherapeut, Jürg Willi aus Zürich, beim deutschlandweit größten ärztlichen Psychotherapiekongress in Lindau vor einigen Jahren hielt.[58] Es war einer der veranstaltungsübergreifenden Abendvorträge. Wohl weit über tausend Psychotherapeuten drängten sich in der großen Festhalle. Willi begann mit der launigen Bemerkung, dass man selten oder nie Gelegenheit habe, vor so vielen und dazu noch so unterschiedlich orientierten Fachkollegen zu sprechen, und dass er daher überlegt habe, an diesem Abend »so eine Art Workshop« zu veranstalten. Er wolle einige Fälle schildern, und dann wolle er mit allen im Saal versammelten Kollegen zunächst eine Diagnose überlegen und dann eine Therapie. Ungläubiges Staunen. Ein »Workshop« mit mehr als tausend Kollegen? Das war doch offensichtlich ein Scherz oder rhetorisches Warming-up. Willi begann ungerührt mit der ersten Falldarstellung: Trotz Schweizer Akzents, der für den Nichtschweizer jedes Drama etwas milder erscheinen lässt, schilderte er einen offensichtlich erschütternden Fall: Eine junge Frau, verheiratet mit einem Alkoholiker. Immer wieder bittet sie ihn, mit dem Trinken aufzuhören. Immer wieder verspricht er es, doch immer wieder trinkt er und trinkt und trinkt. Nach wenigen Jahren hat er seine Arbeitsstelle verloren. Drei Kinder haben sie inzwischen, für deren Erziehung allein die Mutter sorgt, derweil der Vater auf dem Sofa liegt und trinkt. So muss sie nun auch noch selbst eine Arbeitsstelle suchen und verdient den Familienunterhalt schließlich alleine. Endlich stirbt der Alkoholiker an einer Leberzirrhose, »und was passiert nun, meine Damen und Herren? Die Frau heiratet nach kurzer Zeit wieder. Und … wieder einen Alkoholiker«. Kurze Pause – mein Blick durch den Saal zeigt verständiges Nicken allenthalben – auch ich nicke innerlich, so etwas kennt man doch, offensichtlich kein sonderlich spannender Fall.

Willi fährt fort: Nach einigen Jahren wieder die gleiche Situation. Auch der zweite Ehemann landet auf dem Sofa. Er hat leider zusätzlich noch der Spielleidenschaft gefrönt, Schulden gemacht. So bemüht sich die Frau nun noch um eine Zusatzausbildung, wird leitende Managerin eines Unternehmens und kann so erst die Schulden ihres Mannes begleichen. Daneben sorgt sie aufopferungsvoll für ihre Kinder, die sehr an ihr hängen. Außenkontakte muss sie alleine wahrnehmen. Ihr Tag hat über sechzehn Stunden. Schließlich stürzt der Ehemann im betrunkenen Kopf eine Treppe hinunter und ist auf der Stelle tot. »Und was passiert nun, meine Damen und Herren, die Frau heiratet wieder und … einen behinderten, an den Rollstuhl gefesselten Mann … Meine Damen und Herren, ich brauche wohl nicht fortzufahren, wir sind uns gewiss einig, dass es sich um ein klassisches Helfersyndrom handelt (allgemein zustimmendes Nicken im Saal). Diese Frau musste offensichtlich die eigene innere Leere und Selbstunsicherheit stets mit einer sozialen Aufgabe kompensieren, die sie schließlich aber nur auslaugte und leer zurückließ.« Es folgten zwei andere ähnlich gelagerte Fälle – ähnliche diagnostische und mithin auch therapeutische Einigkeit im Saal: Schwerwiegende Fälle, lange Therapie. Und so verkündete Jürg Willi den Erfolg seines Experiments: »Meine Damen und Herren. Ich bin sehr beeindruckt. Wir sind über tausend Psychotherapeuten in diesem Saal, wir haben ganz unterschiedliche therapeutische Ausrichtungen, und dennoch waren wir alle, wie ich dem Nicken entnahm, bei diesen drei Fällen ganz offensichtlich völlig einer Meinung. Doch muss ich Sie nun sehr enttäuschen – ich persönlich bin völlig anderer Auffassung …«

Ich kann mich noch sehr gut dieses Augenblicks erinnern. Schlagartig waren wir alle wieder wach, denn die Geläufigkeit der geschilderten Fälle hatte manche an diesem Abend ein wenig in wohlige Trance gehüllt. Man hätte eine Nadel fallen hören können, als Willi nun bei dem oben zitierten Fall einsetzte. Zunächst einmal habe er an keiner Stelle behauptet, dass es sich bei der Frau um eine Patientin handele. Unsere geschulten Ohren hätten zwar sofort Defizite dieser Frau herausgehört, er aber habe gar kein Defizit genannt. An keiner Stelle habe er erwähnt, dass sie leide. Vielmehr handele es sich ganz offenbar um eine sehr tatkräftige Frau, die liebevoll für ihre Kinder sorge und deren Liebe von den Kindern erwidert werde, die außergewöhnlichen beruflichen Erfolg habe, die offensichtlich gesellschaftlich angesehen sei und eingeladen werde, dabei aber noch Kraft habe, aus welchen Gründen auch immer, zwei Alkoholiker und einen Rollstuhlfahrer als Ehemänner mit durchzutragen. Es handele sich also in Wahrheit um eine in jeder Hinsicht erfolgreiche und kraftvolle Frau mit offensichtlich geradezu außergewöhnlichen Fähigkeiten. Was falle uns Psychotherapeuten eigentlich ein, eine solche Frau als Wrack zu schildern … Man fühlte sich richtig ertappt. Die beiden anderen Fälle liefen für uns »Diagnostiker« nicht weniger peinlich. Doch Willi konnte dann ein so eindrucksvolles Plädoyer dafür halten, therapieschulen übergreifend mehr auf die Kräfte unserer Patienten zu vertrauen, sie in ihren Fähigkeiten wertzuschätzen und die vielleicht manchmal verschütteten Ressourcen wieder zum Sprudeln zu bringen, dass ihm am Schluss allgemeiner brausender Beifall entgegenbrandete. – Es war ein wirklicher »Workshop«, bei dem wir wohl alle wirklich etwas gelernt haben. Selten hat jemand Psychotherapeuten so liebenswürdig die Leviten gelesen. Zugleich aber wurde in der Reaktion des Publikums deutlich, dass der Boden für solche Botschaften schon bereitet war. Jahre vorher hätte Willi eher mit einer zünftigen Ketzerverbrennung rechnen müssen.

Jürg Willi verfügt zwar über eine psychoanalytische Ausbildung, hat sich aber inzwischen auch der systemischen Therapie zugewandt. Vor allem war es wohl die Defizitorientierung des psychoanalytischen Ansatzes, die einem Paartherapeuten, der es oft mit desolaten Situationen zu tun hat, wenig zuträglich schien. Folgerichtig schrieb Willi ein lesenswertes Buch mit dem ungewöhnlichen Titel »Was hält Paare zusammen?«.[59] Zur Begründung schreibt er, dass es eine Fülle von Literatur zu der Frage gibt, was Paare in die Krise oder zum Scheitern bringt, nicht aber darüber, was sie denn eigentlich zusammenhält. Das habe auch damit zu tun, dass im Sinne weiblicher oder männlicher Emanzipation Trennung als Autonomiegewinn in einer frei gewählten Lebensgeschichte ideologisiert werde, so dass jede gegenläufige Information unter Tabu gestellt sei. Daher gelte es zum Beispiel als durchaus unziemlich, die gut belegte Tatsache zu erwähnen, dass Scheidung ein hohes Gesundheitsrisiko darstelle, vergleichbar mit Rauchen, schlechter Ernährung und Bewegungsmangel. Demgegenüber habe man alles ins Feld geführt, was lang andauernde Partnerschaften geradezu verdächtig mache und psychotherapeutisch den Zustand der Verliebtheit als ein regressiv-unerwachsenes Phänomen unter Anklage gestellt. Das beständige Reden über steigende Scheidungszahlen habe die Tatsache völlig übersehen lassen, dass trotz aller destabilisierenden soziologischen Faktoren eben nicht bloß ein Drittel der Ehen scheitern, sondern immerhin zwei Drittel halten. Das alles mache Untersuchungen darüber dringlich, was Paare zusammenhält. Wie Jürg Willi da die oft grundlegende Bedeutung einer überschäumenden anfänglichen Verliebtheit schildert, wie er in den vielen verbindenden Kleinigkeiten des Alltags, und sei es im gemeinsamen Tratsch über die gerade besuchte Abendgesellschaft, hilfreiche Stützen einer dauerhaften Beziehung erblickt, das können wir hier nicht weiter verfolgen. Jedenfalls ist er in einem sicher: Wer mutwillig eine Ehe in die Krise bringen will, dem muss es bloß gelingen, mit womöglich psychotherapeutischer Autorität wenigstens einem der beiden Partner zu suggerieren, dass es die ideale Ehe gibt. Das reicht. Alles Weitere ergibt sich dann von selbst.

V.
Blockierungen –
Sichere Wege zum
Unglücklichsein und ihre
sorgfältigen kirchlichen
Umsetzungen

Damit ist schon einer der vier Gesellen bezeichnet, die Paul Watzlawick zur Bewerkstelligung des Unglücks hinzuzuziehen empfiehlt, »das Utopiesyndrom«. Daneben neigt ein professioneller Unglücksritter zu den »großen Vereinfachungen«, zur »Starrheit der Rollen« und bevorzugt die »ahistorische Einstellung«. So liegt ein reichhaltiges Repertoire für gewohnheitsmäßige Unglücksraben bereit.[60] Auf diese berüchtigte Viererbande und auf kirchliche Beispiele, wie man mit Vollgas in solche Sackgassen brausen kann, soll im Folgenden eingegangen werden.

1. Das Utopiesyndrom

Schon vor zwanzig Jahren hatte Watzlawick die Ergebnisse seiner hochtheoretischen Forschungsarbeiten[61] auf glänzende und zugleich unterhaltsame Weise für Nichtfachleute übersetzt: »Anleitung zum Unglücklichsein«[62] hieß der Bestseller, der eine ironische Sammlung selbst geschnitzter psychotherapeutischer und alltäglicher Holzwege darstellte. Vor allem war es das unbändige Streben nach dem großen Glück, dem Watzlawick die größten Aussichten darauf verhieß, das Unglück zuverlässig herzustellen. Noch lange bevor im globalen politischen Kontext vom »Ende des utopischen Zeitalters«[63] gesprochen wurde, hatte Watzlawick in seinen theoretischen Schriften ein psychologisches Phänomen ausgemacht, das er das »Utopiesyndrom« nannte: Frei nach dem Motto: »Wir streben nach dem Unerreichbaren und verhindern so die Verwirklichung des Möglichen«[64] sei hier »das zu lösende Problem ... die Überzeugung, dass die Dinge so und so sein sollten«.[65]

An dieser Stelle ist es nun gar nicht mehr vermeidbar, die kongenialen Anwendungen der »Anleitung zum Unglücklichsein« im kirchlichen Bereich zu erwähnen. Man stelle sich eine beliebige kirchliche Gruppierung in ausnahmsweise zuversichtlicher und zufriedener Stimmung vor – konservativ oder progressiv, alt oder jung, das spielt gar keine Rolle. Wie kann es nun gelingen, aus dieser ungewöhnlichen, ja irritierenden Zuversicht auf zuverlässige Weise wieder in die übliche pessimistische Stimmung zu gelangen? Ganz einfach: Man veranstaltet mit dieser Gruppe ein Wochenendseminar zum Thema: »Wir träumen eine Kirche« – das ist völlig ausreichend. Nichts gegen Visionen, aber hier kommt es sehr auf das Maß an. Utopische Ziele sind wohl der häufigste Grund für das Scheitern mancher gut gemeinter Kirchenreformprojekte. Wie jede Ehe durch die penetrante Konfrontation mit einem unerreichbaren Idealbild zumindest in einiges Schlingern geraten kann, so ruft das Ausspielen von »Kirche« gegen »die (konkrete) Kirche« tendenziell Depressionen hervor. Dennoch ist es sprachlich inzwischen üblich geworden, den Artikel wegzulassen.

Frère Roger Schütz, der weise Begründer der ökumenischen Brüdergemeinschaft im burgundischen Taizé, ist sich solcher Gefahren durchaus bewusst. Er ermahnt die tausenden von Jugendlichen, die Jahr für Jahr zu den spirituell tief beeindruckenden Treffen der Gemeinschaft zusammenströmen, beständig, dass das Hochgefühl solcher Tage wertlos sei, wenn es nicht Kraft gebe, im grauen Alltag der jeweiligen Pfarrgemeinde den Ernstfall des Christseins zu leben. Zwar kann man sich Brennholz für Kälteperioden auch außerhalb der konkreten Gemeinde suchen, aber lodern oder wenigstens glimmen muss das Feuer hier, wo nicht so schön gesungen wird, wo die Predigten oft trocken sind und die Gläubigen so nüchtern. Wer sich stets nur aus einer solchen Situation heraussehnt, erzeugt sich seine höchstpersönliche Kirchenkrise selbst und hat vergessen, dass der Nächste, von dem die Bibel spricht, nicht erst der nächste beeindruckende Mensch ist.

Besonders verhängnisvoll aber wirkt sich das Watzlawick'sche Utopiesyndrom bei einem Thema aus, das unstreitig für die Zukunft der Kirche von wesentlicher Bedeutung ist, gewöhnlich mit der missverständlichen Formel gekennzeichnet: Die Kirche und die Frauen.

Es kann wohl kein Zweifel daran bestehen, dass der Einfluss von Frauen in der heutigen Kirche zu wünschen übrig lässt. Noch im frauenbeherrschten 18. Jahrhundert hatten starke Äbtissinnen bestimmenden kirchlichen Einfluss, und das recht schwache Papsttum traf ohne Zustimmung einer Frau, der katholischen »Kaiserin« Maria-Theresia, kaum eine Entscheidung. Selbst im männerbestimmten 19. Jahrhundert waren die richtungsweisenden katholischen Persönlichkeiten die Ordensgründerinnen – keineswegs schüchterne Heimchen am Herd, sondern machtvolle Gestalten mit Durchsetzungsfähigkeit und Organisationstalent. Heute dagegen kann man kaum leugnen, dass durch die beispiellose Aufblähung des kirchlichen Apparats Männer in der Kirche fast alles managen und kontrollieren.[66] Das ist eine Fehlentwicklung. Selbst den Papst könnte man hier für dringend notwendige Änderungen als Gewährsmann nennen. Gegen einen solchen Fortschritt zu Gunsten der Frauen gibt es aber ein unfehlbares Mittel: Die Identifizierung der Forderung nach mehr Einfluss von Frauen in der Kirche mit einem utopischen Ziel.

Und das ist gelungen: Es gilt inzwischen als ausgemacht, dass nur die Einführung des Frauenpriestertums Rettung bringen kann. Am Rande sei erwähnt, dass eine solche Forderung auf ein eher klerikalistisches Kirchenbild schließen lässt, wie man es der Zeit vor dem Zweiten Vatikanischen Konzil zuschreibt, ein weiteres Indiz für die oben erwähnte Konservativität der »Progressiven«. Es gibt daher gestandene selbstbewusste Ordensschwestern, die sich über derartige Brosamen vom klerikalen Tisch nur sarkastisch äußern können. Ohne der theologischen Diskussion der Frage hier nachgehen zu können, sei aber darauf hingewiesen, dass allen Kennern der Lage klar ist: Zumindest unter dem jetzigen Papst ist, was die Frage des Frauenpriestertums betrifft, keinerlei Änderung zu erwarten.

Der hat nämlich in einer autoritativen Erklärung[67] 1994 entschieden, es stehe nicht in der Macht des Nachfolgers Petri, das aus Schrift und Tradition geheiligte Herkommen zu ändern,[68] nur Männer zu Priestern zu weihen, eine Gewohnheit, die auch in der Orthodoxie unbestritten ist und heftig verteidigt wird und die selbst in den Kirchen der Reformation noch bis vor wenigen Jahrzehnten galt. Die ganz außergewöhnlich hohe Autorität, mit der Johannes Paul II. dieses Schreiben durch die gewählten Formulierungen ausstattete, bedeutet, dass ein Nachfolger des jetzigen Papstes eine solche Entscheidung nur um den Preis der faktischen Selbstabsetzung revidieren könnte. Denn wenn er dann noch irgendwelche Entscheidungen, selbst mit ganz hoher Autorität, verkünden wollte, ständen die doch allesamt unter Revisionsvorbehalt. De facto würde dies das Ende der päpstlichen Autorität unterhalb feierlich verkündeter Dogmen und eine dauerhafte Lähmung der Kirche bedeuten. Zwischen solchen zuletzt in hundertjährigem Abstand stattfindenden Akten päpstlicher Unfehlbarkeit könnte sich der Papst getrost in ein Kloster zurückziehen. Das Papsttum in seiner jetzigen Form wäre abgeschafft.

Dass es sich bei der Forderung nach dem Priestertum der Frau um ein utopisches Projekt handelt, ist offensichtlich manchen, die dafür auf die Barrikaden gehen, grundsätzlich klar. Ganz praktisch konnte ich die Probe aufs Exempel machen, als ich in einer Podiumsdiskussion einem der Initiatoren des deutschen »Kirchenvolksbegehrens«, Christian Weisner, eine Wette anbot: Sollte zu unseren Lebzeiten das Frauenpriestertum eingeführt werden – immerhin eine der Hauptforderungen des Begehrens –, würde ich ihm ein Jahresgehalt zahlen. Wenn das bis zu einem zu vereinbarenden Zeitpunkt nicht erfolgt sei, solle er mir ein Monatsgehalt überweisen. Er nahm diese auf den ersten Blick großzügige Wette nicht an, denn er wusste im Gegensatz zu vielen Halbinformierten nur zu genau, dass auf unabsehbare Zeit damit nicht zu rechnen ist. Da muss man nach der Verantwortung fragen, die jemand für die voraussehbare Frustration vieler gutwilliger Christen hat, wenn er, und sei es nur durch utopische Forderungen, unerfüllbare Hoffnungen weckt.[69]

In Wirklichkeit könnte man die Forderung nach dem Frauen-priestertum als ein konservatives Projekt kennzeichnen, das zuverlässig jede Änderung verhindert. Auf diese Weise wird bloß der konservativ-progressive Clinch aufrechterhalten. Dadurch können die sich selbst so definierenden »Progressiven« mit Gewissheit im Klageritus verharren, während die »Konservativen« nur schweigend auf das päpstliche Schreiben verweisen brauchen, wenn sie sich in männerdominierten kirchlichen Amtsstuben gemütlich einrichten wollen. Hier zeigt sich geradezu ein Modellfall kirchlicher Blockierung: lautes Schlachtgetöse mit zumeist selbst ernannten kühnen Helden ohne irgendeinen Effekt, außer der allseitigen Bestätigung, dass sich nichts ändern kann.

Dabei muss sich gerade im Verhältnis von Frauen und katholischer Kirche dringend etwas ändern. Auch der Papst, der im Jahre 1995 im »Brief an die Frauen« Sensationelles über die Frauenbewegung sagte, drängt die Kirche dazu. Fragt man Frauen, worum es ihnen wirklich geht, dann sind es zumeist gar nicht spezifisch priesterliche Funktionen, die sie einfordern. Sie sind es einfach leid, in der Kirche mit ihren weiblichen Erfahrungen nicht genügend ernst genommen zu werden und kaum auf irgendwelche Entwicklungen wirksamen Einfluss zu haben, da letztlich überall Männer, vor allem Priester, den Ton angeben.

Da ist es nun psychologisch hochinteressant, dass eine mögliche Lösung des Problems zwar auf der Hand liegt, aber hartnäckig nicht gesucht wird. Denkbar wäre zum Beispiel die Forderung, die Hälfte der Leitungspositionen an bischöflichen Generalvikariaten mit Frauen zu besetzen. Wie immer man zu derartigen Quotenregelungen stehen mag, klar ist jedenfalls, dass eine solche Forderung, wirksam vorgetragen, geradezu subversive Kraft entfalten könnte. Denn es gibt im Grunde keine Gegenargumente: Kirchenrechtlich ist das möglich, der Papst kann sogar für eine solche Forderung ins Feld geführt werden, und in der Bibel kommt bekanntlich das Generalvikariat überhaupt nicht vor. Das heißt, eine solche Forderung wäre für aufs Beharren versessene »Konservative« hochgefährlich, denn sie könnten ihr letztlich nichts entgegensetzen. Sie können da aber ganz beruhigt sein. Auf ihren »progressiven« Gegenpart ist in solchen Fragen absoluter Verlass. Er sammelt alle Truppen für den aussichtslosen Streit um das Frauenpriestertum und vermeidet es sorgfältig, an einer Stelle der Front vorzugehen, die gar nicht besetzt ist. So wird in schöner Eintracht von »Progressiven« und »Konservativen« die wichtige Frauenfrage in der Kirche durch klerikalistische Reduzierung auf die Frauenamtsfrage auf den Sankt-Nimmerleinstag vertagt.

Als Antwort auf das verständliche Unbehagen vieler Frauen in der Kirche könnte man demgegenüber sofort damit beginnen, Priester wieder mehr auf die spirituelle Dimension ihres Dienstes hin zu orientieren und auf die Vollmacht, die ihnen nicht aus eigenem männlichen Dünkel, sondern durch die Weihe zukommt, nicht auf Macht, alles entscheiden zu müssen. Wenn Priester damit, salopp gesagt, entmachtet würden, könnte das Platz schaffen, um Frauen wieder mehr Einfluss in der Kirche zu ermöglichen. Gewiss ist Macht keine zentrale christliche Kategorie, aber man kann sie auch dazu nutzen, wirksam das Gute zu tun. Wenn Frauen Finanzchefs oder sogar Personalchefs eines Bistums würden, könnte es vielleicht sogar manchem »progressiven« Priester mulmig werden. Aber wie wäre es denn, wenn Frauen sich über einen machohaften Priester wirksam bei einer Frau beschweren könnten? Dann könnte die Frage, ob Frauen Priester werden können, Erhebliches von ihrer derzeitigen Brisanz verlieren. Es wäre sogar nicht auszuschließen, dass sich dann manche moderne Feministin jenseits der »Unisex-Phase« im Falle des Priesteramtes mit einem Rollenunterschied abfinden könnte, unter der Bedingung, dass dieser Unterschied keine maskuline Herrschaft über Frauen bedeuten würde,[70] gemäß dem Wort des Papstes: »Sämtliche Gründe für die ›Unterordnung‹ der Frau gegenüber dem Mann in der Ehe müssen im Sinne einer ›gegenseitigen Unterordnung‹ beider, in der Ehrfurcht vor Christus gedeutet werden.«[71]

Frauen leisten zumeist den wichtigsten Verkündigungsdienst, indem sie den Glauben an die Kinder weitergeben. Diese Erfahrung in der »Hauskirche«, der Familie, können sie jetzt schon in der ganzen Kirche nutzen, indem sie sich vermehrt in der Verkündigung einsetzen. Dazu ermutigt auch der Vatikan.[72] Wer freilich Verkündigung mit der Predigt in der Eucharistiefeier identifiziert, die gerade nach dem Zweiten Vatikanischen Konzil wesentlicher Teil des vom Priester zelebrierten Gottesdienstes ist, offenbart einen ritualistisch verengten Verkündigungsbegriff.

Kehren wir aber zu unserem psychotherapeutischen Ausgangspunkt zurück. Wir hatten das Watzlawick'sche Utopiesyndrom weit in die heutige Kirche hinein verfolgt und mögen nun darüber sinnieren, woran es wohl liegen mag, dass diese Gemeinschaft, die nachweislich weniger als früher über Eschatologie, die klassische Lehre von den letzten Dingen, redet,[73] sich ersatzweise mit Begeisterung in utopische Holzwege verirrt. Doch auch in der Psychotherapie begegnet uns das Utopiesyndrom immer wieder. Vor allem Paare scheinen unter solchen Idealisierungen zu leiden. In seinem profund und launig geschriebenen Buch »Das ganz normale Chaos der Liebe«[74] hat der Soziologe Ulrich Beck die Auffassung vertreten, dass die Ehe heute nicht deswegen in der Krise stecke, weil man sie nicht mehr schätze, sondern im Gegenteil, weil man sie völlig überschätze. In einer Zeit, in der anderweitige Sinnangebote an Plausibilität eingebüßt haben, wird der Partner zum Inbegriff des Glücksbringers – »Gott nicht, Priester nicht, Klasse nicht, Nachbar nicht, dann wenigstens Du …«[75] – und damit natürlich hoffnungslos überfordert. Jellouschek hat dieses Phänomen auf den Begriff »Liebe als Religion«[76] gebracht. Partnerschaften scheitern an diesen völlig unangemessenen Wunschbildern. Jürg Willi sagt hierzu: »Je größer die Ansprüche, desto zerbrechlicher wird die Ehe«.[77] Aber auch Willi konstatiert zu dieser religiösen Aufladung von Partnerschaften: »Es ist letztlich ein religiöses Sehnen nach der mystischen Vereinigung mit Gott, wo man ganz leer ist aller Kreatur, um Gottes voll zu sein«[78] mit ausdrücklichem Bezug auf Meister Eckhart. So scheitern Ehen gerade daran, wie Beck maliziös formuliert, dass die Partner »in … Erlösungshunger … übereinander herfallen«.[79]

Dieser unbändige Hunger nach Erlösung wird gerade dann,

wenn solche utopischen Eheprojekte scheitern, immer noch auf die Kirche übertragen. Doch auch die Kirche ist überfordert, das vielfache Leid, das im Falle einer Scheidung beim Verlassenen, bei den Kindern und später eventuell auch beim Verlassenden geschehen ist, durch noch so subtile pastorale Maßnahmen ungeschehen zu machen. Das sollte man bei allen ernsten Diskussionen über den Umgang mit wieder verheirateten Geschiedenen nicht übersehen.

Das Phänomen utopischer Überforderung einer Partnerschaft hat noch einen anderen konkreten kirchlichen Bezug. Man sagt theologisch, dass der Priester mit der Gemeinde und in gewisser Weise mit der ganzen Kirche »verheiratet« sei. Auch hier gibt es dann aber Idealisierungen und leider all die erschütternden Entwicklungen, die mit dem Scheitern solcher Beziehungen einhergehen. Der folgende Absatz bei Jürg Willi kann für denjenigen, der die Ereignisse um Eugen Drewermann intensiv verfolgt hat, kaum ohne Bezug auf den ursprünglich konservativen und hierarchieorientierten Paderborner Theologen gelesen werden: »So wie man während der Idealisierung des Partners über sich hinauswuchs, so regrediert man in der Überforderung trotzig weit unter die eigenen Möglichkeiten. Man fühlt sich gescheitert an allem, was man mit Hilfe des Partners erhoffte, und will sich nun Luft machen mit destruktivem Verhalten. Man will alles zerstören, was man aufgebaut hat und jede Erwartung des Partners im Keim ersticken. Das destruktive Verhalten ist ein Befreiungsversuch und kann im positiven Fall dazu führen, sich wieder stärker auf die eigenen Füße zu stellen. Oft wird dadurch das Selbstwertgefühl aber noch weiter beschädigt und die Verletzung über das eigene Ungenügen vertieft.«[80] Es erinnert bedrückend an das Versanden der Produktion Drewermanns ins Belanglose, wenn Willi über den Zustand nach der Zerrüttung feststellt: »Man ist nun frei, zu tun und zu lassen, was man will. Aber gegen wen soll man sich frei fühlen?«[81]

Worüber Paul Watzlawick allgemein in dem Buch »Vom Schlechten des Guten«[82] spricht, das gilt nach Jürg Willi auch speziell für die Ehe: Die These der idealen Ehe löst nicht das Problem, sie schafft es. Demgegenüber beschreibt Willi das Leiden an einer

Ehe in einer Ehe durchaus als Reifungsprozess, in dem »der Mann, statt sich immer zu rechtfertigen und zu verteidigen, überhaupt einmal wahrnimmt, wie die Situation für die Frau ist, und die Frau, statt den Mann immer anzugreifen und zu beschuldigen, sieht, in welchen beruflichen Zwängen und Ängsten er steht«.[83] Willi nennt die Ehe eine Verständigungsgemeinschaft, die sich in den kleinen Einzelheiten des Alltäglichen bewährt. Es dürfe eben nicht darum gehen, irgendwelchen abstrakten Wunschvorstellungen aufzusitzen, sondern aus dem anderen ganz real »die besten Möglichkeiten herauszulieben«.[84] Anstatt vorschnell einer Trennung im Sinne einer »frei« zusammengezimmerten Lebensgeschichte das Wort zu reden, weist Willi auf die ein Leben bleibend gestaltende Bedeutung der Ehe hin: »Wer mit seinen Eltern oder mit seinen Kindern nicht besonders glücklich ist, wird deswegen die Beziehung nicht gleich auflösen.«[85] So ist die Ehe bei Willi keine pathetische Veranstaltung mit schmachtender Geigenmusik im Hintergrund. Sie bewährt sich in einem nüchternen Alltag, der freilich immer wieder Momente tiefen Einverständnisses bereithält. Wie viel wäre davon für das Verhältnis von Christen zu ihrer Kirche zu lernen, das vielleicht bei vielen erheblich besser ist, als sie es selbst vermuten![86]

Endlich sei noch erwähnt, dass das Utopiesyndrom auch Psychotherapien selbst vom Kern her gefährden kann. Wer in der Psychotherapie mehr sucht oder anbietet als die zielgerichtete, zeitlich begrenzte Behandlung eines Leidens, wer hier gar ausdrücklich oder unausdrücklich den Sinn des Lebens sucht oder zu weisen verspricht, missbraucht Psychotherapie und schafft verhängnisvolle Abhängigkeiten. Wie Grenzüberschreitungen der Seelsorge zurückzuweisen sind, so gilt auch hier: Eine Mischung dieser beiden Arten des Umgangs mit der Seele ist gefährlich. Wer nicht bloß Heilung, sondern das Heil sucht, der ist beim Psychotherapeuten an der falschen Adresse. Eine solche Psychotherapie beginnen, hieße, diesen Menschen mit seinen großen Hoffnungen und Sehnsüchten nicht wirklich ernst zu nehmen. Seriöse Psychotherapie zeichnet sich durch die Bescheidenheit ihrer Ziele aus und wehrt attraktive Guru-Angebote konsequent ab.

2. Die großen Vereinfachungen

Eine weitere Möglichkeit, sich auf Holzwege zu begeben, sind die großen Vereinfachungen. Wer vorschnell meint, alles auf einen Nenner bringen zu können, und sei der Nenner noch so kompliziert und ausgefeilt, der tut der Realität Gewalt an, wofür die sich mit ihrer Widerständigkeit gegen jede so begründete Veränderung rächt. Vor allem wird es misslich, wenn man nicht zwischen Schwierigkeiten und Problemen unterscheidet. Schwierigkeiten kann man nicht ändern, mit ihnen muss man leben lernen, Probleme kann man ändern, frei nach dem Motto der Anonymen Alkoholiker: »Gott gebe mir die Gelassenheit, Dinge hinzunehmen, die ich nicht ändern kann, den Mut, Dinge zu ändern, die ich ändern kann, und die Weisheit, das eine vom anderen zu unterscheiden.«

Eine Schwierigkeit, das kann zum Beispiel eine krumme Nase sein. Die stets überschätzten Möglichkeiten der plastischen Chirurgie einmal beiseite gelassen, kommt es darauf an, mit einer solchen Nase eben leben zu lernen. Beklagt man andauernd diese Schwierigkeit, so bekommt man zusätzlich noch ein Problem. Zu den Schwierigkeiten des menschlichen Lebens gehört beispielsweise der Generationenkonflikt zwischen der Jugend und den Erwachsenen. Psychologisch sinnvoll und unvermeidlich, ist dieser Konflikt dennoch Gegenstand vieler Stammtischgespräche und mancher Predigt. Da wird dann hingebungsvoll über »die Jugend von heute« lamentiert. Dazu hat Paul Watzlawick ein nützliches Zitat parat: »Die heutige Jugend ist von Grund auf verdorben, sie ist böse, gottlos und faul. Sie wird niemals so sein, wie die Jugend vorher, und es wird ihr niemals gelingen, unsere Kultur zu erhalten.«[87] Dieser Text fand sich auf einer mehr als dreitausend Jahre alten babylonischen Tontafel.

Nochmals sei es betont: Es gibt für solche Schwierigkeiten keine Lösung. Sucht man eine, bekommt man ein Problem. Kirchliche wie auch immer motivierte Jammertalbeschreibungen leben leider oft von solchen Missverständnissen. Dass das hier noch nicht das Paradies ist, sollten gerade Christen wissen. Daher sollten sie sich mit den Dingen befassen, bei denen sie heute und morgen etwas Sinnvolles tun und bewirken können.

Aber auch andere Vereinfachungen haben schädliche Wirkungen. Die Behauptung, man müsse stets völlig offen sein und über alles reden, hat nicht nur zu einem ganzen Genus von Psychiaterwitzen geführt, sondern mündet in der Psychotherapie und in den ihr nahe stehenden Seelsorgeveranstaltungen schnell in tendenziell totalitäre Verhältnisse. Sie produziert damit oft erst die Probleme, die dann behandelt werden sollen. Man muss nicht auf Kalauer-Niveau davon sprechen, dass, wer nach allen Seiten offen ist, nicht ganz dicht sein kann. Eines Tages kam ein Ehepaar zu mir, das seit Jahrzehnten glücklich verheiratet war und kürzlich gehört hatte, man müsse in einer funktionierenden Ehe über das gegenseitige Vertrauen auch einmal reden. Sofort riet ich von derlei Kunstveranstaltungen ab. Denn über das Vertrauen zu reden ist eine zuverlässige Methode, dasselbe zu zerstören. Die plötzlich und unerwartet nach jahrelanger Ehe platzierte Frage: »Kann ich dir eigentlich vertrauen?«, ist eine der sichersten Möglichkeiten zur Herstellung einer Ehekrise. Reicht die eine Frage nicht, kann man unbekümmert nachlegen: »Dann beweise mir das mal bitte: Wo warst du gestern um 17 Uhr?«

Dass in der Kirche in ungezählten Gremien geredet wird, garantiert noch keine funktionierende Kommunikation. Insbesondere verkennt die Konzentration bloß auf verbale Kommunikation die hohe Bedeutung der nonverbalen Kommunikation, für die gerade die katholische Kirche in vielen Riten und Formen farbige Gelegenheit bietet.

In diesem Zusammenhang erinnere ich eine Begebenheit, die sich in einem Wiener Schnellimbissrestaurant zutrug. Am Nachbartisch beobachtete ich ein altes Ehepaar, beide schätzungsweise über achtzig. Sie saßen gebückt vor ihrem Tablett und löffelten schweigsam ihr Essen in sich hinein. Nicht ein einziges Mal sahen sie sich auch nur an, und fast eine halbe Stunde lang sprachen sie kein einziges Wort miteinander. Ich geriet ans Sinnieren: So also kann es gehen, lange Ehe, viel erlebt, aber man hat sich im Wortsinne nichts mehr zu sagen, lebt nur noch aneinander vorbei, und alles endet in einem Schnellimbiss in Wien … Während ich so noch meinen phlegmatischen Gedanken nachhing, stand der Mann auf und ging zur Toilette. Er würdigte seine Frau keines Blickes. Auch sie hielt noch nicht einmal im Essen inne. Es war bedrückend. Nach kurzer Zeit kam er zurück, ging an seiner Frau vorbei und strich ihr mit einer behutsamen zärtlichen Geste über den Scheitel. Sie blickte kaum auf. Er setzte sich und aß weiter. Und da hatte ich begriffen, dass ich soeben dem vielleicht glücklichsten Ehepaar begegnet war. Wie habe ich mich für meine simplen Unterstellungen geschämt!

3. Die Starrheit der Rollen

In pathologischen Familienkonstellationen ist es immer wieder die Starrheit der Rollen, die stets zu »mehr desselben« an Symptomatik führt. Gerade um dies zu erkennen, ist für das Therapeutenteam die Perspektive hinter der Einwegscheibe nützlich, und es ist Aufgabe der therapeutischen Interventionen, die Starrheit dieses Rollenverhaltens aufzulösen. Dabei ist sorgfältig zu beachten, dass das Verlassen solcher eingespielten Rollen Angst auslösen kann und daher das Beharrungsvermögen dieser Klischees nicht unerheblich ist. Paul Watzlawick zitiert in diesem Zusammenhang ein Gedicht von Konstantinos Kavafis mit dem Titel »Die Barbaren erwartend«: »Rom erwartet den Einfall der Barbaren; der Senat, der Kaiser, die Konsuln und Prätoren haben sich zu ihrem Empfang versammelt, das Alltagsleben stockt, da ja alles anders sein wird, wenn die Barbaren hier sind – und dann auf einmal:

Warum bricht plötzlich diese Unruh aus?
dies Durcheinander? (Wie ernst sind die Gesichter?)
Die Straßen und Plätze leeren sich,
und alle kehren beim – tief in Gedanken.
Weil es schon dunkel wird, und die Barbaren kamen nicht.
Und Leute trafen von der Grenze mit der Nachricht ein,

dass es Barbaren nicht mehr gibt.
Was wird aus uns ohne Barbaren nun!
Waren doch diese Menschen irgendeine Lösung!«[88]

Es ist interessant, dass dieses Gedicht geschrieben wurde, als noch niemand mit der »Wende« von 1989 rechnen konnte, beschwört es doch durchaus die Desorientierungsphänomene, die sich in Deutschland und europaweit nach dem »Verlust« der alten Feindbilder zutrugen.

Auch in der Kirche könnte die Abschaffung des Zölibats, die Einführung des Frauenpriestertums, die Anpassung der Sexualmoral und die Einführung der Demokratie vielleicht gerade bei denjenigen, die das seit langem fordern, eine erhebliche Krise auslösen, fielen doch damit Themen schlagartig weg, die wesentlicher Inhalt ihres kirchlichen Engagements waren. Wer umgekehrt nur stets »die Wahrheit« verteidigt, bekommt Probleme, wenn die Angriffe zwar ausbleiben, aber sich keiner mehr für seine Botschaft interessiert. So hat sogar die Befreiung der Kirche von den Nachstellungen des »Zeitgeistes« im Osten Europas keineswegs zum Aufblühen des Christentums geführt. Schon George Bernard Shaw unkte: »Im Leben gibt es zwei Tragödien: Die eine ist die Nichterfüllung eines Herzenswunsches. Die andere ist seine Erfüllung.«[89]

4. Die ahistorische Einstellung

Schließlich nennt Paul Watzlawick die ahistorische Einstellung als einen gängigen Holzweg. Wer nicht in der Lage ist, sich so von der aktuellen Problemsituation zu distanzieren, dass er sie auf eine Weise verallgemeinern kann, die historische Vergleiche ermöglicht, wird immer wieder in dieselben Fallen tappen. Als Beispiel erwähnt Watzlawick die Tatsache, dass vierzehn Jahre nach der in den Vereinigten Staaten gescheiterten Prohibition, dem gesetzlichen Verbot von Alkohol, in Indien mit großem Aufwand der gleiche Versuch unternommen wurde – der prompt ebenso scheiterte. Übersetzt in die psychische Situation des Einzelnen heißt das: Wer immer wieder das tut, was doch erfahrungsgemäß nicht funktioniert, manövriert sich am ehesten in eine psychische Störung hinein.

Es ist immerhin erstaunlich, dass sich in einer so sehr aus althergebrachten Traditionen lebenden Gemeinschaft wie der katholischen Kirche auch dieser Holzweg inzwischen größter Beliebtheit erfreut. Der Tübinger Theologe Norbert Greinacher, der sich selbst als die Vorhut der Progressiven versteht, verriet eine Mischung aus hierarchiefixierter katholischer »Konservativität« und ahistorischer Einstellung, als er anlässlich des von ihm geförderten »Kirchenvolksbegehrens« 1995 schriftlich und mündlich mit allem Pathos ausrief: »Es ist die Stunde der Bischöfe!« Dem konnte aus der Theologie der katholischen Kirche bis hin zum Zweiten Vatikanischen Konzil und vor allem aus Kenntnis einer zweitausendjährigen Kirchengeschichte nur nachdrücklich widersprochen werden. Wann haben denn die Bischöfe in Krisensituationen die entscheidenden Schritte getan? Will man dasselbe Pathos bemühen, müsste man ausrufen: »Nie!« Gewiss, es hat im vierten Jahrhundert, der großen Zeit der Kirchenväter, und auch in der Folge des Tridentinischen Konzils nach dem Vorbild des heiligen Erzbischofs von Mailand Karl Borromäus und des heiligen Bischofs von Genf Franz von Sales wichtige Bischofsgestalten gegeben. Aber die entscheidenden Persönlichkeiten, die die Kirche aus Krisenzeiten führten, waren vor allem Laien, jedenfalls nicht die Bischöfe. Die benediktinische Mönchsbewegung des sechsten Jahrhunderts war von ihrem Kern her eine Laienbewegung, auch die Armutsbewegung des heiligen Franz von Assisi, der selbst nicht mehr als die Diakonenweihe erhalten wollte, war eine Laienbewegung. Wer nach den Trägern des geradezu beispiellosen Wiederaufstiegs der katholischen Kirche im neunzehnten Jahrhundert fragt, der wird wiederum an Laien verwiesen[90] und hier vor allem an Frauen, die kraftvollen Ordensgründerinnen. Wer kann schon spontan einen katholischen Bischof dieser Zeit nennen – außer Wilhelm Emmanuel von Ketteler, den Reformbischof von Mainz! Die meisten katholischen Bischöfe des neunzehnten Jahrhunderts in Deutschland waren eher blasse Gestalten. Die Namen der Ordensgründerinnen sind aber noch heute vielen Katholiken geläufig, sei es Franziska Schervier (1819–1876) aus Aachen, die Gründerin der »Armen Schwestern vom Heiligen Franziskus«, vor der die preußische Besatzung im Rheinland erheblich mehr Manschetten hatte als vor dem schwachen Erzbischof von Köln,[91] sei es Pauline von Mallinckrodt (1817–1881), die Gründerin der »Schwestern der christlichen Liebe«, oder Katharina Kasper (1820–1898), die Gründerin der »Dernbacher Schwestern«, und viele andere. Die Bischöfe traten dann in Erscheinung, wenn sie diese Basisbewegungen bisweilen ängstlich drängten, doch bitte eine Ordensregel anzunehmen. Engagierte Frauen, die gemeinsam die Ärmel hochkrempelten, um in der sozialen Krise der Zeit ihre christliche Pflicht zu tun, das war den hohen Herren wohl etwas unheimlich. Da musste Ordnung sein, lateinisch ordo, und das heißt kirchlich: Ordensregel.

Wer in irgendeiner Krise der Kirche auf die Bischöfe setzt, der hat seine Lektion aus der Kirchengeschichte nicht gelernt. Das bestätigen heute selbst Bischöfe, die dem konservativen Lager zugerechnet werden. Auch derzeit scheint es zumeist umgekehrt: Es sind eher die neuen geistlichen Bewegungen, vor allem Laienbewegungen, die auch Bischöfen wieder Hoffnung geben auf einen neuen Frühling der Kirche.

Die ahistorische Einstellung zeigt sich auch bei der Diskussion um den Zölibat. Was hier heute oft mit dem Brustton der Überzeugung als letzte Neuigkeit an Kritik und Vorschlägen vorgetragen wird, ist in den letzten 250 Jahren ungezählte Male durchgespielt und immer wieder in der Praxis widerlegt worden.[92] Der so genannte badische Zölibatssturm von 1828 wurde unter anderem damit begründet, dass der Zölibat »nicht mehr wie in früheren Jahrhunderten durch den Geist der Zeit unterstützt und belohnt [werde], sondern [dass] nach der jetzt herrschenden Stimmung und Ansicht dieses Opfer ohne Dank und völlig umsonst [sei]«.[93] Man versuchte sogar, den Staat dazu zu bringen, die Aufhebung des Zölibats seinerseits zu dekretieren, mit der Begründung, er könne dann »den Klerus durch die Ehe fester in das gesellschaftliche Gesamtgefüge eingliedern.«[94] Eine Unterstützung dieses Anliegens durch 156 Priester des Erzbistums Freiburg verlief aber im Sande. Im Gefolge der Auseinandersetzungen nach dem Unfehlbarkeitsdogma wurde der Zölibat von der antikatholischen Polemik als undeutsch verleumdet, und es gab Vorschläge für eine zeitliche Begrenzung und für ein Nebeneinander von verheirateten und unverheirateten Priestern. Der Wiederaufstieg der katholischen Kirche im 19. Jahrhundert freilich stützte sich gerade auf den Zölibat und machte diese Antizölibatsbewegung gegenstandslos. Von bestimmten Tendenzen der Aufklärung bis zu Schauprozessen der Nazis waren Angriffe auf die katholische Kirche immer mit Angriffen auf den Zölibat verbunden.

Zwar ist die derzeitige innerkirchliche Zölibatskritik nicht antikatholisch motiviert, und dem tief verwurzelten Harmoniebedürfnis tragen manche dadurch Rechnung, dass sie zunächst das Hohe Lied auf diese Lebensform singen. Dann aber schlägt man ohne jede Berücksichtigung der historischen Erfahrungen wieder einmal vor, man solle einfach den »Zwangszölibat« abschaffen und diese Lebensform für Priester zur freien Wahl stellen. Ein solcher Vorschlag enthält die böse Unterstellung, dass irgendjemand gezwungen werde, zölibatär zu leben. In Wirklichkeit ist diese Entscheidung eine der freisten in dieser Gesellschaft überhaupt. Viele Jahre lang bereiten sich Priesteramtskandidaten darauf vor. Das ebenfalls lebenslang geltende Eheversprechen wird in der Regel nicht annähernd so sorgfältig abgewogen. Es ist im Grunde fast beleidigend, erwachsenen jungen Männern zu unterstellen, sie hätten nicht die Befähigung, ein Versprechen abzugeben. Hier wird wahrhaftig niemand gezwungen. Freilich besteht ein Junktim zwischen Priestertum und zölibatärer Lebensform. Die von der katholischen Kirche abgespaltene altkatholische Kirche hat 1878 genau das getan, was heute für die katholische Kirche gefordert wird: Die zölibatäre Lebensform für Priester wurde zur freien Wahl gestellt. Das Ergebnis war der Untergang des Zölibats in der altkatholischen Kirche: Es soll noch ein oder zwei unverheiratete altkatholische Geistliche geben. Daraus könnte man eigentlich lernen. Es ist näm lich schon eine Frage des gesunden Menschenverstandes, dass bei »Freistellung« des Zölibats bald nicht mehr einzusehen wäre, warum ein unverheirateter Priester nun zölibatär zu nennen wäre, ein unverheirateter Richter aber nicht.

VI.
Lösungen – Was die Kirche über die Verwendung von Ochsen und Zahnlücken lernen kann

1. Systemische Klassiker – Paul Watzlawick und die Folgen

Paul Watzlawick, seiner Palo-Alto-Gruppe und der international aufblühenden systemischen Bewegung ging es aber nicht vor allem um die Beschreibung solcher Holzwege. All ihr Bemühen war vielmehr auf Lösungen gerichtet, Lösungen insbesondere in aussichtslos erscheinenden Situationen, an denen sich manche Familien oft jahrelang die Zähne ausgebissen hatten.[95] Diese therapeutischen Neuerer arbeiteten dafür mit Umdeutungen, mit Perspektivwechseln, mit so genannten Lösungen zweiter Ordnung. Dadurch gelang es, aus der bisherigen Konfliktebene auszusteigen, auf eine Metaebene zu wechseln und so unerwartete und ungewöhnliche Auswege aus völlig verclinchten Situationen aufzuzeigen und dadurch zu ermöglichen. Dabei war klar, dass kleine, aber präzise eingeführte Änderungen der Konstellation, die allerdings in diesem konkreten Fall einen Unterschied machten, der einen Unterschied machte, ausreichten, um das ganze System nachhaltig zu verändern. Wenn beispielsweise in einer Familie ein Mitglied sich bemerkbar und relevant veränderte, dann veränderten sich zwangsläufig dessen Beziehungen zu allen Familienmitgliedern. Damit war im Grunde die ganze Familie eine andere geworden. Nicht also ein Idealbild der Familie war leitend für die Therapie, sondern man konzentrierte sich auf eine passende konkrete kleine Änderung an einem aussichtsreichen Punkt des verstrickten Systems. Die Überzeugung, »man kann nicht nicht kommunizieren«, führte konsequent dazu, dass man im Notfall auch »Familientherapie ohne Familie«[96] betreiben konnte. Wenn bei einer Ehetherapie nur ein

Partner einen Unterschied macht, der einen Unterschied macht, wird das zwangsläufig Auswirkungen auf die Ehe und damit auch auf das Verhalten des anderen haben.

Da war ein Ehepaar, das immer wieder in heftigsten Streit geriet, so dass beide, gerade weil sie sich, wie sie versicherten, wirklich sehr liebten, kaum einen anderen Ausweg als die Trennung sahen. Beide waren darüber tief deprimiert und daher bereit, alles zu tun, um ihre Ehe zu retten. Es stellte sich bei präziser Befragung heraus, dass nach fünfundzwanzigjähriger Ehe vor etwa drei Jahren diese Szenen begonnen hatten. Die Streitthemen waren sehr unterschiedlich, zumeist handelte es sich um Lappalien. Es passierte immer abends, und eine genauere Exploration ergab, dass sich das Ganze stets im Wohnzimmer abspielte: Er saß immer in einem bestimmten Sessel, sie immer in einer bestimmten Ecke des Sofas. Die mit Spannung von beiden erwartete Intervention des Therapeutenteams klang banal: Sie sollten sich ruhig weiter streiten. Wenn sie aber merkten, dass die Auseinandersetzung eskalierte, sollten sie sich verpflichten, den Streit ins Schlafzimmer zu verlagern. Beide sollten jeweils einen Fuß auf das Bett setzen, und dann sollten sie sich getrost weiter streiten. Sobald einer von beiden das beantragte, hatte es zu geschehen. Der Effekt dieser Intervention war, dass Streitsituationen kaum mehr auftraten. Als sie einmal die Ortsveränderung durchführten, mussten beide in Lachen ausbrechen, so dass sie den Streit im Schlafzimmer ganz vergaßen. Die Intervention setzte einen konkreten »Unterschied, der einen Unterschied macht« und wies den Ausweg aus einer eingefahrenen Clinchsituation, die sich verselbständigt hatte. Das Ungewöhnliche der Intervention trug zur Lösung bei. Sie passte.

Die Ursachenfrage war für solche Lösungen nicht relevant, und derartige Verfahren erhoben nicht den Anspruch, irgendwelche Eigenschaften eines Menschen mit therapeutischen Mitteln zu ändern. Vielmehr ging es um eine nützliche Änderung von Verhaltensweisen in den Beziehungen einer Gruppe von Menschen. Dabei wurde versucht, die vorhandenen Ressourcen der Familienmitglieder in den Blick zu nehmen und für die Lösung zu nutzen. Um den schon von vornherein Pathologie und Defizienz des Patienten suggerierenden Effekt des Wortes Therapie zu vermeiden, sprach man lieber von »nützlichen Gesprächen«. Was auf den ersten Blick technisch anmuten konnte, entpuppte sich so als ein höchst respektvoller Umgang mit Menschen, die ein psychisches Problem hatten.

Eine solche Haltung legte es nahe, nicht nur irgendwelche neuen Lösungen zu finden, sondern entgegen der beklagten ahistorischen Einstellung auch in der Geschichte und sogar in der Literatur solche Lösungen zweiter Ordnung aufzusuchen: Paul Watzlawick hat dies auf höchst unterhaltsame Weise getan:[97]

Als die kriegerische Gräfin von Tirol, Margarete Maultasch, im Jahre 1334 ins Feld zog, um Kärnten zu erobern, lag ihr die Festung Hochosterwitz im Wege. Der Ort musste unbedingt erobert werden, sonst war der ganze Feldzug zum Scheitern verurteilt. So begann man die Belagerung nach allen Grundsätzen des damaligen Kriegshandwerks. Doch das Ganze zog sich hin, der Winter stand vor der Tür, und der Gräfin, vor allem aber ihren Truppen, drohte die ohnehin nur mäßig ausgeprägte Geduld abhanden zu kommen. Freilich näherte sich auch in der Festung die Stimmung dem Tiefpunkt. Das sorgfältige Abschneiden der Burg von allem Nachschub hatte seine Wirkung nicht verfehlt: Die sich steigernde und bedrängende Belagerungstätigkeit führte, wie bei derlei Unternehmungen üblich, parallel zur Steigerung der Not innerhalb der Festungsmauern. Der seit Jahrtausenden in solchen Fällen zu erwartende Ritus nahm seinen gewohnten verhängnisvollen Lauf. Schließlich wurde dem Festungskommandanten gemeldet, in der ganzen Burg gebe es an Proviant nur noch einen Ochsen und zwei Sack Getreide. Das war für jeden Kommandanten das Signal zur Übergabe. Doch da befahl der Festungskommandant das Unfassbare: Der Ochse solle geschlachtet werden, man solle die zwei Sack Getreide in ihn hineinstopfen und das Ganze dann über die Mauer werfen. Da die Lage ohnehin aussichtslos schien, tat man, was der Kommandant befahl. Der Ochse flog über die Mauer. Als sich dies bei den belagernden Truppen herumsprach, machte sich dort vollständige Niedergeschlagenheit breit. Wer so etwas tat, der musste noch über geradezu unbegrenzte Vorräte verfügen, und so lange konnte und wollte man nicht vor dieser Burg im Felde liegen. So brach die Gräfin die Belagerung sofort ab und zog sich zurück. Die Festung war gerettet. Es war dies eine vergleichsweise kleine und gefahrlose Intervention, die aber den denkbar erfreulichsten Effekt für die Burg hatte. Aus ausweglosen Entweder-oder-Alternativen – Weiterkämpfen oder Übergabe – auszubrechen, und das eigentlich gar nicht vorgesehene Dritte zu tun, das erinnert an ein Prinzip der Mystik und übrigens des Zen-Buddhismus: Nicht »z«, aber auch nicht »nicht z«.

Bevor kirchliche Anwendungen dieses Falls erwogen werden, sei darauf hingewiesen, dass es ein Missverständnis des Beispiels wäre, nun eifrig zu überlegen, welchen »Ochsen« man denn wohl zur Lösung der Probleme am besten über die Kirchenmauern werfen sollte. Es geht vielmehr um ungewöhnliche Lösungen festgefahrener Situationen.[98]

Derlei ungewöhnliche Maßnahmen konnten im Kriegshandwerk geradezu epochale Auswirkungen haben. Die so genannte Schiefe Schlachtordnung der Thebaner brachte dieser Stadt nicht nur die Herrschaft über fast ganz Griechenland ein, sie wurde auch von Alexander dem Großen übernommen, und damit eroberte der das gewaltige Perserreich, annähernd die gesamte damals bekannte Welt. Wendet man die »Schiefe Schlachtordnung« auf die üblichen Attacken gegen die Kirche an, so ergäbe sich beim endlosen Thema der Sexualmoral auf die rituelle »Pillenfrage« die Replik: Papst Paul VI. und Alice Schwarzer meinen zur Pille Folgendes: Die Pille ist eine Manipulation der Frau.[99]

Eine solche Antwort ist ungewöhnlich, da man die katholische Kirche in der Regel nicht in Zusammenhang mit der Frauenbewegung bringt. Sie ist aber kein billiger rhetorischer Trick, da die Pilleneuphorie in der Tat heute vor allem von vielen Feministinnen und ökologisch orientierten jungen Frauen abgelehnt wird. Die Feministin Herrad Schenk: »Auch feministische Pillenmüdigkeit ist also nicht Prüderie, sondern Weigerung, das Spiel nur nach der patriarchalischen Regieanweisung zu spielen, und Anweisung, diese zu überdenken und vielleicht den Bedürfnissen beider Geschlechter entsprechend neu zu schreiben.«[100] Natürlich unterstellen beide Seiten sich gerne, aus ganz unterschiedlichen Motiven zum gleichen Ergebnis zu kommen. Das liegt aber eher an wechselseitigen Vorurteilen und an der Unkenntnis über die Argumentation der anderen Seite. Wenn Papst Paul VI. die Pille als einen künstlichen Eingriff in die Natur der Frau ablehnt und die Feministin Adrienne Rich die Pille eine »Männererfindung ...«, eine mechanistische patriarchale Erfindung«[101] nennt, wird deutlich, dass bei Aufgabe des starren Rollendenkens interessante Beziehungen zu Tage treten, die weitere Einsichten und Entwicklungen eröffnen könnten.[102] In Diskussionen über die Kirche bietet jene Intervention jedenfalls den erwünschten Effekt, nicht schon wieder über ein für die Kirche marginales Thema Zeit zu verschwenden und schneller auf Wesentliches zu kommen.[103] Dass darüber hinaus auch der Papst ausdrücklich für verantwortete Elternschaft eintritt – das heißt eben nicht für so viele Kinder wie biologisch möglich –, wird oft verschwiegen, um die wissenschaftlich längst widerlegte Behauptung zu stützen, die katholische Sexualmoral habe irgendetwas mit der Überbevölkerung zu tun.[104]

Ein weiteres historisches Beispiel, das Watzlawick erwähnt,[105] ereignete sich bei einem Aufstand im Paris des 19. Jahrhunderts. Ein französischer Offizier erhielt den Befehl, auf die Aufständischen, die »Canaille«, wie es hieß, zu schießen. Er war in einer verzweifelten Situation: Entweder er erschoß seine eigenen Landsleute, was er um keinen Preis wollte, oder er beging Befehlsverweigerung, was ihn im Zustand des Bürgerkriegs den Kopf kosten konnte. Da trat er vor die Aufständischen, zum Teil ein übles Gesindel, bat um Ruhe und rief: »Meine Damen und Herren, ich habe den Befehl, auf die ›Canaille‹ zu schießen. Da ich vor mir aber eine große Zahl ehrenwerter Bürger sehe, bitte ich Sie, wegzugehen, damit ich unbehindert auf die Canaille feuern kann.« Sofort leerte sich der Platz. Keiner will sich selbst gerne als »Canaille« bezeichnen lassen, und erschossen wird auch niemand gern. Die Uminterpretation der »Canaille« in »Damen und Herren« brachte die Wende.

Könnten nicht manche innerkirchlichen Konflikte dadurch gelöst oder verhindert werden, dass über die »andere Seite« in anderen Begriffen geredet und gedacht würde? Wenn man die anderen als in der Taufe völlig gleichberechtigte »Brüder und Schwestern« bezeichnen und auch so wahrnehmen würde, könnte das oft ausreichen, um aus einem malignen Clinch einen fruchtbaren Streit werden zu lassen.

Erschütternd und beeindruckend ist Watzlawicks Beispiel aus dem Zweiten Weltkrieg: Ein Sonderbeauftragter der deutschen Besatzer kam zu König Christian X. von Dänemark und fragte ihn: »Majestät, wie gehen Sie mit dem jüdischen Problem um?« Der König verstand die Frage auf gezielte und nützliche Weise miss und antwortete: »Wir haben kein jüdisches Problem, *wir* fühlen uns nicht minderwertig.« Der scheinbar so unbedeutende Wechsel von minderwertig »sein«[106] in sich minderwertig »fühlen«[107] und die identifikatorische »Verwechslung« von Juden und Dänen waren zunächst bloß ein semantisches Manöver. Doch als dann der Befehl kam, dass alle Juden den gelben Stern tragen sollten, zog man die praktische Konsequenz: Alle Dänen trugen auf der Stelle den gelben Stern, an der Spitze der König. Die Verfügung musste widerrufen werden. Die dänischen Juden waren gerettet.

Dänen jüdischen und christlichen Glaubens hatten zuvor nicht miteinander im Streit gelegen, aber die mitfühlende Identifikation mit einer anderen Gruppe bis hin zur zeitweiligen völligen Identifikation – ohne die eigene Überzeugung aufzugeben – könnte Beispiel sein für Gruppenkonflikte auch in der Kirche. Warum kann nicht der progressive Katholik bei einer der üblichen Attacken von außen auf »die« Konservativen in der Kirche diese Einladung zum Gemeinsam-Drauf-hauen gezielt missverstehen, darin vor allem einen Angriff auf christliche Mitbrüder sehen, sich mit ihnen solidarisieren und zeitweilig identifizieren und sie vor allem in ihrem gläubigen Grundselbstverständnis verteidigen? Warum kann nicht der konservative Katholik, wenn er von einem kulturkonservativ motivierten Angriff auf »die« Progressiven in der Kirche – Stichwort »der Untergang des Abendlandes« – erfährt, sich weigern, ins gleiche Horn zu stoßen und zunächst einmal diese getauften Mitchristen in ihrem ernsten Bemühen, den Glauben in der heutigen Welt zu leben, gegen Angriffe in Schutz nehmen? Das sollte Christen ohnehin leichter fallen, denen das Gebot der Nächstenliebe zumutet, den Nächstbesten nicht bloß zu ertragen, sondern sogar als Geschöpf Gottes zu lieben. Warum dann eigentlich nicht den getauften innerkirchlichen Gegner?

Auch der Blick in die Literatur ergibt Beispiele für derartige nützliche Lösungen. Bekannt ist die Szene aus Mark Twains Abenteuern von Tom Sawyer:[108] Tom muss zur Strafe einen Zaun streichen. Er hat natürlich keine Lust, macht sich aber widerwillig an die Arbeit. Da kommt ein Junge aus dem Dorf heran und stellt ihm die dumme Frage, was er denn da tue. Tom erwidert lässig, er streiche den Zaun – und das ist die Intervention – aus »Freude«. Geradezu zwangsläufig folgt nun die Bitte des Jungen, ob er selbst das denn auch dürfe. Tom zögert. Vorrechte sind eben Vorrechte, weil andere etwas nicht dürfen. Aber Verhandlungen sind natürlich nicht ausgeschlossen. Gegen einen fairen »Preis« – einen angebissenen Apfel – darf nun auch der Bittsteller eine Latte streichen. Andere Kinder des Ortes beobachten das Spektakel, und schließlich sitzt Tom nur noch dabei, während die Dorfjugend den Zaun streicht, und kassiert: eine tote Ratte und einen Bindfaden, an dem man sie kreisen lassen kann, bunte Glasscherben, ein paar Kaulquappen, Kracher und was bei Jungens noch so alles als Zahlungsmittel gängig ist. Was Tom hier gelungen ist, das ist ein Perspektivwechsel, die Uminterpretation der Situation von einer »Strafe« zu einer »Freude«.

Mancher von den ständigen Attacken auf die Kirche gebeutelte Katholik empfindet es geradezu als Strafe, katholisch zu sein. Könnte er nicht auch einmal – wenigstens probeweise – auf Sawyer'sche Weise versuchen, das Katholischsein als Freude zu betrachten? Es war durchaus erfrischend, vor einiger Zeit ein Buch mit dem provozierenden Titel »Von der Lust, katholisch zu sein«

vorzufinden.[109] Man kann auf diese Weise auch konkreten Problemen der Kirche manch neuen Gesichtspunkt abgewinnen. So hat im Herbst 1997 das Verhältnis von Laien zu Priestern Schlagzeilen gemacht. Was alles Priestern vorbehalten sei, darüber hatte eine vatikanische Instruktion informiert. Empörung allenthalben. Doch wenn man die Perspektive wechselt, zeigt sich ein ganz anderes Bild. Es sind nämlich die Laien, denen erheblich mehr vorbehalten ist als den Priestern. Das betrifft bei weitem nicht nur die Möglichkeit zu heiraten, sondern politische und wirtschaftliche Tätigkeiten, sowie vieles andere, was Priestern untersagt ist. Laie zu sein nicht als Strafe zu verstehen, sondern den fast unbegrenzten Gestaltungsspielraum von Laien in der Kirche als Vorzug zu erfahren, zumindest als Freiraum gegenüber den vielfachen freiwillig vom Priester akzeptierten Begrenzungen, verhindert selbst produzierten Frust. Wer dagegen Christsein auf den Gottesdienst einengt und jedes Schrittchen auf den Altar zu als das Nonplusultra laikaler Existenz betrachtet, offenbart geringes laikales Selbstbewusstsein. Man stelle sich darüber hinaus das ratlose Kopfschütteln der so genannten Kirchenfernen »hinter der Scheibe« einmal plastisch vor, die erwarten, im »Therapieraum« würde einiges über den Sinn des Lebens und den christlichen Glauben zu erfahren sein, und die nun hören müssen, dass christliche Laien sich offenbar erst dann richtig respektiert fühlen, wenn sie im vom Priester zelebrierten Gottesdienst an allen denkbaren Stellen das Wort ergreifen und Hostien austeilen dürfen.

Im Übrigen war die Reaktion auf die Instruktion auch kommunikationstheoretisch ein veritables Lehrstück. Eine Instruktion ist nach katholischem Kirchenrecht eine übersichtliche Zusammenfassung und nochmalige Betonung bestimmter, längst bestehender Regeln. Sie schafft definitionsgemäß gar nichts Neues. Wie kann aus einem solchen Vorgang eine Depression entstehen? Ganz einfach: Man täuscht sich in der kommunikativen Ebene und behandelt diesen Text in der vorherigen Erwartung oder in der anschließenden Beurteilung als seelsorgliches Dokument. Damit ist die Enttäuschung vorprogrammiert. Eine Instruktion ist nämlich kein seelsorgliches Sprachspiel, sondern ein normativer Text, der Rechtsordnungen in Erinnerung rufen soll. Sie hat daher den kommunikationstheoretischen Stellenwert der Straßenverkehrsordnung. Wer von der Straßenverkehrsordnung geliebt oder auch nur verstanden werden will, hat sich im Kontext geirrt.[110]

Jean Girodoux beschrieb anrührend unter dem Titel »Der Apoll von Bellac« die Geschichte der schüchternen unscheinbaren Agnes, die ängstlich für ein Bewerbungsgespräch im Vorzimmer eines gefürchteten Menschen wartet. Ein Unbekannter, der auch wartet, spricht sie an. Sie schüttet ihm ihr Herz aus, redet von ihrer Angst und dass sie gar nicht wisse, wie sie das Bewerbungsgespräch bestehen solle. Da erklärt ihr der Unbekannte, man müsse Menschen einfach sagen, dass sie schön seien. So etwas könne Wunder wirken, und unehrlich sei es deswegen nicht, weil, jemandem zu sagen, dass er schön sei, mache ihn schön. Agnes nimmt sich ein Herz und sagt, was ihr der Unbekannte geraten hat. Der gefürchtete Mann ist wie vom Donner gerührt. Noch nie hat ihm jemand so etwas gesagt. In seiner Firma mochte ihn niemand, das wusste er, aber er hatte alles gut im Griff. Und Girodoux beschreibt nun, wie dieser Mann nicht nur Agnes einstellt, sondern sich von Stund an verändert. Er beginnt zu strahlen, wird liebenswürdig zu seinen Mitarbeitern und anderen Menschen. Auch in seiner Familie bemerkt man die Veränderung. Die Geschichte endet mit einer weiteren Erkenntnis: »Wenn man jemandem sagt, er sei schön, macht ihn das schön – und das macht einen selbst auch schön.« Man wird erinnert an den »Kleinen Lord«, den kleinen Jungen, der den verbitterten alten Mann dadurch liebenswert macht, dass er ihn einfach behandelt, als sei er liebenswürdig. Aus solchen Erzählungen ist zu lernen, dass dann, wenn man selbst seine Haltung anderen Menschen gegenüber verändert, diese im Grunde gar nicht anders können, als sich auch zu verändern. Eine derartige Intervention wirkt wie eine »self-fulfilling prophecy«, eine sich selbst erfüllende Prophezeiung. Eine kleine Änderung kann auf diese Weise einen großen Effekt erzielen. Solche Wirkungen spielten welthistorisch im Ereignis von Canossa eine Rolle: Der gestrenge und seiner Macht bewusste Papst Gregor VII. konnte aus politischen Gründen eine Lösung Kaiser Heinrichs IV. vom Bann nicht wollen. Er wurde aber vom Kaiser dazu geradewegs gezwungen, weil Heinrich IV. ihn eben nicht als machtvollen Papst, sondern als Seelsorger ansprach und um Absolution bat. Dem konnte sich Gregor nicht entziehen. Viele Lebensgeschichten von Heiligen lehren, wie deren konsequente Weigerung, einen erklärten Gegner als Gegner zu verstehen und zu behandeln, vielmehr wie einen guten Menschen, diesen geradezu entwaffnete und ihn bisweilen mehr vom christlichen Glauben überzeugte, als viele Worte es vermocht hätten.

Paul Watzlawick kommt zu dem Schluss, dass die Gesundheit eines Systems sich dadurch zeige, dass es sich immer wieder »wie Münchhausen« aus dem Sumpf der Krise ziehen könne. Und unvermittelt fährt er fort, dies sei manchmal »fast ein Akt der Gnade im theologischen Sinne«.[111] Es ist die einzige Stelle, an der Watzlawick ausdrücklich theologisch wird. Eine solche Sichtweise erinnert daran, dass derartige Ereignisse nicht beliebig herstellbar sind. Wie die Wahrheit den Menschen nach Platons berühmtem siebten Brief nicht am Ende mühsamer Studien wie eine reife Frucht in den Schoß fällt, sondern oft unerwartet »aufblitzt im Moment«, so sind solche Perspektivwechsel, wenn sie existenzielle Bedeutung bekommen, undeterminierbare Urereignisse. Für Christen kann der Perspektivwechsel geradezu ein religiöser Akt sein. Der Ruf, mit dem die Sendung Jesu Christi beginnt: »Kehrt um und glaubt an das Evangelium«, hat im griechischen Urtext nämlich eine etwas andere Bedeutung: Denn »Meta-noiete« heißt bekanntlich gar nicht »kehret um« im geografischen Sinne, sondern genauer »erkennet um«, also nehmt eine neue Perspektive ein. Christen sehen die gleiche Welt wie die anderen Menschen, aber sie sehen sie unter der Perspektive der Erlösung durch Jesus Christus. Das lässt die Welt aber dann nicht bloß unter einem anderen Licht erscheinen, das ist für Gläubige auch nicht nur eine nützliche Möglichkeit. An dieser Stelle werden Christen vielmehr die selbst gesetzten Grenzen eines systemischen Denkmodells überschreiten, denn diese neue Perspektive ist die Wahrheit, an die sie glauben.

2. Ein therapeutisches Genie –
Milton Erickson und die Hypnotherapie

Der »bekannteste amerikanische Psychotherapeut des Jahrhunderts«[112] war Milton Erickson (1901–1980). Viele Therapieschulen, auch die systemische Therapie, wurden von ihm beeinflusst. Erickson war schwer behindert, er litt an Kinderlähmung und anderen Gebrechen, saß im Rollstuhl und war daher mehr als andere darauf angewiesen, Menschen genau zu beobachten. Seine faszinierende Menschenkenntnis, seine genialen therapeutischen Interventionen, die oft schon nach ganz wenigen Sitzungen zum Ziel führten, erklären, warum noch fast zwanzig Jahre nach seinem Tod Therapeuten Videobänder von seinen Sitzungen analysieren, um dazuzulernen, und warum auch in Deutschland sein Einfluss immer weiter wächst.

Eines Tages kam eine junge Frau zu Erickson. Kompliziert fingerte sie aus ihrer Jeanstasche ein Bündel Dollarnoten, legte es auf seinen Schreibtisch und sagte, das sei ihr letztes Geld, dafür wolle sie bei ihm Psychotherapie machen und dann wolle sie sich umbringen. Jeder andere Psychotherapeut hätte wahrscheinlich erschreckt abgelehnt: Unter dem Damoklesschwert des Todes ambulante Psychotherapie durchzuführen, wo der sichere Suizid schon jetzt für das Ende der Therapie angekündigt wird, das ist eine Zumutung. Doch Erickson, auf seine Menschenkenntnis vertrauend, nahm an. Die Patientin schilderte ihm nun einiges aus ihrer Lebensgeschichte. Immer wieder waren Partnerschaften gescheitert, so noch kürzlich. Sie hatte den Eindruck, sie wirke irgendwie abstoßend, nicht zuletzt wegen einer Zahnlücke. Im Beruf kam sie auch nicht zurecht. Die Kollegen beachteten sie kaum. Der Kollege, mit dem sie in einem Zimmer arbeitete, behandelte sie geradezu wie Luft, grüßte noch nicht einmal. Nachdem sie das alles so geschildert hatte, bat Erickson die Patientin, sich mit ihm auf den Hof zu begeben. Dort war ein Brunnen, und Erickson forderte sie auf, aus dem Brunnen Wasser zu schöpfen, das Wasser dann in den Mund zu nehmen und durch die Zahnlücke hindurch auf einen bestimmten Punkt zu spritzen. Die junge Frau mochte wohl denken, dass Psychotherapeuten offensichtlich eigenartige Menschen seien, aber sie hatte ja nichts zu verlieren und so tat sie, was er wollte. In aller Geduld übte Erickson nun mit ihr, durch die Zahnlücke hindurch über eine größere Entfernung hinweg mit einem Wasserstrahl einen bestimmten Punkt zu treffen. Schließlich hatte sie in der Tat eine sie selbst erstaunende Fähigkeit entwickelt, durch die Zahnlücke hindurch gezielt zu spritzen. Und nun forderte Erickson sie auf, den Mann, der bei ihr im Zimmer arbeitete, plötzlich und ohne Vorwarnung durch ihre Zahnlücke hindurch mit Wasser anzuspritzen, das Ganze nicht zu erklären und das Zimmer zu verlassen.

An dieser Stelle ist es wohl sinnvoll, eine kurze Erläuterung einzuschieben. Es ist bekannt, dass ein Mensch, der sich selbst für unattraktiv hält, auf andere Menschen zumeist unattraktiv wirkt. Dass die Patientin gerade durch diesen bestimmten Kollegen am Arbeitsplatz so besonders gekränkt war, dass sie im Ergebnis sogar an Suizid dachte, trug zu Ericksons Wahl bei. Die Patientin zögerte jetzt kaum noch. Ihre Skepsis gegenüber Psychotherapeuten mochte wohl wachsen, aber schlimmer konnte es ohnehin nicht werden. Sie tat, was Erickson geraten hatte. Und siehe da: Zum ersten Mal ergab sich überhaupt ein Gespräch mit jenem Kollegen. Und in der Folge gab es häufiger mal Gespräche mit dem Kollegen. Man traf sich sogar privat und unterhielt sich. Man traf sich schließlich häufiger privat … Die Therapie bei Milton Erickson war längst vorbei, als Jahre später ein Brief bei ihm eintraf. Darin das Foto einer amerikanischen Familie mit vier Kindern. Alle »keep smiling«. Und man konnte deutlich erkennen, dass zwei der Kinder eine Zahnlücke hatten. Unter dem Bild aber stand: »As you see, Milton, two of my children are blessed with a space« (Wie du siehst, Milton, sind zwei meiner Kinder gesegnet mit einer Zahnlücke). Der Grund zum Selbstmord wurde zum Segen.

Das ist geniale Psychotherapie, die ausgerechnet das »Problem« zur Lösung nutzt oder »utilisiert«, wie Psychotherapeuten das nennen. Die Theologie hält da von der Kreuzestheologie her so viele Assoziationen bereit, dass das hier den Rahmen sprengen würde.

Aber wenden wir uns wieder ganz praktisch dem Patienten Kirche zu. Wo wären denn die »Zahnlücken«, für die sich der Durchschnittskatholik heute üblicherweise schämt? Da ist der Zölibat. In der Regel reagiert man hier defensiv: Das sei eben alte Tradition, könne man jederzeit ändern, gebe es nicht in allen Teilen der katholischen Kirche oder heftiger: Sei ein alter Zopf, der dringend abgeschafft gehöre. Wir könnten, heißt es, so gute Priester haben und vor allem in ausreichender Zahl, wenn es bloß den Zölibat nicht geben würde. Diese Lebensform sei zudem sexual- und frauenfeindlich. Wegen des Zölibats bringe sich die Kirche um jede Zukunftschance. Ob man nun verteidigt oder anklagt: Der Zölibat wird offensichtlich vor allem als Problem wahrgenommen. In öffentlichen Debatten wartet der katholische Vertreter gewöhnlich, bis die entsprechende unvermeidliche Frage kommt, um dann, wie immer seine Einstellung sei, das unangenehme Thema möglichst schnell hinter sich zu bringen.

Bald nachdem ich die Geschichte mit der Zahnlücke zum ersten Mal gehört hatte, war ich in einer Talkshow zum Thema »Leben Singles glücklicher?« zu Gast. Man hatte mich, den Katholiken, wie ich erst kurz vor der Sendung erfuhr, für die Gegenthese vorgesehen: »Glück gibt es nur zu zweit«. Das war schon deswegen absurd, weil ich damals noch unverheiratet war. Auf meine Bemerkung, dass ein solcher Titel außerdem das Niveau von Arztromanen habe, bequemte man sich, die These in »Nur Ehe und Familie machen glücklich« zu ändern. Meine Ankündigung, auch diese These keinesfalls vertreten zu können, kam zu spät. Das sei, so hieß es, jetzt im Computer gespeichert. So nahm ich die Gelegenheit meiner ersten Wortmeldung wahr, um die mir aufgedrängte These zu dementieren: Es handle sich um eine These der Redaktion, ich könne eine solche Auffassung wirklich nicht vertreten. Wenn wir schon über Singles redeten, existiere zudem keine Institution, die längere Erfahrung mit dem Single-Dasein habe als die katholische Kirche: über tausendfünfhundert Jahre Zölibat! Erstaunte Reaktion eines Mitdiskutanten: »Das sagen Sie freiwillig?« Ich entgegnete, mir sei bewusst, dass die Zölibatskritik heute auf dem Hausaltärchen der Kirchenkritiker stehe. Aber das dürfe nicht verhindern, dass man angesichts des zunehmenden Single-Daseins mit all seinen Problemen einmal fragt, was denn ganz praktisch aus der langen Erfahrung der Kirche mit einer solchen Lebensform zu lernen wäre. Der Effekt war: In der gesamten Sendung von einer Stunde fiel kein negatives Wort über den Zölibat. Vielmehr sprach man über den Wert einer nicht gleich sexualisierten Freundschaftskultur sowie über die Bedeutung geistig kultureller Interessen bei Zölibatären und nutzte diese Hinweise für die heute drängenden Probleme der Singles. Da ich in diesem Zusammenhang auf die psychologische Genialität der Benedikt-Regel hingewiesen hatte mit ihrem ausgewogenen Verhältnis von Alleinsein und In-Gemeinschaft-Sein, fragte mich Eva Jaeggi, die gerade ein Buch übers Single-Dasein mit dem Titel »Ich sag mir selber guten Morgen« verfasst hatte,[113] wo man denn die Ordensregeln bekommen könne. Ich verwies auf die schöne Sammlung von Hans Urs von Balthasar. Sie hatte übrigens in ihrem Buch den Gedanken entwickelt, Singles könnten Zeichen auch für verheiratete Menschen sein, dass kein Mensch bloß Funktion einer Beziehung ist. Das ist unbeabsichtigt säkularisierte Zölibatstheologie im besten Sinne. Und apropos Sexualfeindlichkeit und Frauenfeindlichkeit: Schon Sigmund Freud hat der Auffassung widersprochen, der Zölibat sei sexualfeindlich,[114] und die Frauenemanzipation des 4. Jahrhunderts hatte als entscheidenden Motor den Zölibat.[115]

Mit all dem ist über den Zölibat noch gar nicht viel gesagt, und wir werden auf das Thema später noch zurückkommen müssen, aber wie man eine ziemlich einhellig als »Zahnlücke« betrachtete Einrichtung als Ressource nutzen kann, das hatte ich von Milton Erickson gelernt. Dass ansonsten der Vergleich des Zölibats mit einer Zahnlücke zweifellos zu wünschen übrig lässt, soll hier gar nicht bestritten werden.

Es ist hier wiederum nicht der Ort, die Hypnotherapie Ericksons systematisch vorzustellen. Mit simpler Hypnose hat das Ganze nichts zu tun. Dem Patienten werden nicht fremde Dinge suggeriert, sondern letztlich seine eigenen Kräfte. Dabei kann man von

Erickson den sorgfältigen Umgang mit Sprache, dem Medium der Psychotherapie schlechthin, lernen. Wichtig ist es, positive Suggestionen zu setzen. Wer Angst davor hat, eine Tasse Kaffee durch einen großen menschengefüllten Saal zu balancieren, dem wird die Suggestion »Tasse nicht verschütten!« im Zweifel »helfen«, das zu tun, wovon da die Rede ist, nämlich zu »verschütten«. Die korrekte Suggestion lautet hier: »Tasse festhalten!« Es ist stets misslich, über etwas zu reden, was man nicht tun soll. Versuchen Sie es selbst einmal: »Denken Sie nicht an einen rosaroten Elefanten!« – Doch in der Kirche redet man mit Vorliebe über Kirchenkrise, Probleme, Frustration, Dialogverweigerung etc., suggeriert auf solche Weise das, was man vermeiden will, und lässt so immer wieder ganze Herden rosaroter Elefanten aufmarschieren.

3. Radikale Konsequenz –
Steve de Shazer und die lösungs-
orientierte Therapie

Aus all diesen Vorläufern, insbesondere den Einsichten der systemischen Therapie und Milton Ericksons, hat in Milwaukee Steve de Shazer mit seinen Kollegen am BFTC (Brief Family Therapy Center) die denkbar radikalsten Konsequenzen gezogen. Seine Forschungen und Entwicklungen haben inzwischen dazu geführt, dass der von ihm vertretene Therapieansatz zu einem »Megatrend im Bereich der Psychotherapie«[116] wurde. Die entschieden und konsequent bis ins Letzte durchgeführte Orientierung auf Lösungen und Ressourcen bei Verzicht auf jede über die Beschwerde des Patienten hinausgehende Defizitwahrnehmung, führte zu einer kooperativen Beziehung zum Patienten und zu erheblich kürzeren Therapiezeiten. Was bei demjenigen, der erstmals davon hört, den Verdacht auf amerikanische Fastfoodtherapie nährt, entpuppt sich bei näherem Hinsehen als philosophisch durchdachter, wissenschaftlich gut abgesicherter Ansatz, der inzwischen von fast allen anderen gängigen Therapiemethoden als Bereicherung aufgegriffen wurde.

Eine solche Entwicklung entspricht den Forderungen neuester Therapieeffizienzforschung,[117] die dazu anhält, den alten Streit der Therapieschulen zu überwinden und nicht mehr von einer Psychotherapietheorie her auf den Patienten zu schauen, sondern die konkreten Lösungen konkreter Probleme von konkreten Patienten in den Blick zu nehmen. Von da aus soll künftig die Frage der Seriosität von Psychotherapiemethoden entschieden werden.

Für den näher Interessierten verweise ich auf die inzwischen in schneller Folge auch auf Deutsch erscheinenden Bücher de Shazers[118] und seiner Mitarbeiter, vor allem seiner Frau Insoo Kim Berg.[119] Hier kann nur auf einige grundsätzliche Überlegungen und auf die in therapeutischer Absicht zu nutzenden Aspekte eingegangen werden.

Grundlegend war die aus der Sprachphilosophie Ludwig Wittgensteins übernommene Überzeugung, dass niemand wissen kann, was im Sprachspiel eines Menschen eigentlich beispielsweise das Wort »Depression« bedeutet. Es ist klar, dass noch so intensive jahrelange Psychotherapie das aus prinzipiellen Gründen nicht erfahren wird, denn es handelt sich um ein subjektives quälendes Erleben, das seine Farbe, oder besser seine Abschattungen, aus dem ganz persönlichen Lebensgeschick und Empfinden eines Menschen empfängt. Aus diesem Grund kann letztlich nur dieser Mensch selbst feststellen, wann der von ihm mit diesem Wort belegte Zustand überstanden ist. Demgegenüber haben die von de Shazer so genannten »großen Theorien« in der Psychotherapie immer schon ein Vorverständnis von Wirklichkeit, meinen daher zu wissen, was passiert, wenn jemand beispielsweise sagt, er sei »depressiv«, lassen dadurch aber außer Betracht, was wirklich passiert. Schon Einstein hatte festgestellt, dass eine Theorie determiniert, was man sieht.[120] Damit stellt sich für die Diagnostik in der Psychotherapie freilich ein schwer lösbares Problem.

Andererseits ergab auch die präzise Erforschung der Therapieergebnisse völlig unerwartete Resultate. Die möglichst kontextgerechte Lösung von gut untersuchten Problemen stand ursprünglich beim BFTC in Milwaukee im Vordergrund. Doch sorgfältige

Analysen führten zu dem überraschenden Ergebnis, dass die gefundenen Lösungen in keinerlei Korrelation zum Problem standen. »Die Lösung hat mit dem Problem nichts zu tun« – mit diesem Satz schockierte de Shazer in seinen ersten Seminaren das internationale Therapeutenpublikum. Aber ganz so unerwartet ist dieses Ergebnis dann doch nicht. Wenn man die Lösung nämlich durch konsequente Fokussierung auf die Ressourcen, die Kräfte des Patienten, erreicht, dann muss die Lösung mit diesen Kräften korrelieren, gleichgültig welches Problem das Lebensschicksal diesem Menschen in den Weg gestellt hat.

Aus diesen beiden Einsichten ergaben sich erhebliche Folgen für die Therapie: Zunächst einmal die grundlegende Konzentration auf die Lösungen. Und aus den sprachphilosophischen Überlegungen ergab sich dann, dass das nur die Lösungen des Patienten sein konnten, nicht Mutmaßungen des Therapeuten, was aus seiner Sicht wohl sinnvolle Ziele des Patienten sein müssten. Am Anfang der Therapie stand daher die Frage nach dem konkreten Ziel des Patienten: »Woran werden wir merken, dass wir uns nicht mehr treffen müssen?« Die auf solche Fragen erfolgenden Antworten beschreiben das Ziel positiv in Verhaltenskategorien. Aus den oben genannten erkenntnistheoretischen Gründen verbietet es sich der Therapeut, »hinter« den genannten Zielen des Patienten irgendwelche »eigentlichen« Ziele zu unterstellen oder aus eigenen theoretischen Einsichten anzustreben. »Das Ziel ist genau das, was der Patient sagt.« Das war ein Satz, der gerade für Suchttherapeuten damals schwer zu verdauen war. Doch werden gerade bei einem solchen Vorgehen die Fähigkeiten des Patienten respektiert und genutzt, ihm wird die Lösung zugetraut.

Eine solche konsequent wertschätzende Haltung führt zu einem völlig anderen, nämlich kooperativen Therapeuten-Patienten-Verhältnis. Nicht der Therapeut »infundiert« sozusagen seine Kräfte in den Patienten, die zu Zielen führen, die der – diagnostisch angeblich einzig kompetente – Therapeut als gut ansieht. Der Therapeut schafft vielmehr einen Rahmen und eine Atmosphäre, in der der Patient eingeladen ist, seine eigenen Ziele zu erreichen mit den Fähigkeiten und Kräften – »Ressourcen« –, über die er verfügt. »Widerstand« kommt so nicht auf, da dem Patienten nichts direkt oder indirekt unterstellt wird und er vor allem nicht vom Therapeuten zu einem Ziel gezerrt werden muss, das er gar nicht hat. Die von Erickson ererbte Freude an der konkreten Aktion führte dazu, dass Steve de Shazer den »Widerstand« – ein Heiligtum der Psychoanalyse – im Vorgarten seines Instituts im Rahmen einer kleinen Feierstunde unter Zuziehung eines Geistlichen »begraben« ließ.

Der Therapeut bekommt unter diesen Voraussetzungen die Rolle zugewiesen, die Beleuchtung systematisch und wirkungsvoll auf die Ressourcen und Lösungen des Patienten zu richten. Das geschieht zum Beispiel mittels der »Aufgabe der ersten Stunde«, die vor allem dann gegeben wird, wenn die Ziele noch recht unklar bleiben: »Beobachten Sie bitte bis zum nächsten Mal alles, was in Ihrem Leben so verläuft, dass Sie es gerne beibehalten möchten!« Der Patient, der vor der ersten Sitzung seine Aufmerksamkeit naturgemäß auf seine Defizite fixiert hat, wird so ermutigt, die Aspekte, die funktionieren, in den Blick zu nehmen. Oft ist neben dem Entschluss, irgendeine Änderung herbeizuführen, allein diese Intervention ausreichend, um einen Unterschied zu setzen, der einen Unterschied macht.

Auch die Frage nach den Ausnahmen geht in die gleiche Richtung. Es kommt praktisch nicht vor, dass es von der beklagten Symptomatik keine Ausnahmen gibt. Doch gängige Therapien fragen gewöhnlich nach der Symptomatik und nach dem »Warum?« dieser Symptomatik. Steve de Shazer fragt umgekehrt mit aller Geduld – denn oft können sich die Patienten auf eine solch unerwartete Frage nicht gleich erinnern – nach Ausnahmen und nach dem »Warum« der Ausnahmen (»Wann waren Sie zuletzt nicht depressiv und warum?«). Eigenartigerweise gehen Menschen gewöhnlich davon aus, dass das Unglück stets Gründe hat, das Glück sich aber zufällig ereignet. Es spricht viel dafür, dass es sich eher umgekehrt verhält.[121] Jeder ist seines Glückes Schmied, sagt der Volksmund. Jedenfalls ist es hilfreicher, sich über die Bedingungsmöglichkeiten der Ausnahmen zu unterhalten, um daraus zu lernen, wie man eine solche »Ausnahme« wieder herstellen kann.

Um die Problemfixierung des Patienten möglichst schnell in eine Lösungsorientierung zu verwandeln, hat Steve de Shazer die inzwischen berühmt gewordene »Wunderfrage« entwickelt, die frühzeitig in der Therapie eingesetzt werden soll. Sie lautet: »Stellen Sie sich vor, Sie gehen heute Abend ins Bett und schlafen ein und nachts geschieht ein Wunder, Ihr Problem ist gelöst … so (de Shazer schnippt mit dem Finger)! … und Sie wachen am Morgen auf, wissen aber nicht, dass das Wunder passiert ist, weil Sie ja geschlafen haben … Woran werden Sie merken, dass das Wunder passiert ist? Was wäre anders? …« Was nun folgt, ist eine konkrete Zielbeschreibung des Patienten in Verhaltensbegriffen. Wenn zunächst eher bloße vage Befindlichkeiten genannt werden, wird durch konsequentes Nachfragen »Woran werden Sie das merken?« der Blick auf konkrete Verhaltensweisen gerichtet. Welche das im Einzelnen sind, das kann letztlich nur der Patient wissen. Je konkreter, desto besser. Manchmal sind es Beschreibungen wie: »Ich werde dann das Frühstück machen, wieder einmal mit dem Kind morgens etwas spielen, die Zeitung holen …« Die Gefahr, dass die Patienten utopische Ziele benennen, ist interessanterweise kaum gegeben. Diese Menschen kommen ja nicht zum Scherz, und wenn die Frage doch zunächst utopisch missverstanden wird, kann die Bemerkung »Tolle Idee, aber jetzt mal im Ernst!« sehr schnell Bodenhaftung herstellen. Mit den ständig wiederholten Zusatzfragen »Was noch?« entspinnt sich dann oft eine lange und konkrete Beschreibung der »Wundersituation«.

Eine solche plastische Ausmalung hat einen eminent psychotherapeutischen Effekt, denn sie ist eine sprachlich hergestellte Wirklichkeit, die, je mehr Zeit man darauf verwendet, desto mehr »wirkt«. Der Therapeut konstruiert mit dem Patienten zusammen das Ziel, ohne inhaltlich irgendeinen Einfluss zu nehmen. Damit ist der hochsuggestive Effekt dieser Frage nicht eine Fremdsuggestion, sondern dem Patienten wird sozusagen sein Eigenes suggeriert. Dass es sich um ein Wunder, also einen nichtdeterminierten Vorgang, sozusagen einen Quantensprung, handelt, durchschneidet mit einem »Schnipp« alle im Patienten gewiss schon wirksamen Ursache-Wirkungs-Verknotungen, die das Symptom in der Ursache veränderungsresistent verankern.

Wie aber soll man angesichts des grundsätzlichen diagnostischen Bedenkens eigentlich den therapeutischen Fortschritt diagnostisch noch feststellen? Auch für den Patienten ist ja wichtig, dass er in der Therapie nicht nach einem gängigen Therapeutenwitz bloß das Gefühl bekommt: »Hauptsache wir haben darüber mal gesprochen.« Um das zu vermeiden, hat de Shazer Skalenfragen eingeführt: »Stellen Sie sich eine Skala vor: 1 bedeutet, es geht, was Ihre Beschwerde betrifft, so schlecht, schlechter geht es gar nicht. 10 bedeutet, ihr Problem ist gelöst, wie am Tag nach dem Wunder. Wo stehen Sie auf dieser Skala jetzt?« Das scheinbar unüberwindbare Problem, dass gerade das Entscheidende psychischer Phänomene prinzipiell subjektiv bleibt, ist damit ausgeräumt, da diese Skala eben genau subjektiv ist – und damit das therapeutisch Entscheidende misst. Sie gibt dabei im so schwer präzise Beschreibbaren des Psychischen vor allem dem Patienten selbst, aber auch dem Therapeuten eine Dimension an die Hand, die dem therapeutischen Prozess Struktur verleiht und das Ziel dieses Prozesses, das sein einziger Sinn ist, immer im Blick lässt.

Nach alldem wird den Leser nicht weiter erstaunen, dass auf die Antwort des Patienten, er sei erst auf 2 gekommen, die Frage folgt, »Warum nicht auf 1?«. Diese Frage ist eine Intervention, die die derzeit vorhandenen Ressourcen aufruft. Es wird auch nicht verwundern, dass der Therapeut nun sehr daran interessiert ist, woran der Patient konkret merken würde, dass er auf 3 gekommen ist. Darüber wird ausführlich gesprochen und weitergefragt: »Woran würden Sie das noch merken?« Manchmal können Patienten gar nicht genau sagen, wie sie das selbst merken würden. Dann helfen aus der systemischen Therapie übernommene »hypothetische« oder »zirkuläre« Fragen: »Woran würde Ihre Ehefrau das merken? Woran Ihre Eltern, Ihre Kinder, Ihre Freunde? …« Auf solche Fragen kommt in der Regel dann doch eine Antwort. Mit einer solchen Fragetechnik kann auch die Wunderfrage angereichert werden.

Diese Gesprächsführung macht das Ziel immer plastischer. Damit überwiegt die Zeit, in der über die Lösung geredet wird bei weitem die Zeit, die auf die Problembeschreibung verwandt wird. Wenn man an die Wirksamkeit von Sprache glaubt[122] – und sonst hätte Psychotherapie ja gar keinen Sinn –, dann ist ein solches Vorgehen zweifellos sinnvoll. Wenn man in einer Sitzung zwei Drittel der Zeit über das Problem gesprochen hat und ein Drittel über die Lösung, so hat man das Problem nach de Shazers Auffassung im Zweifel verstärkt – gleichgültig was für eine glänzende Lösung man vorschlägt. Wenn man aber umgekehrt ein Drittel der Zeit für das Problem und zwei Drittel der Zeit für die Lösung aufgewendet hat, bestehen gute Aussichten, die Ressourcen des Patienten auf die Lösung hin zu aktivieren. »Je mehr Sie über etwas wie Depression – ein Lieblingswort der Therapeuten – sprechen, desto wirklicher erscheint es Ihnen. Sie haben zusammen eine Depression zu Stande gebracht.« Man begegnet immer wieder Patienten, die durch eine gewisse Art von Psychotherapie bestimmte Psychowörter in ihren Wortschatz und damit in ihr Selbstbild aufgenommen haben. Das kann eine gefährliche Eigendynamik entwickeln. Ich habe noch keinen Patienten erlebt, der über »Angst vor der Angst« klagte und keine Psychotherapieerfahrung hatte. Man spricht inzwischen sogar schon makaber vom »Psychotherapiedefekt«.

Das Reden über Probleme, auch über die Ursachen von Problemen, wird in vielen Fällen selbst zum Problem oder wirkt wenigstens problemaufrechterhaltend. Demgegenüber gibt de Shazer Eheleuten, die sich immer wieder in unendlichen Diskussionen über das Problem verstrickt haben und erschöpft zur Therapie kommen, oft die Botschaft: »Sprechen Sie nicht über das Problem. Wenn es ein Problem wäre, das durch Reden gelöst werden könnte, hätten Sie beide es schon längst gelöst. Es hat keinen Zweck, irgendetwas weiter zu machen, was nicht funktioniert.« Anstatt mehr desselben zu tun, rät er, einen Unterschied zu machen, der einen Unterschied macht. Probleme hätten deswegen Bestand, weil sie – unabsichtlich – aufrechterhalten werden. Doch daraus ergibt sich bei de Shazer eben nicht die nahe liegende Konsequenz, über die Möglichkeit der Beendigung des Problemverhaltens zu sprechen. Das würde auf subtile Weise den gleichen Fehler wiederholen. Vielmehr interessiert sich der Therapeut dafür, was der Patient denn anstatt des Problems machen will. Nicht die Frage, wie es denn wohl gelingen mag, das Alkoholtrinken bleiben zu lassen, steht damit im Vordergrund eines nützlichen Gesprächs, sondern die Frage, was man tun kann, und vor allem, was man in den »Ausnahmesituationen« schon getan hat, anstatt Alkohol zu trinken. Das erst ist spannend und führt weiter.

Auf diese Weise kann man verstehen, wie es de Shazer gelingen konnte, eine Patientin erfolgreich zu therapieren, der das Problem so peinlich war, dass sie sich partout weigerte, es überhaupt zu nennen oder auch nur anzudeuten.[123] All die besonderen Fragen des de Shazer'schen Ansatzes konnten dennoch gestellt werden: Wann es denn eine Ausnahme vom Problem gegeben habe? Was dazu beigetragen habe, die Ausnahme herbeizuführen und über eine gewisse Zeit aufrechtzuerhalten? Woran sie merken würde, dass das Wunder passiert sei? Wo sie auf der Skala sei und woran sie einen Fortschritt um einen Punkt bemerken könne? Die Patientin imaginierte die Antworten für sich. Schließlich beendete sie die Therapie. Monate später erreichte de Shazer ein Brief der Patientin: Sie bedanke sich noch mal herzlich, die Therapie habe ihr sehr geholfen. Übrigens sei sie jetzt auf 12. Bis heute weiß Steve de Shazer nicht, um welches Problem es sich handelte.

In solchem Kontext sind schließlich auch Fragen nach »Copingstrategien« (Bewältigungsstrategien), die aus der Verhaltenstherapie bekannt sind, hilfreich. Der durchschnittlich illustriertengebildete Laie wird einem depressiven Menschen wohl am ehesten anteilnehmend die Frage stellen, »warum« er denn so depressiv sei: Das nötigt aber diesen ohnehin belasteten Menschen, sich eine Dreiviertelstunde lang noch einmal all das Belastende seines Lebens vor Augen zu führen. Ein solches Manöver erinnert an die verunglückte Anwendung eines physikalischen Modells auf die Psyche des Menschen: Was jemand einmal »herausgelassen« hat, das ist »draußen«. Mitnichten! Wir wissen heute, dass solche Vorstellungen gerade in der Behandlung von Missbrauchsfällen verheerende Folgen hatten. Die Warum-Frage kann dazu führen, dass es dem Patienten nach der Dreiviertelstunde im Zweifel erst richtig schlecht geht, und er »weiß« nun auch noch angeblich, warum. Das verankert die Symptomatik ganz ungünstig in der Lebensgeschichte – »Kein Wunder, dass es einem schlecht geht, wenn man so Belastendes erlebt hat …« –, und für den gesunden Menschenverstand des Patienten erhebt sich die Frage: Wie soll man eigentlich eine Symptomatik verändern, wenn man die »ursächliche« Lebensgeschichte bekanntlich nicht ändern kann? Gewiss kann man mit mancher ausgefeilten Theorie den Eindruck erwecken, dass gerade das auf den ersten Blick Unerwartete möglich ist. Auch in der breiten Öffentlichkeit hat man inzwischen für solche Fälle die Worthülse »Aufarbeiten der Lebensgeschichte« zur Hand. Doch solche Hypothesen hat die nüchtern wissenschaftlich vorgehende Therapieeffizienzforschung inzwischen ins Reich der Mythen verwiesen und damit wieder einmal den gesunden Menschenverstand rehabilitiert.

Dass jeder auch nur halbwegs philosophische Gedanken über das menschliche Leben dem vielfach gängigen Aufarbeitungsgerede spottet, kann hier nur angedeutet werden.[124] Gegenüber solchen Holzwegen ist eine Copingfrage, nachdem der Patient natürlich sein Leid dargestellt hat, eine Frage wie die: »Wie haben Sie das eigentlich so lange durchgehalten?« Und auf diese Frage wird der gleiche Patient eine ganz andere Antwort geben: Er wird vielleicht berichten, dass er immer noch etwas malen konnte, dass er einige kürzere Spaziergänge machen konnte, noch einige Freunde besuchte, nicht so viele wie sonst, aber immerhin und, wenn er religiös ist, dass er zwar nicht mehr so richtig beten konnte, dass ihm aber einige Stoßgebete noch gelangen. Das heißt, der gleiche Patient wird auf eine solche Frage nicht von seinen Defiziten, sondern von seinen Kräften berichten. Und womit will man denn Therapie machen, wenn nicht mit den Kräften des Patienten? Da wird es darum gehen, wie man die Gelegenheiten für solche kraftspendenden Momente vermehrt.

Das Beispiel macht deutlich, dass eine eher »verstehend« daherkommende Therapieform durchaus nicht per se wertschätzender mit dem Patienten umgeht als mehr ziel- und zukunftsorientierte Richtungen. Verstehen hat im menschlichen Leben seinen wichtigen Platz, im mitmenschlichen Leben, im wirklich seelsorglichen Gespräch, in mithin ausdrücklich nichttherapeutischen Situationen. Verständnis ist besser als Therapie, aber Verstehen ist nicht Therapie. Therapeutische Gespräche sind Änderungsgespräche. Therapie ist, nüchtern gesprochen, eine zielgerichtete, methodische und zeitlich begrenzte Beziehung für Geld, die sich am beabsichtigten und erreichten Erfolg – der Beseitigung einer den Patienten störenden Symptomatik – zu messen hat.

Seriöse Psychotherapie zeichnet sich daher durch Bescheidenheit aus. Was die großen Themen des menschlichen Lebens betrifft, hat der Psychotherapeut keinerlei Expertenwissen. Wer also behaupten würde, menschliche Liebe und den Sinn des Lebens in der Psychotherapie gegen Geld vermitteln zu können, betriebe nichts anderes als existenzielle Zuhälterei.[125] Vor diesem Hintergrund ist das Bemühen Steve de Shazers um kurze Therapiezeiten, beziehungsweise möglichst wenige Interventionen, zu sehen. Er kommt heute auf durchschnittlich weniger als vier Sitzungen pro Patient bis zur Lösung des Problems, mit oft wochenlangen Abständen zwischen den Sitzungen. Im Lichte der eigentlichen Aufgabe von Psychotherapie ist »Kurzzeittherapie« demnach nicht ein Zeichen für mangelnde Zuwendung zum Patienten und seinem Leid, sondern Hinweis auf die hohe Wertschätzung für die Kräfte des Patienten, dem der Therapeut die Lösungen zutraut. Wer nur lange Therapien für vertretbar hält, der nimmt im Grunde sich selbst als Therapeut zu wichtig. Die Kürze von Psychotherapie ist daher nicht bloß Kennzeichen einer bestimmten Therapierichtung, sondern ethische Forderung an jede Therapie. Wie Patienten durch zu lange Psychotherapien missbraucht und dem Narzissmus des Therapeuten geopfert werden können, dafür lieferte Christian Reimer kürzlich erschütternde Beispiele.[126] So wird Steve de Shazer den Titel »der Minimalste der Minimalisten«, mit dem er bezeichnet wurde, als Auszeichnung begreifen – und so ist er auch gemeint.

Aus alldem folgt für de Shazer der Grundsatz: »Wenn etwas nicht kaputt ist, mach es nicht ganz!« Jeder Psychotherapeut mit einer halbwegs gründlichen Ausbildung ist bekanntlich ohne weiteres in der Lage, einen glücklichen Menschen wenigstens für eine gewisse Zeit absichtsvoll unglücklich zu machen. Solch unverantwortlichem Tun kommt eine Mentalität nahe, die geschäftig therapeutische Hilfen an Situationen heranträgt, die von den Beteiligten gar nicht als hilfsbedürftig erlebt werden. Gemeindebegleitung und Supervision für Seelsorger sind in der Kirche als Angebot eine gute Sache. Wenn sie sich strukturell oder persönlich aufdrängen, getragen von der Überzeugung, unverzichtbar zu sein, geraten sie ins Zwielicht. Der ursprüngliche Hilfegedanke läuft dann Gefahr, totalitäre Züge anzunehmen.

Dass die Absicht, mehr miteinander zu reden, heute auch in der Kirche ganz selbstverständlich in die Formulierung »Wir sollten mehr über Probleme reden können« gefasst wird, muss Christen, die doch die »Frohe Botschaft« verkünden sollen, nachdenklich machen. Andererseits hat der Ansatz Steve de Shazers nichts mit einem oberflächlichen »Positiven Denken« zu tun, das über Probleme bagatellisierend hinwegschreitet. Die Wertschätzung des Patienten beinhaltet auch den Respekt vor seinem Leid, aber therapeutische Hilfe muss die bei allem Leid vorliegenden Kräfte des Patienten in den Blick nehmen. Die muss man freilich präzise und zutreffend beobachten und darf sie nicht jemandem einzureden versuchen.

Die Haltung de Shazers zeichnet sich durch eine hohe Fehlerfreundlichkeit aus. Er gibt nicht dem Patienten die Schuld, wenn der eine Aufgabe nicht ausgeführt hat, sondern geht zu Recht davon aus, dass dann die Aufgabe im Lebenskontext des Patienten falsch gewesen ist. Fehler können aber auch durchaus ihr Gutes haben. Sie sind nicht vorgesehen und brechen daher aus eingefahrenen Gleisen aus. Sie können damit, wenn man sie nicht gleich diskriminiert, zu ganz neuen und originellen Auswegen aus Krisensituationen beitragen und damit einen wirklichen Unterschied machen, der einen Unterschied macht. Ein psychiatrisches Behandlungsteam funktioniert dann gut, wenn die noch unerfahrene, aber aufgeweckte jüngste Schwesternschülerin mit ihren Beobachtungen und Vorschlägen ernst genommen wird und nicht gleich Sorge haben muss, sich lächerlich zu machen. Vielleicht kann die ein oder andere unbefangene Bemerkung die »Profis« aus mancher Betriebsblindheit führen. Viele neue Bewegungen in der Kirche standen und stehen auch heute schnell in Häresieverdacht (Verdacht der Irrlehre), weil sie dem Mainstream nicht entsprechen. Das ist schon der franziskanischen Bewegung und sogar den Jesuiten so gegangen. Solchen Bewegungen sollte man vielleicht mit mehr Neugierde und Ermutigung begegnen, ohne sich gleich altersweise und »professionell« über die üblichen Kinderkrankheiten des Neuen, sich nämlich für das Nonplusultra zu halten, aufzuregen. Der heilige Benedikt ordnete sogar an, dass immer der jüngste Mönch zuerst gehört werden soll.

Beruhigend, aber auch herausfordernd, ist die der systemischen Therapie entlehnte Überzeugung de Shazers, dass ein komplexes Problem keiner komplexen Lösung bedarf. Schon im eigenen Lebenszusammenhang kann es ausreichend sein, einen kleinen, aber konkreten und bedeutsamen Unterschied zu machen, der einen Unterschied macht, um aus dem Teufelskreis der Problemeskalation in eine umgekehrte »Lösungsspirale« überzuwechseln, die eine ebensolche Eigendynamik, nun aber im positiven Sinn entwickelt. Dass solche Unterschiede sich dann auch auf die Familie und alle weiteren Lebenszusammenhänge auswirken müssen, zeigte sich bereits. Das bedeutet aber für die Lösung kirchlicher Probleme, dass nicht erst der Papst, die Bischöfe oder sonst jemand Oberes tätig werden muss. Die eigene Änderung – nicht die der kritisierten Anderen, die man im Moment gar nicht erreicht – kann unvermeidbare Veränderungen auch bei den anderen herbeiführen. Das hat den Nachteil, dass man sich erst einmal selbst – wenigstens etwas – wirklich bewegen muss. Aber es hat den Vorteil, dass dann notwendigerweise wirklich etwas geschieht.

Die Empfehlung de Shazers, einen auf Ausschließlichkeit angelegten »Entweder-oder-Rahmen« in einen »Sowohl-als-auch-Rahmen« zu überführen,[127] erinnert fast schon allzu stark an das katholische Prinzip der Einheit in Vielfalt, das diese Kirche jahrhundertelang allen Streit hat irgendwie überleben lassen. Aber bevor wir uns dem Patienten Kirche nun noch einmal systematisch widmen, soll hier die für die lösungsorientierte Therapie Steve de Shazers besonders wichtige Unterscheidung bei der Therapeut-Patient-Beziehung erwähnt werden. Bedeutsam ist diese Unterscheidung deswegen, weil eine Therapie – auch der Kirche –, die diese Unterscheidungen nicht beachtet, schnell zum Scheitern verurteilt ist.

De Shazer unterscheidet zwischen »Besuchern«, »Klagenden« und »Kunden«. Unter »Besuchern« versteht er Patienten, die selbst gar kein wirkliches Problem sehen, mithin auch kein Therapieziel haben. Folglich kommen sie natürlich auch nicht auf die Idee, irgendetwas zu ändern. »Meine Frau schickt mich, ich selbst brauche und möchte aber keine Therapie, wissen Sie, ich trinke manchmal vielleicht etwas viel Alkohol, aber nicht mehr als mein Onkel und der ist immerhin 94 Jahre alt geworden. Vor allem geht es mir gut dabei, und daher will ich das nicht ändern. Aber ein Problem, ja, das gibt es, das ist meine Frau, die sieht das alles anders, wenn Sie verstehen, was ich meine.« Solche von Ehefrauen, Arbeitgebern oder Ämtern geschickten »Patienten« hätte man als klassischer Therapeut üblicherweise wegen so genannter mangelnder Therapiemotivation in hohem Bogen aus der Praxis komplimentiert. Steve de Shazer aber komplimentiert sie im Wortsinne in der Praxis: Er nimmt ernst, dass diese Patienten ja immerhin gekommen sind, und es fällt nicht immer so leicht, zu einem Psychotherapeuten zu gehen. Die Erklärung des Patienten: »Wissen Sie, ich habe eigentlich kein Problem, … das Problem hat meine Frau«, wird nicht konfrontativ in Frage gestellt. Man spricht mit ihm vielmehr konsequent und kooperativ nicht über das Alkoholproblem, sondern zum Beispiel über Lösungsmöglichkeiten für das Problem mit seiner Frau. Dabei kommt mancher Patient dann auf den Gedanken, dass weniger oder nichts Trinken für die Lösung dieses Problems hilfreich wäre, vor allem, wenn das schon einmal hilfreich war. So kann die Akzeptanz des »Besucherstatus« erreichen, dass dieser Status in Richtung auf die Klagenden – oder sogar Kundenbeziehung überschritten wird. Besucher erhalten als Intervention nach der Unterbrechung und gegebenenfalls der Teamberatung ausschließlich so genannte »Komplimente«. Der Ausdruck lässt den Deutschen aus Goethes Faust assoziieren, »Im Deutschen lügt man, wenn man höflich ist«. Doch genau das versteht de Shazer nicht unter seinen »compliments«. Es sind nicht irgendwelche unwahrhaftigen Schmeicheleien, sondern präzise beobachtete positive Aspekte des Patientenverhaltens: Das Team sei beeindruckt, dass er seine Frau offensichtlich so sehr liebt, dass er sogar den Weg zu derartigen »Psychos« nicht gescheut hat, obwohl er selbst gar kein Problem sieht, dass er außerdem, wie er berichtete, schon einmal zur Beruhigung seiner Frau weniger getrunken hat, etc. Diese Interventionsform zwingt den Therapeuten, die gewohnte bloß diagnostizierende, eher defizitorientierte Perspektive aufzugeben und eine ressourcenorientierte Sichtweise einzunehmen. Würde man diesem Patienten irgendwelche Aufgaben bis zur nächsten Stunde geben, dann müsste er sich nicht ernst genommen fühlen, er würde diese Aufgaben natürlich nicht ausführen und wahrscheinlich nicht mehr wiederkommen.

Der »Klagende« ist ein Patient, der eine Beschwerde hat und das Problem auch sehr präzise schildern kann, der sich selbst aber nicht als Teil der Problemlösung sieht. Irgendjemand anderes müsste sich ändern, um das in der Tat bestehende erhebliche Problem zu lösen. Der Klagende erhält ebenfalls »Komplimente«. Ihm, der das Desaster präzise beobachtet, kann man Beobachtungsaufgaben geben, zum Beispiel die schon genannte »Aufgabe der ersten Stunde«, oder man bittet ihn, systematisch auf Ausnahmen von der Regel des Problems zu achten. Handlungsaufgaben aber würden ihn brüskieren, da er in dieser Phase die Sichtweise ablehnt, er selbst könne etwas zur Änderung des Zustandes beitragen.

Der »Kunde« schließlich – wiederum im Deutschen ein relativ unappetitliches Wort, da man ökonomische Interessen assoziiert – ist ein Patient, der ein Problem äußert und der auch selbst etwas tun will, um das Problem zu lösen. Das ist der Patient, über den sich der klassische Psychotherapeut am meisten freut. Ihm werden auch »Komplimente« gemacht, aber über mögliche Beobachtungsaufgaben hinaus können hier auch Handlungsaufgaben gegeben werden, und sei es bei sehr diffusen Klagen die Aufgabe, irgendetwas Kleines, Konkretes, Relevantes anders zu machen. Die Patienten entwickeln dabei oft erstaunliche Phantasie, um »ihre« Lösung zu finden.

Es wäre eine Verkennung des ganzen Ansatzes, wenn man diese Typisierungen als Charakterisierung von Patienten missverstehen würde. Es handelt sich vielmehr um die Beschreibung der momentanen Therapeut-Patient-Beziehung, die sich in einem dynamischen Prozess befindet. Noch während der Therapiesitzung kann der »Besucher«, gerade weil er in seinem Status ernst genommen wird, bezüglich eines anderen Ziels als des ursprünglich gedachten, zum »Klagenden« oder sogar zum »Kunden« werden. Dies genau zu beobachten ist für das Gelingen lösungsorientierter Therapie von entscheidender Bedeutung.

Ist nun die Kirche vorwiegend ein »Besucher«, ein »Klagender« oder ein »Kunde«? Wenn man einmal von einigen gepflegt zynischen »Besuchern« auf konservativer und progressiver Seite absieht, findet man bei der Kirche wohl am ehesten das Beziehungsmuster des »Klagenden« – wie in der fortgeschrittenen Suchtfamilie. Probleme werden zuhauf gesehen und wortreich beklagt, nur: Derjenige, der sie beschreibt, sieht sich selbst außer Stande, etwas zu ändern. »Die anderen«, so meint er, müssten etwas tun. Das ist für de Shazer keineswegs ein Grund zu therapeutischer Resignation. Hier kann die »Aufgabe der ersten Stunde« greifen (»Beobachten Sie bitte alles, was bei Ihnen so verläuft, dass Sie es gerne beibehalten möchten«) und auch zum Beispiel die Frage nach Ausnahmen. Was der Zuversicht de Shazers zu Grunde liegt, dass eine systematische Besinnung auf die eigenen Kräfte den Patienten zu Lösungen ermutigen wird, ist die Gewissheit, dass die Patienten die Kraft für die Lösung in sich haben und der Therapeut nur die Beleuchtung konsequent darauf hinlenken muss. Solche Gewissheit muss aber dann auch selbstverständlich für den Patienten Kirche gelten. Denn ihm ist nach einhelligem Glauben der Katholiken von Jesus Christus der Heilige Geist verheißen, in dessen Wirken Christen doch mindestens so viel tiefes Zutrauen haben müssten, wie de Shazer in die inneren Kräfte seiner Patienten. Wie sagte doch Pater Leppich, der große temperamentvolle Volksprediger der Nachkriegszeit drastisch: »Wissen Sie, warum ich an diese Kirche glaube? – Weil dieser Saustall zweitausend Jahre nicht untergegangen ist!«

Wie sich das im Einzelnen zutrug, darum soll es nun gehen, und es ist ein spannendes Abenteuer, in Geschichte und Gegenwart der katholischen Kirche ganz systematisch jene Kräfte zu beleuchten. Dazu sollen die Sichtweisen Steve de Shazers und der systemischen Therapie im folgenden Kapitel auf diese Kirche angewandt werden.

4. Erfolgreiches Management – Gunther Schmidt und die Organisationsberatung

Zuvor aber noch ein kurzer Blick auf Konsequenzen, die man aus der lösungsorientierten Therapie für die Organisationsberatung gezogen hat. Zwar ist die Kirche gewiss mehr als irgendeine Organisation, aber sie ist auch eine Organisation, und da braucht sie nicht nur Wirtschaftsprüfer wie andere Organisationen. Es ist nicht einzusehen, warum der Kirche nicht auch psychologische Hilfe nützlich sein könnte, die andere Unternehmen in Anspruch nehmen, wenn der Haussegen schief hängt – selbst wenn bei der Kirche natürlich im Wortsinne der Haussegen per definitionem nicht schief hängen kann.

In einem Aufsatz zum Thema »Tranceprozesse in Organisationen« hat Gunther Schmidt aus Heidelberg, ausgebildeter Volkswirt und als systemischer Psychotherapeut Mitglied der Heidelberger Gruppe Helm Stierlins, den lösungsorientierten Ansatz auf Organisationen angewandt.[128] Bei Institutionen, die sich in der Krise befinden, zeigten sich, so schreibt er, eigentümliche Entwicklungen, die an Tranceprozesse erinnerten. Trance sei die suggestiv entstandene Einschränkung der Aufmerksamkeit auf bestimmte ungewöhnliche und unwillkürlich reproduzierte Muster. Durch Aufbau und beständige Thematisierung von »Ist-Soll-Diskrepanzen« und andauerndes Schwanken zwischen Resignation und Lösung entstehe eine Problem- und Klagetrance.[129] Die Uneindeutigkeit des Zustands führe zu einer Zeitverzerrung und stabilisiere das Problem. So entstehe ein problemdeterminiertes System: In der Institution seien alle Aufmerksamkeit, alle Gespräche und Überlegungen nur noch eingeengt »auf redundante Muster, welche immer wieder das ›Problem‹ im Zentrum haben«.[130] Das forcierte Reden und Grübeln über das Problem bringe so gerade nicht die beabsichtigte Lösung, sondern werde zum eigentlichen Problem. Auf diese Weise erscheine das Problemerleben schließlich »als quasi naturwüchsige ›Wirklichkeit‹, mit dem Effekt, dass andere Sichtweisen, Ressourcen und Verhaltensweisen nicht mehr wahrgenommen werden, obwohl sie grundsätzlich im Repertoire des Systems gespeichert sind«.[131] Bei Unklarheit darüber, was zu tun sei, oder gar bei Orientierungslosigkeit greife man auf solches Gewohnheitsverhalten mit seinen problemstabilisierenden Ritualen zurück. Bei Attacken auf eine derartige »Gewohnheitswirklichkeit« zeige sich Angst.

Lösungen könnten sich nach Gunther Schmidt in einem solchen System dadurch ergeben, dass man Informationen einführt, die die Aufmerksamkeit auf Ressourcen lenken oder auf aussichtsreiche Verhaltensbeiträge, die man bisher nicht wahrgenommen hat, weil die Aufmerksamkeit auf »das Problem« eingeschränkt war. Und das ist das Überraschende: Alle Reaktionen des Systems, sogar das Problemverhalten, könnten unter einer solchen neuen Perspektive als Ressourcen genutzt werden.

Wenn also Krisen von Organisationen insbesondere dadurch entstehen, dass der Scheinwerfer zunehmend starr und schließlich fast eingerostet nur noch auf das so genannte Problem gerichtet ist, so erreicht man die Lösung der Erstarrung durch eine Neuausrichtung des Lichtkegels auf die Ressourcen. Gelingt dies, dann kann aus solchen wiederentdeckten Quellen die Kraft geschöpft werden, die es ermöglicht, mit diesem Problem und sogar noch mit ganz anderen Problemen fertig zu werden. »Für die Lösung muss umfokussiert werden, man muss ein ›Lernen von sich selbst‹, von den eigenen Kompetenzerfahrungen praktizieren.«[132] Dazu muss man Suchprozesse nach Ressourcen einleiten.

VII.
Der blockierte Riese –
Über die Kräfte der katholischen
Kirche

Solche Suchprozesse sollen nun auf den blockierten Riesen, die katholische Kirche, angewandt werden. Gesucht wird nach Lebenszeichen. Dieser zweitausendjährige Riese erinnert nämlich in mancher Hinsicht an die Giganten der Urzeit. Es handelt sich immer noch um eine riesige Institution von heute über einer Milliarde Mitgliedern, aber der Riese erscheint im Bild der Öffentlichkeit ganz starr und unbeweglich. Woran liegt das? Ist er alt, lahm und müde? Liegt es daran, dass der Riese schüchtern ist und sogar »verklemmt«, irgendwie innerlich oder äußerlich verknotet? Muss gar der Psychiater eingeschaltet werden, weil eine regelrechte neurotische Hemmung oder eine katatone Schizophrenie vorliegt? Schläft der Riese oder befindet er sich in einem Zustand der Trance? Oder aber treffen die schlimmsten Befürchtungen zu: Ist der Riese tot, vielleicht versteinert in all seinen steinernen Denkmälern, oder tiefgefroren wie ein Mammut, das von der Eiszeit überrascht wurde? Muss man also den Krankenwagen rufen oder ist es ein Fall für den Leichenwagen? Und wenn der Riese tot wäre: Soll man vielleicht über dem toten Riesen ein Mausoleum errichten und für den Erhalt dieses Mahnmals aus vergangenen Zeiten Eintritt verlangen oder soll man vielmehr endlich auf Totenruhe und Pietät dringen?

Zwar spricht einiges dafür, dass er wenigstens lebt, aber um zu diesen Fragen eine möglichst differenzierte Beurteilung abzugeben, muss man den Patienten genau untersuchen, eine präzise Lebensgeschichte erheben und dies im Sinne moderner Psychotherapie jedenfalls schon auf eine Weise, die therapeutisch wirken kann. Vor allem interessieren die Lebenszeichen in Vergangenheit und Gegenwart, die Kräfte, die »Kompetenzerfahrungen« und die Copingstrategien des Patienten, die als Lösungen genutzt werden können.

Dafür muss man den Patienten nackt ausziehen, auch seine peinlichsten Teile in Augenschein nehmen, und vor allem muss die Beleuchtung stimmen, unter der man ihn untersucht.

Odysseus bezwang auf der Insel der Phäaken den einäugigen Riesen, indem er ihn blendete und sich als Täter hinter dem Namen »Niemand« versteckte. Der blockierte Riese katholische Kirche scheint zwar die Sehfähigkeit nicht verloren zu haben, aber unter schlechten Beleuchtungsverhältnissen zu leiden. Auch daran scheint irgendwie »Niemand« schuld zu sein, es ist eben irgendwie und irgendwann so üblich geworden – und gerade dadurch ist es so lähmend. Eine veränderte Beleuchtung im Sinne einer ressourcen- und lösungsorientierten Sichtweise könnte demgegenüber für die katholische Kirche alte erstarrte Klischees sprengen und ganz neue Perspektiven eröffnen. Kann man sich gruppenübergreifend von links bis rechts, von oben bis unten auf ein solches Experiment einigen, dann ergäbe sich zunächst einmal überhaupt die Erlaubnis – bei allen gar nicht geleugneten und bis zur Erschöpfung schon zur Sprache gebrachten Problemen –, die Kräfte dieses Patienten Kirche unbefangen in den Blick zu nehmen, ohne schon gleich in einer der bekannten Schubladen zu landen. Jedem Leser ist es dabei unbenommen, aus eigener Kenntnis und Vorliebe die Aspekte der Kirche bevorzugt ins Licht zu stellen, die ihm besonders zugänglich sind. In einer zweitausendjährigen Geschichte und bei jetzt einer Milliarde Mitgliedern kommt da so einiges zusammen. Als Anregung soll hier eine zugegebenermaßen recht subjektive Auswahl geboten werden.

1. Die katholische Lösung – Eine Lösung zweiter Ordnung

Selbst ein Riese kann blockiert sein, wenn er gleichzeitig in zwei entgegengesetzte Richtungen gehen will. Im Film »Rainman« hat Dustin Hoffmann auf unterhaltsame Weise einen solchen Menschen dargestellt. Die Psychiatrie kennt derartige Phänomene von schizophrenen Patienten, die als Reaktion auf widersprüchliche Impulse stundenlang in einer – kataton genannten – Körperhaltung verharren. Vielleicht ist das ja der Mechanismus, der den Riesen zwischen konservativen und progressiven lockenden Sirenentönen erstarren lässt. Die Antike kannte in solchen Fällen als Ausweg nur die »Methode Odysseus«: sich selbst fesseln lassen, der Besatzung die Ohren verstopfen und durch. Die katholische Kirche hat da eine erheblich elegantere Methode entwickelt. Dieses eigentümlich katholische Lösungsmuster ist die Lösung zweiter Ordnung nach Watzlawick.

Das bekannteste Beispiel dafür ist die vielleicht schwierigste Kirchenkrise der vergangenen 400 Jahre, der dramatische Gnadenstreit des ausgehenden 16. Jahrhunderts. Liest sich die Papstgeschichte Ludwig Freiherr von Pastors[133] ohnehin wie ein spannender Familienroman, bei dem der Leser immer wieder in Situationen geführt wird, in denen er als Papst längst zurückgetreten wäre, so ist dieser Gnadenstreit in seiner offensichtlichen Ausweglosigkeit zweifellos der Höhepunkt der Überforderung des Menschen auf dem Stuhle Petri.

Kurz zu den Fakten:[134] Im Jahre 1588 war in Spanien ein Streit zwischen Dominikanern und Jesuiten über die Gnadenlehre entbrannt, der mit den Jahren so weit eskalierte, dass an den Dominikanerhochschulen die Studenten schon bei Erwähnung eines Jesuiten aus Protest mit den Füßen trampelten, während die Jesuiten die Dominikaner bei der Inquisition wegen Irrlehre anzeigten. Die Dominikaner ließen schließlich sogar für die »Bekehrung der Irrlehrer« beten – eine subtile Form der Unverfrorenheit. Der Streit betraf zugegebenermaßen nicht eine der heute oft in Diskussion stehenden kirchlichen Nebensächlichkeiten, sondern den Kern des Glaubens selbst, und er eskalierte so weit, dass der spanische Nuntius den Papst drängte, die Entscheidung in diesem Streit an sich zu ziehen. Selbst der spanische König Philipp II., der in der Einheit des Glaubens einen Garanten für die Einheit seines gewaltigen Reiches sah, appellierte an den Papst, die Angelegenheit beschleunigt zu entscheiden. Das war ganz ungewöhnlich, hielten doch die »katholischen Majestäten« den Papst sonst in fast brüskierender Weise aus kirchlichen spanischen Angelegenheiten heraus. Deswegen war übrigens die berüchtigte spanische Inquisition dem Einfluss des Papstes weitgehend entzogen und eher der Verfassungsschutz des spanischen Monarchen als eine kirchliche Behörde.[135] Insofern musste das Drängen Philipps II. für den Papst auch verlockend sein.

Aber das Ganze war zugleich ein vergiftetes Angebot. Denn angesichts der erheblichen Eskalation des Streits musste jede mögliche Entscheidung des Papstes eine Katastrophe für die katholische Kirche herbeiführen. Die Jesuiten verlangten nämlich nicht mehr und nicht weniger als die Verurteilung der dominikanischen Gnadenlehre als calvinische Irrlehre. Eine Verurteilung der Theologie des Theologenordens der Kirche schlechthin – des Ordens des heiligen Thomas von Aquin und der Inquisition – in einem ganz entscheidenden Punkt, nämlich der Gnadenlehre, hätte für die katholische Kirche aber ein weltweites Desaster bedeutet. Umgekehrt verlangten die Dominikaner ungestüm eine Verurteilung der Gnadenlehre des Jesuitenordens als pelagianische Irrlehre. Der Jesuitenorden aber war die »Elitetruppe« des Papstes, der Promotor der »Gegenreformation«, die gerade zu diesem Zeitpunkt, nach dem Tridentinischen Konzil, gewaltige Fortschritte machte. Eine solche Verurteilung hätte daher ohne Zweifel das Ende des Wiedererstarkens der katholischen Kirche bedeutet.

Die Lage erschien also in bedrückender Weise hoffnungslos. Hinzu kam, dass Papst Clemens VIII., der damals regierte, kein gut ausgebildeter Theologe war, sondern wohl nur Kirchenrecht studiert hatte. Dem Papst war aber gar nichts anderes übrig geblieben, als den Fall anzunehmen. So kniete er sich voller Pflichtbewusstsein ins Thema, ließ Gutachten um Gutachten erstellen und berief schließlich eine Kardinalskommission. Und nun entspann sich ein bisher nicht gekanntes Drama: Fast zehn Jahre lang disputierten zu Füßen des Heiligen Vaters und der Kardinäle die bedeutendsten Theologen der Zeit über die Gnadenlehre: Auf Seiten der Jesuiten unter anderen der berühmte Kardinal Robert Bellarmin, auf Seiten der Dominikaner der Spanier Diego Alvarez und viele andere. Selbst die Protestanten blickten gebannt nach Rom – auch bei ihnen war die Gnadenlehre strittig. Der Papst war verzweifelt. Schließlich neigte sich die Waage scheinbar zu Gunsten der Dominikaner. Dunkle Wolken zogen über den Jesuiten auf. Kardinal Bellarmin wurde aus Rom verbannt. Alles schien vorbereitet zur Verurteilung der Gesellschaft Jesu. Da starb der Papst, wie manche meinen, aus Gram über den nicht gelösten Streit. Sein mittelbarer Nachfolger, Papst Paul V., für dessen Wahl die Tatsache wichtig war, dass er als Mitglied der Kardinalskommission die jahrelangen Diskussionen mitverfolgt hatte, ließ weitertagen, zog aus der ganzen katholischen Welt Erkundigungen ein, ließ seitenlange Gutachten anfertigen. Und dann entschied der Papst am 5. September des Jahres 1607. Diese Entscheidung ist als eine der glänzendsten in die Kirchengeschichte eingegangen. Sie umfasste kaum eine Seite und lautete: Jahrelange Debatten der Fachgelehrten haben keine Einigkeit darüber ergeben, dass die dominikanische Gnadenlehre eine calvinische Irrlehre ist. Darum entscheiden Wir: Wer künftig noch die dominikanische Gnadenlehre als eine calvinische Irrlehre verurteilt, der ist selbst streng zu verurteilen. Jahrelange Debatten der Fachgelehrten haben keine Einigkeit darüber ergeben, dass die jesuitische Gnadenlehre eine pelagianische Irrlehre ist. Darum entscheiden Wir: Wer künftig noch die jesuitische Gnadenlehre als eine pelagianische Irrlehre verurteilt, der ist selbst streng zu verurteilen. Wie es sich um die Gnadenlehre letztlich verhält, das wird der Heilige Stuhl zu gegebenem Zeitpunkt mitteilen. Unterschrift. – Diese Mitteilung ist bis heute nicht erfolgt.

Das Geniale an dieser Entscheidung war, dass mit dem Mittel der Verurteilung die Verurteilung verboten wurde. Wer andere nicht toleriert, der sollte selbst nicht toleriert werden.

Aus einer ausweglos scheinenden extrem eskalierten Situation war eine Lösung zweiter Ordnung gefunden worden. Der ultimativ vorgegebene »Entweder-oder-Rahmen« war in einen »Sowohl-als-auch-Rahmen« überführt worden. Damit war nicht irgendein Trick gefunden, um aus einer misslichen Situation herauszukommen. Der Papst formulierte vielmehr an einem brisanten konkreten Fall das uralte katholische Prinzip der »Einheit in Vielfalt«, das im Laufe einer jahrhundertelangen Geschichte immer wieder dafür gesorgt hatte, dass die Kirche bereit war, sehr viel sehr Unterschiedliches zu tolerieren. Sobald aber jemand behauptete, er und nur er habe Recht, wies sie ihn in die Schranken. Das sicherte dieser Gemeinschaft jene Eigenschaft, die man katholische Weite genannt hat, ohne freilich das »Sowohl-als-auch« ins Profillose zu verwässern. Diese katholische Lösung von Problemen ist von ihrem Wesen her eine Lösung zweiter Ordnung.

2. Psychologisch unmöglich, aber wirklich katholisch – Die Orden und das Exklusivitätsverbot

Ein Riese ist aber nicht nur blockiert, wenn er in seinem Willen gespalten ist. Auch dann, wenn ein Teil des Riesen, nehmen wir an die Füße, sich selbst für das Nonplusultra und alles andere sozusagen für ein Fußanhangsgebilde hält, kann das zu Blockierungen führen. Die Füße werden es dann für ihre ureigenste Aufgabe halten, zu bestimmen, wo's lang geht: Fußwanderung – religiöse Füße werden eine Fußwallfahrt bevorzugen – Fußball, Fußbad, Pediküre, Schuhgeschäft ... Das aber werden die anderen Teile des Riesen nicht akzeptieren. Vielmehr werden sie auf die Idee kommen, selbst so exklusiv sein zu wollen, wie die Füße behaupten. Und von diesem Moment an geht nichts mehr. Es kommt zu Ausschreitungen der Füße, der Magen streikt, die anderen Glieder und Organe verweigern die Zusammenarbeit. Auch hier hat die Antike eine Lösung angeboten. Die alte Geschichte vom Magen und von den Gliedern endet mit einem gewaltfreien Diskurs aller Glieder miteinander, die auf diese Weise schließlich nur noch das Ganze im Blick haben. Die katholische Lösung respektiert demgegenüber sowohl den Teil wie das Ganze, beruht also auf einem Exklusivitätsverbot und funktioniert immerhin schon doppelt so lang wie die römische Antike.

Das führte freilich zu psychologisch im Grunde unmöglichen, aber dennoch höchst heilsamen Verhältnissen in der katholischen Kirche, nämlich der Zumutung, dass es verschiedene Orden in ein und derselben Religionsgemeinschaft gibt. Wer einem Orden beitritt, fällt eine besonders radikale Entscheidung. Er verzichtet ein Leben lang auf Familie, Kinder und vieles andere, um sich einer bestimmten Ordensregel zu verschreiben. Zwar könnte man argumentieren, dass sich doch alle Ordensleute auf unterschiedliche Weise gemeinsam um eine besondere Nachfolge Christi bemühen, aber de facto ist doch der Franziskaner besonders vom Beispiel des heiligen Franz fasziniert, der Prämonstratenser vom heiligen Norbert, der Benediktiner vom heiligen Benedikt und so weiter. Da ist etwa ein Franziskaner, der selbst radikal arm der Regel des heiligen Franz folgt, ganz der Armenpflege lebt und kaum mehr Zeit hat, ein Buch zu lesen. Sobald der sich auch nur in Gedanken für eine bessere Form von Katholik hält als jener Prämonstratenser da ohne Armutsgelübde – in der reich dotierten Abtei zehn Kilometer entfernt, dessen Kloster über eine eigene Brauerei verfügt und der in der reichen Barockbibliothek anspruchsvollen theologischen Studien nachgeht –, ist jener Franziskaner im Grunde nicht mehr katholisch. Das Gleiche gilt umgekehrt für den Prämonstratenser, wenn der sich für besser katholisch hält.

Dass die Radikalität der Nachfolgeentscheidung gleichzeitig prinzipiell die ganz ernst genommene Akzeptanz der Gleichwertigkeit anderer radikaler Nachfolgeentscheidungen verlangt, das ist eine ziemliche psychologische Zumutung und damit eine strenge Schule echter Toleranz. In der katholischen Kirche herrscht insofern traditionelles Exklusivitätsverbot. Könnte das nicht einer zunehmend pluralistischen und sogar multikulturellen Gesellschaft als sozusagen sakrales Vorbild – in anderen Worten als »Ressource« – zur Lösung wichtiger profaner Probleme dienen? Warum soll nicht auch der, der kein Christ ist, derart Nützliches von der katholischen Kirche lernen? In der Organisationsberatung stellt sich ein vergleichbares Problem, wenn eine Abteilung des Unternehmens sich für etwas Besonderes hält und alle anderen Abteilungen als minderwertig diskriminiert. Auch da hilft die »katholische Lösung«. Übrigens besagt das Exklusivitätsverbot, dass Sekten innerhalb der katholischen Kirche prinzipiell nicht vorkommen können. Gewiss gab und gibt es bisweilen auch in dieser Kirche vereinzelte Entwicklungen, die an Sektenphänomene erinnern mögen. Aber allein die Tatsache, dass sich der Leiter einer solchen Gruppierung, der bei wirklichen Sekten zum unangreifbaren Guru wird, bei einer katholischen Gruppe per definitionem immer einer Instanz, die nicht Teil dieser Gruppierung ist, zu unterstellen hat, nämlich zumindest dem Papst, macht die Gruppe vom Kern her kontrollierbar und sogar korrigierbar. Das geschieht auch immer wieder.[136] Damit sind wir aber im Grunde schon beim nächsten Punkt, dem Unfehlbarkeitsverbot.

3. Perspektivwechsel – Was die katholische Kirche von einem Stammtisch unterscheidet

Ozean-Riesen können blockiert werden, wenn zwar die Leute auf dem Schiff nett und freundlich miteinander umgehen und sich nicht um den Platz auf der Kommandobrücke streiten, aber der ein oder andere immer mal wieder andeutet, ihm sei zwar egal, wohin die Reise gehe, aber er habe in jedem Fall Recht, habe es immer schon gewusst, habe sich noch nie geirrt und wisse es auch jetzt wieder: Er wisse absolut sicher, wo die richtige Fahrrinne sei und wo die Eisberge. Man müsse aber gar nicht auf ihn hören, er habe ja ein Rettungsboot und die ultimative Seekarte im Kopf. Kein Zweifel, dass so ein Geschwätz Unruhe und Unsicherheit verbreitet, und so kann der Ozean-Riese erheblich ins Schlingern kommen. Die römische Antike hat auch für derlei Situationen eine Lösung entwickelt, die »Methode Cato«: Als drei Philosophen aus Griechenland nach Rom kamen, machten sie den Versuch, für ein schwieriges moralisches Problem zwingende Lösungen darzustellen, die allerdings einander völlig widersprachen. Nachdem am ersten Tag die eine

Lösung als absolut unfehlbar dargestellt wurde, erklärte man am nächsten Tag das Gegenteil für absolut verpflichtend. Bevor noch am folgenden Tag mit ähnlicher rhetorischer Brillanz eine dritte Lösung vorgetragen werden konnte, trat die »römische Lösung« ein: Der alte Cato ließ alle drei Redner verhaften und des Landes verweisen, mit lebenslangem Einreiseverbot. Der römische Staat war darauf angewiesen, dass klare moralische Prinzipien galten. Wer da mit dem Anspruch auf Unfehlbarkeit Widersprüchliches in die Welt zu setzen versuchte, fand beim alten Cato keine Gnade. Auch hier hat die katholische Kirche eine elegantere und vor allem tolerantere Lösung, die etwas von einer paradoxen Intervention Frankls hat: das als Unfehlbarkeitsdogma verkleidete Unfehlbarkeitsverbot.

Verbot? Das ist gewiss vor allem für Nichtkatholiken erstaunlich, verbindet man doch gerade die katholische Kirche in der Öffentlichkeit gewöhnlich mit der Unfehlbarkeit des Papstes. Doch das Dogma von der Unfehlbarkeit des Papstes ist in der Praxis wirksam als Unfehlbarkeitsverbot. Es besagt nämlich ausdrücklich, dass keine einzelne Person in der katholischen Kirche unfehlbar ist – selbst der Papst normalerweise nicht! In einer Zeit, in der alle möglichen Autoritäten letzte Gewissheiten über was auch immer verkünden und die wahnhafte Überzeugung der eigenen Unfehlbarkeit zur Grundausstattung des Salonlöwen gehört, ist solche Askese einer Gemeinschaft immerhin erstaunlich. Nur dann, wenn der Papst in ganz besonderer festgelegter Weise spricht, kann er für diese Aussage Unfehlbarkeit beanspruchen. Das tut er aber nur höchst selten – zum letzten Mal in feierlicher Form 1950. Das Vorgehen des damaligen Papstes Pius XII. zeigt die große Vorsicht, mit der dieses kostbare Instrument eingesetzt wurde. Da ein Dogma definitionsgemäß keine eigentlich neuen Glaubenslehren verkünden darf, sondern bei bestehender Unklarheit oder, um dieser Aussage besonderes Gewicht zu verleihen, einen Glaubenssatz für gewiss erklärt, der im Glauben der Kirche immer schon aufgehoben war, fragte der Papst erst alle Bischöfe der Welt: Glaubt man bei Euch seit alters an die Aufnahme Mariens mit Leib und

Seele in den Himmel? Der einhelligen Bejahung dieser Frage folgte dann die Dogmatisierung. Gerade nach den schrecklichen – vor allem auch leiblichen – Leiden des Zweiten Weltkriegs war die Erinnerung daran, dass die Christen nicht bloß an die Unsterblichkeit der Seele glauben, wie so viele andere Religionen, sondern auch an die Auferstehung des Leibes, ein Zeichen für die Hoffnung, dass auch diese leibliche Existenz mit all ihrer Not erlöst ist. Maria ist nämlich für Christen die von Christus Ersterlöste, sie geht der Kirche auf dieser Welt voran, wie vor allem in orthodoxen Kirchen plastisch in der Apsis vor Augen geführt wird: Maria als Symbol der Kirche.

Zwar beanspruchen auch andere Aussagen des Papstes eine – freilich abgestufte – Autorität, die man als Katholik zu respektieren hat, aber das schließt Kritik nicht aus, und Autorität bedeutet jedenfalls nicht in jedem Fall Unfehlbarkeit. Es ist im Übrigen interessant, dass der konservativ-progressive Clinch bei diesem Thema besonders skurrile Blüten treibt. Beide Seiten überziehen nämlich oft in feindseliger Eintracht die päpstliche Unfehlbarkeit maßlos. Es herrscht auf der einen Seite ein regelrechter Papismus der Kirchenkritiker. Auf jede päpstliche Äußerung wird nicht bloß mit Kritik, sondern gleich mit Empörung reagiert, so als wolle da jemand mit Gewalt Zustimmung erzwingen. Und für alles, aber auch wirklich alles wird der Papst verantwortlich gemacht. Vor allem da, wo die Möglichkeit zur direkten Anklage fehlt, muss er als ersatzweises Protestobjekt herhalten. Da ist die schreckliche Aids-Seuche. Auch die moderne Wissenschaft steht trotz fieberhafter Forschungen noch weitgehend hilflos davor. Die ohnmächtige Wut über die Seuche – aber letztlich auch über den Tod – wird, so scheint es, unter anderem am Papst abgearbeitet. Gewiss wird der Gesundheitsminister eines afrikanischen Landes mit hoher Durchseuchung auch Kondome empfehlen. Der Papst ist aber nicht der Weltgesundheitsminister: Er hat in Bescheidenheit seinen Auftrag als Oberhaupt der katholischen Kirche zu erfüllen, und die lehrt nun einmal, dass der Geschlechtsverkehr in einer treuen Partnerschaft, der Ehe, seinen Platz hat. So hat der Papst die Gläubigen zu

Treue in der Ehe ermahnt – unstreitig die sicherste Form der Aids-Prophylaxe. Ganz sicher ist er aber nicht so naiv, zu denken, er habe damit das gesamte Aids-Problem gelöst. Gewiss, das Thema ist emotional aufgeladen. Dennoch wird man die Frage stellen müssen, ob es nicht eine Zumutung ist, vom Papst zu verlangen, er solle nach dem Appell zur Treue auch noch einen kleinen Hinweis darauf geben, wie man ansteckungsfrei sündigt.

Unfehlbarkeit beanspruchten auch die großen Ideologien, die in unserem Jahrhundert gewütet haben. Die Schuldigen etwa am Holocaust sind dabei freilich nicht (mehr) zu fassen. Gewiss kann niemand bestreiten, dass Christen viel mehr hätten dagegen unternehmen müssen und Kirchenmitglieder hier Schuld durch Tun oder Unterlassen auf sich geladen haben, aber niemand behauptet ernsthaft, die katholische Kirche habe den Völkermord an den Juden aktiv betrieben. Dennoch scheinen manche Reaktionen genau das vorauszusetzen. Man hat den Eindruck, dass all der unadressierbare Ärger über die Ideologien, für die jetzt niemand mehr verantwortlich gewesen sein will, an der angeblich genauso Unfehlbarkeit beanspruchenden katholischen Kirche abreagiert wird.

Doch dem Papismus der Kirchenkritik und vieler »Progressiver« entspricht auf »konservativer« Seite bisweilen eine übertriebene Devotion dem Papst gegenüber, so als sei das Oberhaupt der Kirche so grenzenlos unfehlbar, wie es die »Progressiven« unterstellen. Da kann es dann passieren, dass eine nur beiläufige Äußerung des Papstes oder ein peripheres Dokument einer Vatikanischen Behörde zum »Dogma« stilisiert wird.[137] Demgegenüber muss daran erinnert werden, dass die so genannten Traditionalisten im vergangenen Jahrhundert einen überzogenen Unfehlbarkeitsanspruch des Papstes behaupteten – ein verlockendes Angebot, wenn die Unterstellung denn stimmen würde, dass Kirche und Papst bloß an Macht interessiert seien. Aber gerade die Grundüberzeugung dieser übertriebenen Papstanhänger wurde vom Papst selbst für häretisch erklärt,[138] ein immerhin erstaunliches Phänomen. Auf dem Ersten Vatikanischen Konzil wurde 1870 dieser Traditionalismus erneut zurückgewiesen und die dogmatische »Definition« der Unfehlbarkeit des Papstes vorgenommen. »Definition« aber heißt wörtlich übersetzt »Begrenzung«. So ist die Pointe der katholischen Kirche gegenüber anderen Gemeinschaften eher das Unfehlbarkeitsverbot als die Unfehlbarkeit, und man kann insofern – gewiss etwas salopp – behaupten: Die katholische Kirche ist eine der liberalsten Organisationen auf der Welt. In ihr ist von einer Milliarde Mitgliedern nur einer unfehlbar – und das nur ganz selten. Das gilt schon von keinem deutschen Stammtisch.

Das ist ein nützlicher Perspektivwechsel, der das Eigentliche des Dogmas besser zur Sprache bringt. Damit ist die Unfehlbarkeit des Papstes letztlich eine Absage an alle konservativen und progressiven Gurus, psychologisch gesprochen deren tiefe narzisstische Kränkung.

4. Beleuchtungswechsel – Der Weg aus der kirchlichen Problemtrance

Einen Riesen, den man von der Welt isoliert, dem man Möbel in die Wohnung stellt, die viel zu groß für ihn sind, und dann dauernd Filme über das tragische Schicksal von Zwergen vorführt, wird man leicht in eine Problemtrance versetzen können. Er könnte gewiss ohne weiteres bei einer Selbsthilfegruppe für Zwergwüchsige zugeschaltet werden und würde da als Riese einfühlsamste Beiträge liefern können. Ein solcher Riese wäre schließlich so blockiert, dass man die Wohnungstür getrost aufschließen könnte. Er würde sich die Welt gar nicht mehr anzusehen trauen. Auch hier hält die Antike eine Lösung bereit. Platon hat in seinem Höhlengleichnis dargestellt, wie durch philosophische Bemühung der Schein der Schattenbilder an der Höhlenwand aufgehoben werden kann, um das Eigentliche in den Blick zu nehmen. Doch der Philosophenstaat, den er anregte, scheiterte in der Wirklichkeit kläglich. Die katholische Kirche existiert dagegen schon zweitausend Jahre. Das hat damit zu tun, dass es ihr gerade in Krisenzeiten immer wieder gelungen ist, Licht auf das Eigentliche zu werfen. Das geschieht auch heute – doch ist es keine Schande, wenn der in unseren Breiten schon recht betagten Dame die moderne Psychotherapie höflich wieder den Weg zum Lichtschalter zeigt. Die junge und vitale katholische Kirche in der »Dritten Welt« hat solche Hilfen freilich nicht nötig.

Um derzeit zuverlässig eine wenigstens kleine kirchliche Problemtrance herzustellen, genügt es, beiläufig das Gespräch darauf zu bringen, warum denn eigentlich nur noch so wenige Leute in die Kirche gehen. Ob »konservativ« oder »progressiv«, Vertreter beider Seiten werden bemerken: »Kein Wunder, wenn …«, und dann wacker die andere Seite in Haftung für das »Desaster« nehmen. Abgesehen davon, dass es ganz grundsätzlich fragwürdig ist, christliche Vitalität ausschließlich vom Liturgiebesuch her zu definieren, ist die Frage überhaupt falsch gestellt. Die viel interessantere, weil weiterführende Frage ist doch, warum denn eigentlich noch so viele Leute in die Kirche gehen. Immerhin ist in unserem Lande die Sonntagsmesse eine »Riesen«versammlung, noch immer die meistbesuchte Sonntagsveranstaltung, vor Fußballspielen und anderem, eher kurzweiligem Zeitvertreib. Woran liegt das? Schließlich ist der Gottesdienst vom Entertainment her nicht besonders attraktiv, im Wesentlichen geschieht jeden Sonntag dasselbe. Abwechslung, originelle Einlagen oder Wissenszuwachs sind nicht gerade typisch für den katholischen Gottesdienst. Die Predigten sind keineswegs immer geistige Höhenflüge. Wer geistreiche Nahrung sucht, ist oft in Volkshochschulen besser bedient. Dennoch gehen Sonntag für Sonntag Millionen in die Kirche. Warum? Vielleicht, weil die Messe eben einen Unterschied macht, der einen Unterschied macht, vielleicht, weil die Menschen sehr viel besser unterscheiden können und hier gar keine Abwechslung und gar keinen Bildungszuwachs suchen, vielleicht, weil sie im Lärm und Geflitter vertriebener oder gar totgeschlagener, jedenfalls recht unwirsch behandelter Zeit das suchen, was die Zeit sprengt, das Ewige oder Gott. Mehr davon zu tun, was die Menschen trotz aller Widrigkeiten zu Millionen in die Kirche treibt, das wäre sinnvoll, und sinnvoll wäre es auch, mehr davon zu reden.

Damit ist der eingerostete Scheinwerfer aber schon quietschend aus seiner auf Probleme gerichteten Justierung geraten. Der Riese hat den Film abgestellt und die Wohnung verlassen. Und was das ungeübte Auge da erkennt, ist schon erstaunlich: Diese Kirche ist wirklich ein Riese, und sie ist seit 450 Jahren erstmals konkurrenzlos im Wertestreit. Die Reformation und ihre Folgen hielten die Kirche in Atem, die Aufklärung zehrte an ihren Kräften, aus deren Scherbenhaufen ging schließlich »die Linke« als machtvolle Weltanschauungsalternative hervor. »Die Linke« verstarb als idealistischer Zukunftsentwurf endlich im erstickenden Prager Frühling 1968, wurde freilich erst 1989 beerdigt – eine makabere Verzögerung. Seit dieser Zeit besteht eine völlig außergewöhnliche Situation. Die Alternative zum Christentum als »Weltanschauung« ist, wohin man auch blickt, allenfalls noch Karstadt und Kaufhof – Konsum bis zum Abwinken. Zwar wachsen in das Vakuum hinein zurzeit alle möglichen Plastikreligionen, Esoterik, Gesundheitskult, exotische Sekten. Vom oft beschworenen Verdunsten des Religiösen kann insofern keine Rede sein. Es kristallisiert sich nur neu oder, wie der Jesuitenpater Josef Sudbrack einmal anmerkte: »Wer nichts mehr glaubt, glaubt alles.« Was all diesen Schrumpfformen des Religiösen gemeinsam ist, ist das gravitätische, pseudowissende Kreisen um sich selbst: Wie stehen »meine« Sterne, wie steht es um »meine« Gesundheit, wie erhöhe ich »meine« Power, transformiere »mein« Ego? Diese ins Monströse aufgeblasene vielgestaltige Selbstverliebtheit ist zwar passgenau für den soziologisch festzustellenden Individualisierungstrend, scheitert aber zuverlässig dann, wenn es wirklich ernst wird. Auf die unvermeidlichen Grenzsituationen menschlicher Existenz, wie Karl Jaspers sie beschrieb,[139] auf Tod, Leid, Schuld und Scheitern reagieren all die bunt bemalten mediengestylten Götzenbilder mit bleiernem Schweigen. Auf die Frage des alten Max Horkheimer – Warum soll ich gut sein, wenn es keinen Gott gibt? – haben sie keine Antwort.

So ist das Christentum die einzige gesellschaftlich relevante Gruppierung, die noch eine Begründung dafür liefert, warum man eigentlich keine Bank ausrauben soll – wenn absolut sicher wäre, dass man nicht erwischt würde.[140] Wenn staatliche Normen nur noch aus Angst vor Strafe eingehalten würden, müsste neben jeden Bürger ein Polizist gestellt werden. Das wäre ein Polizeistaat und keine freiheitliche Demokratie mehr. Und ebendiese Tatsache macht es zu einem Anliegen des nüchternen Staatsegoismus, Kirchen als so genannte ethosbildende Verbände[141] anders zu behandeln als Kegelclubs. Im Streit um das so genannte Karlsruher Kruzifixurteil stimmten in dieser Frage plötzlich sogar Kirchenferne mit der Kirche überein. Kirchen sind allerdings nicht bloß Informationsgemeinschaften, wie vielleicht Kaninchenzüchterverbände, sondern Bekenntnisgemeinschaften. Der Staat kann nach einem bekannten Wort des ehemaligen Bundesverfassungsrichters Böckenförde die Werte nicht selber schaffen, die er voraussetzen muss. Dadurch, dass man bloß über Werte informiert, vermittelt man sie aber nicht. Die Information darüber, dass es tatsächlich viele Menschen gibt, die Banken aus ganz grundsätzlichen Erwägungen nicht überfallen, gibt dem potenziellen Bankräuber höchstens noch das schmeichelnde Gefühl des Elitären. Werte werden nicht durch Information vermittelt, sondern durch glaubwürdige Personen, die sie realisieren. Das spricht zum Beispiel für staatlich ermöglichten kirchlichen Religionsunterricht – in staatlichem Interesse – und gegen dessen Ersatz durch Unterricht über Religionen. Eines ist sicher: Mit all den bunten Ausstaffierungen des eigenen Ego ist jedenfalls kein Staat zu machen.

Die so beleuchteten Kräfte dieser Kirche gründen im Glauben an den Gott ihres Herrn Jesus Christus. Und da stellt sich nun eine beunruhigende Frage: Könnte es sein, dass der Riese so blockiert dasteht, weil er auf tönernen Füßen ruht, da dieser Glaube eine Illusion ist? Dann nämlich in der Tat wäre jede Bewegung für den Riesen zugleich entlarvend und tödlich. Der alte Verdacht könnte sich als begründet erweisen, der schon aus der ägyptischen Antike berichtet wird, dass nämlich die Religion ein Riesenschwindel sei, mit dem eine zynische Priesterkaste die Menschheit betrüge. Und so würde der Riese bei der geringsten Bewegung unter dem Hohngelächter der Gebildeten und der Ungebildeten unter seinen Verächtern zusammenstürzen – wie ein menschengemachter Götze oder das berühmte antike Weltwunder, der Koloss von Rhodos. Wenn der Glaube an Gott ein selbst ausgedachtes Kunstprodukt wäre, das man sich zusammenbraut, um das Leben angenehmer zu tapezieren, dann müsste man bloß ein paar Steinschleudern verteilen, um diesen Goliath zur Strecke zu bringen. Daher können wir hier die Frage nach der Existenz Gottes nicht umgehen. Wenn Gott nicht existiert, wäre dieser ganze blockierte Riese nämlich ein Riesenbluff.

Entweder Gott existiert oder er existiert nicht, unabhängig von den jeweiligen persönlichen Vorlieben. Gewiss ist der Atheismus, nämlich das ausdrückliche Bekenntnis, dass es keinen Gott gebe, heute genau so veraltet wie viele andere Ideologien. Man versucht eher, sich von den ernsten Fragen menschlicher Existenz in Illusionen ewiger Jugend, ewiger Gesundheit und ewigen Glücks heiter davonzustehlen. Eine boomende Freizeitindustrie schafft servil die Voraussetzungen dafür, dass man möglichst nicht zur Besinnung kommt. Erlebnis von Sinn setzt aber die Möglichkeit zur Besinnung voraus. Hinzu kommt, dass in aller Hektik des immer Neuen die Mentalität der »Video-Gesellschaft« vorherrscht. Es herrscht die Vorstellung, man könne ja im Leben alles noch einmal wiederholen, es dann besser machen, nichts sei wirklich endgültig. Das aber ist eine verhängnisvolle Illusion. Nichts kann man tatsächlich wiederholen, nichts kann man wieder gutmachen, alles ist endgültig. »Man kann nicht nur auf Probe leben, man kann nicht nur auf Probe sterben, man kann nicht nur auf Probe lieben, nur auf Probe und Zeit einen Menschen annehmen«, sagte Papst Johannes Paul II. bei seinem Deutschlandbesuch 1980. Wenn jedem Menschen jetzt gesagt würde, wann er sterben wird, so darf man sicher sein, dass die Menschen schon morgen anders leben würden – übrigens keineswegs weniger lustvoll. Denn sie sind sich dann bewusst: Das ist ein Tag weniger auf der Rechnung. Krebspatienten beschreiben, dass die Nachricht von ihrer unheilbaren Krankheit zwar ein schmerzlicher Schock war. Doch seit diesem Tag, so berichten viele, hätten sie das Leben viel farbiger erlebt, denn jeder Tag sei für sie ein neues Geschenk gewesen.

Nun brauchen Menschen aber eigentlich eine solche Nachricht nicht, denn sie wissen alle, dass sie mit Sicherheit sterben müssen, und jeder Tag ist für sie ein Tag weniger auf der Rechnung. Das illusionslose unerbittliche Bewusstsein von der Unwiederholbarkeit jedes Moments und davon, dass man daher nichts eigentlich wieder gutmachen kann, hat viele Menschen wie Luther und Ignatius von Loyola unausweichlich vor die religiöse Frage gestellt. Man muss also neuerdings feststellen, dass nicht, wie noch Feuerbach und auch Freud voraussetzten, der Glaube auf Illusion beruhe, sondern es gilt das Gegenteil: Im Grunde ist der Atheismus ein gut organisierter Riesenbluff, und der besinnungslose Zeitvertreib ist Voraussetzung für fröhlichen »Atheismus«. Doch wer den Tod verdrängt, verpasst das Leben.

Bezeichnend für die Hastigkeit solcher Einstellungen ist, dass man meint, mit der Naturwissenschaft des 19. Jahrhunderts die Gottesfrage wegwischen zu können. Dabei übersieht man, dass sich heutige Naturwissenschaft nicht mehr einbildet, durch die Beschreibung dessen, was ist und wie es entstanden ist – wie zum Beispiel in der Evolutionstheorie[142] –, auch nur das Geringste darüber sagen zu können, warum das alles einschließlich der Gesetzmäßigkeiten überhaupt entstanden ist. Denn am wahrscheinlichsten wäre thermodynamisch das Chaos. So ist der heutigen Naturwissenschaft die Frage durchaus wieder möglich, die Franz von Assisi vor achthundert Jahren stellte, ob, angefangen vom kleinsten Grashalm, sich überhaupt etwas in der Schöpfung finden lasse, das nicht auf Gott hindeute.

Sinn setzt aber nicht nur Besinnung voraus, sondern vor allem Beziehung. Ohne konkrete Beziehung zu gläubigen, überzeugend uneigennützigen Menschen bleibt der Glaube auf dem Niveau von Lexikonartikeln. Man darf bezweifeln, dass die Lektüre von Platons Höhlengleichnis den Riesen zum Austritt aus der Zwergenselbsthilfegruppe bewegt hätte. Es ist geradezu das Besondere des Christentums, dass Christen glauben, Gott sei persönlich Mensch geworden. Und einem Wort Christi gemäß begegnet man daher Christus nicht theoretisch, sondern in konkreten Menschen, vor allem im Nächsten. Das heißt dann auch, dass der heutige gesellschaftliche Zustand der Individualisierung eine besondere Schwierigkeit für so einen Glauben darstellt. Für sich allein kann man zwar esoterische Bücher lesen. Für sich alleine kann man aber nicht Christ sein oder werden. Man muss freilich nicht nur auf Mutter Teresa von Kalkutta verweisen, wenn man behauptet, dass es ohne solche persönlichen Erfahrungen glaubwürdiger Uneigennützigkeit kälter und unwirtlicher in unserer Gesellschaft würde – auch für Atheisten. Junge und Alte, Frauen und Männer versehen auch heute in den katholischen Orden zu tausenden ihren Dienst. Man starre einmal nicht bloß auf die Probleme dieses Lebensstandes, der heute das Schicksal der Ehe teilt, dass lebenslange Bindungen aus unterschiedlichen soziologischen Gründen schwieriger durchzuhalten sind. Dann fällt der Lichtkegel auf diese enormen ermutigenden Kräfte, die geradezu den Wert eines praktischen »Gottesbeweises« haben. Er bezieht sich auf das irritierende und evolutionsfeindliche Phänomen, dass der Mensch ganz unabhängig von Erziehung und Umfeld im Tiefsten darum weiß, gut sein zu sollen – obwohl er zugleich wahrnimmt, dass das ihm im Leben eher Nachteile bringt. Eine solche Einstellung aber ist nur vernünftig, darauf hat schon Immanuel Kant hingewiesen,[143] wenn es über dieses begrenzte Leben hinaus eine Gerechtigkeit gibt, die von Gott gewährleistet wird. Selbst Hans Jonas, der mit seinem »Prinzip Verantwortung« eine Ethik schreiben wollte, die ohne Gott schlüssig ist, gestand ein, dass dies in der Theorie vielleicht möglich sei, dass er aber erhebliche Zweifel hege, ob Ethik in der Praxis ohne Religion funktioniere.[144] Wer aber die ohne Gott unvernünftige Moralität des Menschen einfach bestreiten wollte, der müsste konsequent für die unbegrenzte Ellenbogengesellschaft plädieren, oder genauer für eine Gesellschaft, in der wenigstens die eigenen Ellenbogen sich durchsetzen. Das wäre das Bild einer eiskalten Leistungsgesellschaft mit sozialdarwinistischen Zügen: Wer arm ist, ist selber schuld. In einem solchen Horrorsystem wären Klöster wahrhaftig subversive Wohngemeinschaften.

Wer eine solche Gesellschaft für sich und seine Kinder nicht will, dem muss daran gelegen sein, die katholische Kirche zu unterstützen – selbst wenn er ihr nicht angehört. Denn inzwischen ist auch demoskopisch klar, dass die zeitweilig modische Haltung »Christus ja – Kirche nein« in der Realität nicht funktioniert: Wer sich nicht mehr zu einer konkreten Glaubensgemeinschaft bekennt, verliert schnell auch den Glauben.[145]

Der kirchlich fundierte christliche Glaube sichert also Grundlagen einer solidarischen Gesellschaft.

Konkret bedeutet das z.B.: Kaum eine andere Organisation setzt sich so nachdrücklich für Behinderte ein. Es ist ein Ergebnis moderner Wissenschaft, dass mit der Befruchtung der menschlichen Eizelle unverwechselbares menschliches Leben beginnt. Gewiss gibt es über die Frage der strafrechtlichen Bewertung der Abtreibung sehr unterschiedliche Auffassungen. Über alle weltanschaulichen Grenzen hinweg gilt aber die »Ehrfurcht vor dem Leben« (A. Schweitzer) heute als Grundlage der Menschenrechte. Daher bestreitet niemand ernsthaft, dass sich die katholische Kirche für dieses so neuzeitliche Menschenrecht auf Leben und damit für eine Grundlage auch unserer Verfassung einsetzt, wenn sie nachdrücklich und weltweit gegen Abtreibungen und die Diskriminierung von behinderten Menschen auftritt. Dass das Menschenrecht auf Leben in dieser Frage dem ebenso neuzeitlichen und auch aus Sicht des Papstes im Kern berechtigten Emanzipationsbegehren der Frauen tragisch widerstreitet, kann die Kirche nicht daran hindern, sich tapfer für das Lebensrecht der Schwächsten und Hilflosesten, der ungeborenen Kinder, einzusetzen. Man sitze nicht dem Märchen auf, eine solche Haltung sei frauenfeindlich. Abtreibung ist frauenfeindlich, das wird auch von Feministinnen nicht bestritten.[146] Vielmehr zieht inzwischen angesichts der durch vorgeburtliche Diagnostik ermöglichten Geschlechts- und Zuchtwahl allgemeine Nachdenklichkeit ein. Dass sich kirchliche Positionen in diesen Fragen wieder zunehmender Aufmerksamkeit, ja Respekts erfreuen, wissen viele Kirchenjammerer nicht.[147] Wie viel andererseits die Kirche für Frauen in Notlagen tut, das ist außerhalb der Kirche zu wenig bekannt.

Die Kirche gibt sich nicht damit zufrieden, für die Ungeborenen einzutreten. Sie sieht sich herausgefordert, auch den Geborenen gerecht zu werden. Die Soziallehre der Kirche gehört zum Fortschrittlichsten, was auf diesem Gebiet erfunden wurde. Der derzeitige Papst ist – in dieser Frage einmal unumstritten – in seinen Sozialenzykliken auf Seiten der Armen und Schwachen der Gesellschaft. Selbst die Sandinisten Nicaraguas priesen sein Lehrschreiben »Centesimus annus«, das die soziale Konsequenz aus seinem Eintreten für die Menschenrechte zieht. Dabei äußert sich Johannes Paul II. in solchen Fragen nicht nur theoretisch und schriftlich, sondern auch ins Angesicht von Diktatoren und zynischen Machthabern – und das nicht ohne positive Wirkung. Er findet dafür nicht nur bei Katholiken Zustimmung. Viele Menschen haben nämlich durchaus ein Gespür dafür, dass es gut ist, wenn nicht nur die Interessen von Wirtschaft und Industrie »multinational« vertreten werden.

Die katholische Kirche ist in Deutschland, gerade in den so genannten bioethischen Fragen, eine inzwischen geachtete und gesuchte Autorität selbst bei früher klischeehaft antikirchlichen Gruppierungen wie den Grünen. Ohnehin ist die Entdeckung der Umwelt für katholisches Empfinden nicht sonderlich spektakulär gewesen. Die Nähe zur Natur war dem soziologisch zumal in Deutschland agrarisch geprägten Katholizismus immer schon eigen, vor allem vom Ursprung neuzeitlicher Naturliebe und Naturwissenschaft in der Bewegung des heiligen Franziskus. Demgegenüber waren es vor allem der Fleiß und das Pflichtbewusstsein calvinischer Christen, die die Industrialisierung vorantrieben.[148] Erst in unseren Tagen wurden wir gewahr, wie sehr diese Entwicklung der Natur zugesetzt hat. Der Sonnengesang des heiligen Franziskus blieb freilich nicht bei der Natur stehen. Er war mit seinem Respekt vor der Natur als Schöpfung Gottes zugleich ein Lobgesang auf Gott, den Schöpfer, den man in den Schönheiten der Natur erkennt. In der Grabeskirche des heiligen Franz zu Assisi kann man Gott aber auch durch die Schönheiten der Kunst des Giotto hindurch ahnen, der damit ein Erstlingswerk neuzeitlicher Kunst schuf. In der Schönheit Gott erkennen – es ist vielleicht der sensibelste Zugang zu Gott, der freilich nicht jedem offen steht.

Als ich einmal einen hochgebildeten jungen Inder, der Christ geworden war und nun Theologie studierte, danach fragte, was aus seiner Sicht der wesentliche Unterschied zwischen dem Hinduismus, dem Islam und dem Christentum sei, konnte er das auf hohem intellektuellem Niveau auseinander legen. Plötzlich aber unterbrach er sich, und seine Augen strahlten: »Das Christentum ist einfach schöner!«, rief er aus. In einer Diskussion über Gott und die Welt hatten der katholische Existenzphilosoph Gabriel Marcel und der marxistische Philosoph Ernst Bloch – beide um die achtzig – in fast allen Fragen unterschiedliche Auffassungen, bis hin zu heftigem Streit. Am Schluss aber konnten sie sich auf eines einigen: Das Ewige, das Transzendente, könne man schon in dieser Welt erleben – und zwar in der Neunten Symphonie von Beethoven.[149] Und da strahlten die beiden alten Männer, dass sie sich doch darauf noch einigen konnten.

Nicht das, was Menschen bloß begreifen, lässt den Sinn des Lebens erfahren, sondern das, was sie ergreift. Gegenüber allen selbst gezimmerten Plastikreligionen, ausgedachten Ideologien und Utopien, denen manche nostalgische »Linke« heute noch eine oft rührende Anhänglichkeit bewahren, spricht eine Offenbarungsreligion von dem, was von sich aus ergreift, was Menschen nicht sich selbst, sondern Gott verdanken: »Nicht ihr habt mich erwählt, ich habe euch erwählt«,[150] heißt es im Johannesevangelium. Gerade in der katholischen Kirche, die sich in ihrer Konkretheit als der weiterlebende Christus versteht, erlebt der Christ in entscheidenden Situationen das Angerufenwerden von Gott ganz konkret durch den Mund eines Menschen, der von Gott beauftragt wurde. So wirkt unter diesem Aspekt in einer Erlebnisgesellschaft – mit allerdings gewöhnlich recht oberflächlichen Erlebnissen – das Christentum doch wieder gar nicht so fremd. Den christlichen Glauben denkt man sich nicht aus, man muss ihn erleben.[151]

5. Utilisieren von Problemen – Über die Zahnlücken der Kirchengeschichte

Nichts macht so unbeweglich wie Leichen im Keller. Wer nicht über die begnadete Mentalität der alten Damen im Film »Arsen und Spitzenhäubchen« verfügt, die solche Leichen bloß putzig finden, wird immer wieder bei Besuch – wie der bejammernswerte Cary Grant – angewurzelt und blockiert vor der Kellertüre stehen und sich in panischer Angst nicht wegrühren. Übrigens reicht es völlig, wenn man im Keller Leichen vermutet. Vielleicht geht es dem blockierten Riesen Kirche ja genauso wie Cary Grant. Denn alle Welt geht davon aus, dass im Keller der katholischen Kirche so viele Leichen verborgen liegen, dass der Durchschnittskatholik den verständlichen Impuls entwickelt, die Kellertür am liebsten zuzumauern und sich von der gesamten kirchlichen Vergangenheit zu distanzieren. Auf diese Weise hofft man, den blockierten Riesen weg von der Kellertür und wieder auf Trab zu bringen. Doch irgendwie funktioniert das nicht. Schon die Psychoanalyse hält derartige Bauarbeiten nämlich für ein aussichtsloses Projekt. Auf irgendeine Weise kommen wirkliche Leichen doch immer wieder zum Vorschein. Hitchcocks »Immer Ärger mit Harry« hat auch diese psychoanalytische Überzeugung unterhaltsam, wenn auch ziemlich britisch bebildert.

Es hilft also alles nichts. Wir müssen runter in den Keller, um zu überprüfen, ob da wirklich Leichen liegen, und wenn ja, ob es Anzeichen dafür gibt, dass wirklich die kirchlichen Altvorderen an der Herstellung dieses Zustands maßgeblich beteiligt waren. Man tut freilich gut daran, beim Alter der vermuteten Leichen einen Fachmann mitzunehmen. Der Gerichtsmediziner für die vermuteten kirchlichen Leichen ist der Historiker. Man wird bei dieser Unternehmung den Keller gut ausleuchten müssen, nicht nur mit den üblichen Funzeln, die ihn wie die Endstrecke einer Geisterbahn wirken ließen. Möglicherweise wäre einiges, was da ans Licht kommt, sogar ganz gut zu gebrauchen, zu utilisieren, wie Milton Erickson sagen würde. Jedenfalls könnte sich dann tatsächlich ergeben, dass der Riese seine Angst vor unliebsamen Entdeckungen endlich verliert, den Platz an der Kellertüre räumen und sich wieder frei bewegen kann.

a) Die Kriminalgeschichte des Christentums

Wenn ein unbefangener Blick in die oberen Wohnräume also ergeben hat, dass die gegenwärtige Situation von Glaube und Kirche gar nicht so schlecht ist wie gewöhnlich bejammert, sondern vielmehr durchaus hoffnungsvoll, dann liegt auch eine Kellerbesichtigung unter anderer Beleuchtung nahe: Kirchengeschichte ressourcenorientiert gesehen. Das ist allerdings eigentlich nicht schicklich, denn im 20. Jahrhundert gehört es zum guten Ton, sich donnernd an die Brust früherer Jahrhunderte zu schlagen. Dabei hätte dieses Jahrhundert wahrlich genug mit sich selbst zu tun, sind doch in den letzten hundert Jahren so viele Menschen einzeln und vor allem kollektiv ermordet worden, wie in der gesamten abendländischen Geschichte nicht, so schreckliche Zeiten wie den Dreißigjährigen Krieg eingeschlossen. Und die Motivationen, aus denen dieses Schreckliche geschah, sind immer noch gefährlich lebendig. Man breche also einmal die Konventionen und mache den Versuch, den Scheinwerfer herumzuwuchten. Wissenschaftlich muss das möglich sein. Wenn es nämlich theoretisch durchaus denkbar ist, eine wissenschaftliche »Kriminalgeschichte des Christentums« zu schreiben – der konkrete Versuch von Deschner[152] muss freilich als gescheitert gelten[153] –, indem man sorgfältig alles Kriminelle, das Christen angerichtet haben, auflistet, dann muss es wissenschaftlich ebenso legitim sein, eine »ressourcenorientierte Kirchengeschichte« zu verfassen mit dem Fokus auf dem, was an Hilfreichem vorgefallen ist. Das kann natürlich in einem solchen Buch nicht umfassend geleistet werden. Um aber den Stier wenigstens bei den Hörnern zu packen, sollen hier einige der üblichen, eher in »Kriminalgeschichten« der Kirche angesiedelten Problemthemen, »Zahnlücken« im Sinne Milton Ericksons, unter veränderter Beleuchtung betrachtet werden – wenigstens stichwortartig, sozusagen mit Blitzlicht.

b) Licht ins Horrorkabinett: Über Kreuzzüge, Hexen, Ausbeutung und Inquisition

Da sind zunächst zwei Themen, die ein ähnliches Schicksal erlitten: Das christliche Mittelalter und die Frauen. Beide wurden von der Aufklärung eher abgewertet, von der darauf folgenden Romantik idealisiert, freilich um den Preis der Irrationalisierung.

Heute muss man historisch nüchtern feststellen, dass es das »finstere« Mittelalter nicht gab. Das Mittelalter kannte für den einzelnen Menschen womöglich mehr konkrete Freiheiten, die »libertates«, als man sie heute besitzt, wo man in ungezählte Zwänge eingebunden ist und am Wahltag eine doch eher abstrakte Freiheit wahrnimmt, die dann in Zahlenverhältnissen untergeht. Dass allerdings die Rechtsverhältnisse insgesamt gegenüber den heutigen zu wünschen übrig lassen, soll damit nicht bestritten werden. Doch gilt das nicht in jedem Fall. So nahm der Dominikanerorden mit seinen die Macht sorgfältig regulierenden Wahlverhältnissen in einem Ausmaß die Wahlkonstellationen der amerikanischen Verfassung vorweg, dass man lange die Geschichte glauben konnte, Thomas Jefferson habe die Dominikanischen Konstitutionen auf dem Nachttisch liegen gehabt.

Auch das mittelalterliche Phänomen der Kreuzzüge verdient eine differenziertere Beurteilung. Gewiss, vom heutigen Standpunkt aus ist jeder Krieg verdammenswert. Die damalige Zeit kannte aber noch keine Weltfriedensordnung, keine UNO-Friedenstruppen, keine sonstigen friedenssichernden Maßnahmen. Selbst die päpstliche Autorität bedurfte der militärischen Sicherung zur Gewährleistung ihrer Unabhängigkeit. Im Investiturstreit hatte die katholische Kirche sich zwar auf grundsätzlichere Weise als alle anderen christlichen Konfessionen für die Freiheit der Kirche dem Staat gegenüber eingesetzt. Als der Papst sich dann jedoch im Kampf gegen die Staufer auch aus der politischen Umklammerung durch die deutschen Könige und Kaiser – die aber immerhin auch Schutzherren des Papsttums waren – erfolgreich gelöst zu haben schien, konnte er sich schon 35 Jahre später dem Einfluss des französischen Königs nicht mehr entziehen und war genötigt, in dessen Einflussbereich nach Avignon überzusiedeln. Das Weitere ist hinlänglich bekannt und macht deutlich, dass es historisch naiv wäre, anzunehmen, man könne heutige berechtigte Erwartungen an ein völlig unmilitärisches Papsttum so einfach auf frühere Zeiten übertragen. Aber zurück zu den Kreuzzügen. Zunächst einmal waren sie die Antwort auf den Hilferuf der östlichen Christen, die von den Muslimen kriegerisch bedrängt wurden. Zahllose Ritter verließen Hab und Gut, um aus subjektiv uneigennützigem Grund zur Ehre Gottes den gefährdeten Glaubensbrüdern zu helfen. Es gab manchen verwilderten Raubritter, den die Kreuzzugsbewegung sozusagen zivilisierte. Erst wenn man das weiß, erhält man ein gültiges Gesamtbild, in das dann allerdings auch das marodierende Lumpengesindel gehört, das bei vielen Kriegszügen mitläuft und das vor allem die schrecklichen Judenverfolgungen im Vorfeld des ersten Kreuzzugs am Rhein anzettelte. Dass es gerade die Bischöfe waren, die die Juden zu retten versuchten, macht deutlich, wie wenig man pauschal »die Kirche« für die Kreuzzüge und ihre Auswüchse verantwortlich machen kann.

Freilich hat der Papst als Repräsentant der westlichen Christenheit vor allem beim ersten Kreuzzug einen maßgeblichen Anstoß gegeben. Doch muss man dazu wissen, dass diese Zeit die heute geläufige Trennung von Kirche und Staat trotz beginnenden Investiturstreits nicht kannte: Alle weltlichen Aktivitäten waren auch kirchlich und alle kirchlichen Aktivitäten irgendwie auch weltlich. Dass unter dieser Voraussetzung die Kreuzzüge insgesamt eher ein weltliches Phänomen des mittelalterlichen Rittertums waren – was auch soziologische Gründe hatte, auf die hier nicht näher eingegangen werden kann –, wird kein Kenner der Materie bestreiten. Tatsache ist jedenfalls, dass die Orthodoxen heute noch den Katholiken bisweilen vorwerfen, dass der Westen 1453 keinen Kreuzzug zu Stande brachte, um die Eroberung Konstantinopels durch die Türken zu verhindern. Man war im Westen damals in der Tat von hochfliegenden ritterlichen Träumen abgekommen und widmete sich im aufkommenden Frühkapitalismus neuzeitlich nüchtern lieber den Geschäften. Da war ein Kreuzzug schlicht zu unprofitabel, und so überließ man die östliche Christenheit ungerührt ihrem Schicksal. Soll man eine solche Haltung einfach loben? Natürlich ist das Mittel eines Kreuzzugs zur Verbreitung des Glaubens abwegig und unbedingt abzulehnen, aber um dem Phänomen der Kreuzzüge gerecht zu werden, bedarf es erheblich differenzierterer Beurteilungen, die das übliche Klischee nicht leistet und gewiss auch nicht dieses »Blitzlicht«.

Das Thema Frau und Kirche ist wie kaum ein anderes im Streit erstarrt. Dass beim Thema Frau und Mittelalter fast reflexartig die Hexenverbrennungen zur Sprache kommen, wurde schon erwähnt und auch, dass diese Verknüpfung völlig unzutreffend ist. Die innerkirchliche Debatte hat sich ebenfalls auf die Überzeugung festgerannt, die katholische Kirche hätte immer schon die Frauen unterdrückt. Selbst der feministischen Theologie ist es nicht gelungen, das Diskussionsniveau zu heben. Susanne Heinen, bestens vertraut mit der feministischen Theologie, sieht hier Engführungen bis zum absichtsvollen »Methodenmord«.[154] So muss man vor allem auf die nichtkirchliche breite feministische Literatur zurückgreifen, um diesem Thema wissenschaftlich seriöse Konturen zu geben.

Herrad Schenk[155] beispielsweise stellt bei durchaus radikalen feministischen Positionen fest, dass die katholische Kirche der einzige Ort gewesen sei, wo Frauen im Mittelalter und in der frühen

Neuzeit einer patriarchalen Gesellschaft entgehen konnten, nämlich in den katholischen Frauenorden. Der protestantische Bereich, der ohnehin patriarchaler organisiert war, kannte diesen Ausweg nicht. Entweder man war Ehefrau und nahm die im calvinisch geprägten Bürgertum vorgesehene abgewertete Rolle der Nichterwerbsarbeit in Küche und Haushalt ein – während dem Mann die auch aus religiösen Gründen hoch angesehene Erwerbsarbeit zukam.[156] Oder man war eine »alte Juffer«, eine verachtete Rolle, die im Grunde völlig rechtlos machte. Demgegenüber waren die katholischen Frauenorden oft exempt[157] und brauchten sich von keinem Mann, weder vom Bischof noch vom Landesherrn, irgendetwas sagen zu lassen. Äbtissinnen waren vielfach mächtige Frauen, die Pfarrer ein- und absetzen konnten. Der Verzicht auf die Ehe war im Übrigen in Zeiten, in denen ohnehin nur etwa dreißig Prozent der Menschen heirateten, da man es sich ökonomisch nicht leisten konnte, keine erhebliche Einschränkung. Es gab im Mittelalter großartige Einzelgestalten, wie zum Beispiel die machtvolle heilige Hildegard von Bingen, die in der Kirche über den höchsten Einfluss verfügten. Daneben bildeten sich regelrechte Frauenbewegungen, wie die weibliche Mystik Gertruds von Helfta der »Großen«, Mechtilds von Magdeburg und vieler anderer Frauen, die bereits im 13. Jahrhundert, etwa einhundert Jahre vor der »männlichen Mystik«, einsetzte. Aber auch die Beginenbewegung vor allem des 13. bis 15. Jahrhunderts ist hier zu nennen: selbstbewusste Frauen, die in Gemeinschaft ohne feste Gelübde zusammenlebten. Sogar bei der modernen feministischen Theologie trifft man Aspekte an, die das katholikenfressende Klischee sprengen. So preist Mary Daly, die inzwischen vom Christentum distanzierte Begründerin der feministischen Theologie, das Dogma von der Unbefleckten Empfängnis Mariens, denn es mache klar, dass die Frau eben nicht vom Mann erlöst werde, sondern von Gott allein.[158]

Selbst der Marxismus-Leninismus hat zugestanden, dass das Christentum zur Überwindung der antiken Sklavenhaltergesellschaft beigetragen hat.[159] Dass der Papst 1435, das heißt in der frühen Neuzeit, die Sklaverei noch einmal ausdrücklich verurteilte, die bis fast in unsere Tage im amerikanischen Bürgerkrieg eine entscheidende Rolle spielte, sei wenigstens erwähnt.[160] Ohne die vielfache Schuld machthungriger Christen bei der Eroberung Amerikas zu leugnen, muss dann hier an die historische Tatsache erinnert werden, dass gleichzeitig die grausamen Menschenopfer in den Indianerkulten aufhörten und bereits im Jahre 1537 Papst Paul III. jede Schmälerung der uneingeschränkten Menschenrechte von Indios unter Strafe der Exkommunikation untersagte. Zwangstaufen und ähnliche abwegige Maßnahmen wurden immer wieder von den Päpsten verboten.

Dabei muss man aber wissen, dass die Macht des Papstes auch in katholischen Weltgegenden damals in einer Weise beschnitten war, die heute unvorstellbar erscheint. Dekrete des Papstes konnten im katholischen Spanien beispielsweise nur mit staatlicher Genehmigung veröffentlicht werden, und diese Genehmigung wurde keineswegs immer erteilt. Das erklärt auch das dramatische Ende des so genannten Jesuitenstaats in Paraguay. Die Jesuiten hatten dort und anderswo in Lateinamerika fast 200 Jahre lang genau das organisiert, was man sich aus heutiger Sicht für die ganze Eroberung Lateinamerikas gewünscht hätte, nämlich den respektvollen Umgang mit den Ureinwohnern des Landes bei weitgehender Selbständigkeit der Indios und vor allem Schutz vor jeder Ausbeutung. Es ist ungemein lehrreich für einen historisch gerechten Umgang mit dem Einfluss der Kirche auf die Verhältnisse Lateinamerikas, das Ende dieses großartigen und vorbildlichen Projekts zu verfolgen. Vor allem den spanischen Kaufleuten war es ein ständiger Dorn im Auge, dass ihren ausbeuterischen Absichten hier ein unüberwindlicher Riegel vorgeschoben wurde. Im 18. Jahrhundert übten dann die bourbonischen Höfe massiven Druck auf den Papst aus mit dem Ziel, diesen zur Auflösung des Jesuitenordens zu bewegen. Eine wesentliche Triebfeder dieser Kampagne war das Bemühen, ungehinderten Zugang zu diesen »Reduktionen« der Jesuiten zu erhalten.

Die Jesuiten galten als Speerspitze einer Institution, die der Vergötterung des Staates im Staatsabsolutismus des 17. und 18. Jahrhunderts nachhaltigen Widerstand entgegensetzte. Katholische Könige wollten aber die Bischöfe und auch den Papst nur noch als Hofkapläne dulden. Das war ein weiteres Motiv, mit allen Mitteln gegen die »Elitetruppe« des Kirchenoberhaupts vorzugehen. Der tapfere Papst Clemens XIII., der sich diesem Drängen bis zum Schluss widersetzte, wurde von den Botschaftern Spaniens und Frankreichs durch Repressalien und Ultimaten so heftig attackiert, dass der alte herzkranke Mann geradezu in den Tod getrieben wurde. Vier Jahre später, im Jahre 1773, verbot Papst Clemens XIV. den Jesuitenorden.

Interessant ist, dass sich in zwei Ländern die Herrscher vom Papst nicht befehlen lassen wollten, den ihnen so wertvollen Orden aufzulösen, und so bestand der Jesuitenorden ausgerechnet im Land des protestantischen Preußenkönigs Friedrichs des Großen und im Land der orthodoxen Zarin Katharina der Großen weiter. Die Auflösung des Ordens war aber ein unvorstellbares menschliches Desaster. Zu Zehntausenden wurden die Jesuiten ausgewiesen, auf Schiffe gekarrt und in den Kirchenstaat verbracht. In dieser ärmlichen, aber ohnehin schon priesterreichen Gegend fristeten sie nun jahrzehntelang ihr Dasein, ohne ihren priesterlichen Aufgaben noch nachgehen zu können. Der Zynismus der Macht, der dieses Unrecht verschuldete, erhielt seine Quittung 35 Jahre später. Gerade in den Ländern, in denen der Staat versucht hatte, alles, und zum Schluss auch die Kirche, seiner absoluten Botmäßigkeit zu unterwerfen, krachte das System unter den Schlägen der Französischen Revolution am heftigsten zusammen.[161]

Auch im folgenden Jahrhundert widerstand die katholische Kirche in einer Weise dem staatsfrommen Zeitgeist, dass man dem heute nur lebhaft zustimmen kann. Der Bischof von Mainz zelebrierte zur Feier der Revolution von 1848 ein »Te Deum«. Der Hauptgegner der Kirche aber war der aufkeimende Nationalismus. Daher wurden die Katholiken mit dem Schimpfwort »ultramontan« bedacht, das deutlich machte, dass etwa der katholische Rheinländer nicht nur aus Berlin Orientierung erhielt und sich einer universalen Gemeinschaft zugehörig fühlte, die im Grunde keine Ausländer kannte. Die Katholiken galten damit wie die Sozialisten als »vaterlandslose Gesellen«. Zwar verleitete das manchen Katholiken zeitgeistkonform zu besonders theatralischem Patriotismus, die große Mehrheit ließ sich aber von den Schalmeientönen des Nationalismus nicht verführen. »Kulturkämpfe« gegen die katholische Kirche in ganz Europa waren die Strafe für dieses heute so zeitgemäße Verhalten.

So blieb man widerständig katholisch, auch wenn man dafür Verachtung erntete. Dass man sich dennoch nicht ins Ghetto zurückzog, zeigt die begeisternde katholische Sozialbewegung des 19. Jahrhunderts. Nach dem Zusammenbruch des »real existierenden Sozialismus« wird man heute auf keinen relevanten Widerspruch mehr stoßen, wenn man auf die historische Tatsache aufmerksam macht, dass die Einzigen, die in Deutschland wirklich flächendeckend in der sozialen Misere des 19. Jahrhunderts konkret halfen, katholische und evangelische Christen waren. Sie handelten aus christlicher Überzeugung, derweil die Marxisten Sitzungen abhielten, Demonstrationen veranstalteten und Theorien drechselten, aus denen dann in unserem Jahrhundert Ströme von Blut flossen. Doch engagierte sich die katholische Kirche auch politisch für eine gerechtere Gesellschaftsordnung, was in einer Sozialgesetzgebung am Ende dieses Jahrhunderts gipfelte, die im Reichstag gegen Konservative und Sozialdemokraten vom katholischen Zentrum durchgesetzt wurde und in ihrer Substanz auch heute noch Grundlage unseres sozialen Friedens ist.

Die traditionelle Distanz zum Staat, die im Kulturkampf unter Bismarck durch regelrechte staatliche Verfolgung der katholischen Kirche noch verstärkt worden war, führte dazu, dass die Katholiken, wie soziologisch erwiesen ist, dem Nationalsozialismus gegenüber weniger verführbar waren als andere gesellschaftliche Gruppen. Natürlich, wer wird bestreiten wollen, dass die Kirche noch mehr gegen die Nazis und vor allem gegen die Judenverfolgung hätte unternehmen sollen. Eine solche Bemerkung ist freilich wohlfeil in einer Zeit, wo zu befürchten steht, dass in vergleichbarer Situation ein Widerstand, der auch das eigene Leben aufs Spiel setzt, geringer ausfallen würde. Aber ist heutigen Katholiken eigentlich bei aller Klage über zu geringen kirchlichen Widerstand bewusst, dass nicht weniger als ein Drittel der katholischen Priester während des Nationalsozialismus staatlichen Zwangsmaßnahmen bis hin zu KZ und Ermordung ausgesetzt waren?

Am Schluss noch ein Wort zu einem weiter zurückliegenden Ereignis, das die Gemüter bis heute erregt: der Fall Galileo Galilei. Diese Geschichte ist zum antikatholischen Mythos schlechthin geworden. Dabei werden die historischen Fakten freilich oft vernachlässigt, und man lässt vor allem die Sicht heutiger Naturwissenschaft weitgehend unberücksichtigt. Bei Katholiken ist es üblich geworden, informiert oder nicht informiert, das Ganze als Fehler der Kirche mehr oder weniger heftig zu bedauern. Aber bei genauerer Betrachtung ergibt sich auch hier ein erheblich komplizierteres Bild. Zunächst einmal: Es ging nicht eigentlich, wie oft behauptet, um das so genannte kopernikanische Weltbild. Schon die Kalenderreform Papst Gregors XIII. von 1582 hatte sich lange vor der wissenschaftlichen Tätigkeit Galileis auf Erkenntnisse gestützt, denen das kopernikanische Weltbild zu Grunde lag. Während noch Luther und Melanchthon aufs Heftigste gegen diese Weltsicht stritten, schien im katholischen Bereich der Weg für diese Lehre bereitet. Nikolaus Kopernikus hatte sein grundlegendes Werk Papst Paul III. gewidmet, und der hatte die Widmung ausdrücklich angenommen. Es ging also in der Affäre Galilei vielmehr um das »Wie« der Vertretung dieses Weltbilds. Galileo Galilei erklärte nämlich mit Emphase, dass naturwissenschaftliche Erkenntnisse Wahrheit seien. Daher komme ihnen vor religiösen Überzeugungen absolute Priorität zu. Demgegenüber hatte der feinsinnige Kardinal Robert Bellarmin Galilei aufgefordert, dieses Weltbild als Hypothese zu vertreten. Das war nicht irgendeine Ängstlichkeit des Kardinals, sondern hatte grundsätzliche Bedeutung und entspricht dem heutigen wissenschaftstheoretischen Stand der Naturwissenschaft. Nach Quantentheorie und Relativitätstheorie behaupten Naturwissenschaftler nicht mehr, Wahrheiten zu konstatieren, sie sprechen erheblich bescheidener von Wahrscheinlichkeiten und sehen in der denkbaren Falsifizierbarkeit, also Korrigierbarkeit ihrer Erkenntnisse, sogar ein Gütezeichen wissenschaftlicher Einsichten.[162] Ein so bedeutender Vertreter der modernen Physik wie Werner Heisenberg konnte daher die kirchliche Position in der Sache nicht kritisieren, bedauerte nur mit Recht die negativen Folgen dieser Affäre – die zu einem großen Teil ein frühneuzeitliches Medienkonstrukt ist – für das Verhältnis von Kirche und Wissenschaft.[163] Der Philosoph Edmund Husserl warf Galilei sogar vor, er »habe der Erkenntnis der Natur Rang und Anspruch der Wissenschaft genommen und sie zu einer Technik entarten lassen«.[164]

Das erste Verfahren 1616 war unspektakulär verlaufen und endete mit dem genannten fundierten Rat Kardinal Bellarmins. Der Papst selbst bestand auf äußerster Schonung. Galilei verpflichtete sich dazu, künftig seine Thesen eben nur als Hypothesen zu vertreten, wurde mit allen Zeichen des Wohlwollens vom Papst empfangen und ehrenvoll aus Rom verabschiedet. Kardinal Bellarmin gab auf seine Bitte hin sogar noch eine Ehrenerklärung für ihn ab. Als aber der neue Papst Urban VIII. gewählt wurde, dem sich Galilei in Freundschaft verbunden glaubte, dem als ausgebildetem Mathematiker Verständnis für die Wissenschaft unterstellt werden konnte, der aber die Kritik an der Position Galileis teilte, schlug Galilei das alte Versprechen in den Wind. Er verfasste, nicht auf Latein, wie bei wissenschaftlichen Veröffentlichungen damals üblich, sondern in Volkssprache, eine populäre Satire. Darin legte er einem von ihm so genannten Simpel (Simplicio) die Auffassung des Papstes in den Mund, während die als einzig vernünftig und keineswegs bloß hypothetisch dargestellte Position die des Galilei war. Damit bekam die Auseinandersetzung eine völlig andere Dimension. Dass Galilei nicht zögerte, ein Versprechen zu brechen, war im zweiten Prozess 1633 der entscheidende Grund für die Verurteilung.

Das wirft ein bedenkliches Licht auf Galileis Charakter, der sich nicht gerade zur Heiligenverehrung eignete. Während er sich selbst in maßlosen Tiraden pries,[165] geißelte er andere Wissenschaftler mit ätzendem Spott. Der geltungsbedürftige Mann hatte nicht gezögert, sich selbst die Erfindung eines Fernrohrs zuzuschreiben. Als freilich Johannes Keppler darum bat, dieses Instrument ausleihen zu dürfen, lehnte Galilei aus Sorge vor Konkurrenz das kollegiale Ansinnen rundweg ab. Die wiederbelebte Position Galileis warf im Übrigen ein ganz grundsätzliches pastorales, aber mitten im Dreißigjährigen Krieg auch politisches Problem auf Leser dieses Pamphlets, die über das wissenschaftliche Niveau der Debatte zwischen Bellarmin und Galilei nicht informiert waren, mussten die schlichte Meinung gewinnen, die Kirche irre hier in einer bedeutenden Sache. Dass das, zumal aus heutiger Sicht, Unsinn ist, konnte in der damaligen, von Galilei hitzig und polemisch geführten Diskussion niemand sofort merken. Selbst Bert Brecht hat diese Lage in seinem »Leben des Galilei« einfühlsam geschildert.[166] So glaubte die Kirche, handeln zu müssen. Die regelrechte Pressekampagne, die daraufhin einsetzte, war weitgehend auf bestem Regenbogenpresseniveau. Die Ausschmückungen der Affäre Galilei, als gehe es um einen »Märtyrer der modernen Naturwissenschaft«, entbehren historisch jeder Grundlage:[167] Galilei wurde niemals gefoltert.[168] Er sagte nicht, »und sie bewegt sich doch«. Er verbrachte keinen einzigen Tag im »Inquisitionskerker«. Bei seinen römischen Verfahren wohnte er vielmehr im stattlichen Palast der Medici in Rom, der Villa Medici auf dem Pincio und dann in mehreren bequemen Zimmern des Inquisitionspalastes, selbstverständlich mit Diener. Nach seiner Verurteilung im zweiten Prozess erhielt er Hausarrest in seiner Villa in Arcetri bei Florenz, einem herrlichen Anwesen. Es sei hinzugefügt, dass er dabei auch über Bedienung verfügte, von Freunden wie Thomas Hobbes, Descartes und Torricelli besucht wurde und das Veröffentlichungsverbot bequem umgehen konnte. Er hat in dieser Zeit sogar sein wissenschaftliches Hauptwerk publiziert. Der Philosoph und Wissenschaftshistoriker Hans Blumenberg hat in der profunden Studie »Die Genesis der kopernikanischen Welt« zum Fall Galilei kategorisch festgestellt: »Jede Dämonisierung der Partner in dieser Tragödie ist verfehlt.«[169] Man wird aus heutiger Sicht das damalige Vorgehen gewiss bedauern. Papst Johannes Paul II. hat das für die katholische Kirche noch 1992 ausdrücklich erklärt. Die Kirche hatte sich hier zu weit auf das Gebiet der Naturwissenschaften vorgewagt. Edmund Husserl, der philosophische Lehrer von Martin Heidegger und Edith Stein, war freilich auch umgekehrt der Auffassung, »es sei Galileis verhängnisvolles Versäumnis, auf die ursprünglich sinngebende Leistung bei der Begründung der Physik nicht zurückgegangen zu sein«.[170] Daher wird man gerade für die Zukunft im Gedächtnis halten müssen, dass die Verabsolutierung einer Wissenschaft, die sich nicht unter ethische und auch religiöse Gesichtspunkte stellt, gerade heute bei den anstehenden bioethischen Debatten lebensgefährlich wäre. Denn dabei handelt es sich keineswegs um Randbereiche, die man getrost hoch spezialisierten Wissenschaftlern überlassen darf. Man riskiert nicht mehr und nicht weniger als die Zukunft und die Würde der Menschheit, wenn im Licht des unbestreitbaren Segens neuer Technologien die Gefahren dieser Entwicklungen bagatellisiert würden.

Wenige sind berufener, über diese Fragen nachzudenken, als der Physiker und Philosoph Carl Friedrich von Weizsäcker. In seinem Buch »Im Garten des Menschlichen« schildert er, wie er, der sich intensiv mit moderner theoretischer Physik befasst hatte, tief erschüttert war, als er von der Explosion der ersten Atombombe erfuhr. Da habe er mit einem Mal klar »den geraden Weg von Galilei zur Atombombe« begriffen. Er sei daraufhin entschlossen gewesen, die Galilei'sche Wissenschaft, die Physik, von heute auf morgen an den Nagel zu hängen. Erst ein tiefes Gespräch mit Karl Barth habe ihn dann doch eines Besseren belehrt.[171] – Nein, Galileo Galilei eignet sich wirklich nicht zur Heiligenverehrung.

Was hier nur kurz skizziert wurde, bietet kein vollständiges Bild der Kirchengeschichte und auch nicht der besprochenen Ereignisse. Gewiss, dies sei nochmals ausdrücklich betont, man kann auch die Schattenseiten der genannten Ereignisse in den Blick nehmen. Doch da das fast bis zum Überdruss bereits geschieht, sollte hier einmal absichtlich eine andere und ungewöhnliche Beleuchtung gewählt werden, ohne damit die düsteren Seiten zu leugnen.

c) Kirchengeschichte als Heilsgeschichte?

Der gerichtsmedizinische Befund ergibt also, dass der Keller durchaus betretbar ist. Kann man ihn aber nun sogar zum Sakralraum gestalten? Wenn die Kirchengeschichte für Christen nach einem Wort des bedeutendsten deutschen Kirchenhistorikers unseres Jahrhunderts, Hubert Jedin, Heilsgeschichte ist, dann müsste doch unter all dem Schutt der Kirchengeschichte das Glimmen des Heiligen Geistes sichtbar werden können, der diese Kirche durch die Geschichte trägt. Gewiss mag die Betrachtung der Geschichte unter einem solchen theologischen Gesichtspunkt manchen befremden. Aber wenn man die Geschichte unter der Perspektive »Wirtschaftsgeschichte« studieren kann, warum grundsätzlich nicht auch unter einem anderen Aspekt? Wenn manch einer, wie Kardinal Höffner sagte, bloß noch »mit dem Müllwagen durch die Kirchengeschichte fährt«, wenn wirklich alles nur Unrat wäre, was Christen in der Vergangenheit angerichtet hätten, und wenn sie selbst auch nur so über ihre Geschichte reden, dann könnte man doch nach dem biblischen Prinzip »an ihren Früchten werdet ihr sie erkennen«[172] nur den einen vernünftigen Schluss ziehen: Bloß nicht mehr desselben, raus aus dem Laden, nichts wie zur Esoterik oder zu sonst einem Unsinn, wenn es bloß harmloser Unsinn ist!

Doch die generelle Abwertung der Kirchengeschichte liegt ja nicht in der Sache selbst, sondern hat eher sozialpsychologische Gründe. Das zeigt sich auch daran, dass so oft bloß »Wut« über tatsächliche oder angebliche Ereignisse der Kirchengeschichte geäußert wird. Wut aber ist eine Emotion, die auf Bewertungen beruht. Ob diese Bewertungen der Sache entsprechen, das muss nüchtern untersucht werden. Auch die Vorfahren im Glauben haben einen Anspruch darauf, dass man versucht, ihnen zwar nicht kritiklos, aber mit nüchternem Sachverstand und ohne Überheblichkeit gerecht zu werden. Das Ergebnis ist, dass bei manchem unbestrittenen Schatten so viel Licht aus der Kirchengeschichte leuchtet, dass, wer ernsthaft von einer Heilsgeschichte spricht, nicht unredlich genannt werden kann. Menschwerdung Gottes besagt nach christlichem Glauben Geschichtewerden Gottes. Wer bereit ist, sich von der Geschichte etwas sagen zu lassen und sie nicht nur als Bebilderung der eigenen Vorurteile zu missbrauchen, der könnte die Chance haben, auch in den dunklen Zeiten der Geschichte die Funken des Heiligen Geistes wahrzunehmen, die dem Glauben zusätzliches Licht geben. Er könnte erkennen, wie viel Heil und inneren Frieden allein zweitausend Jahre Sündenvergebung für Millionen von Menschen ganz persönlich bedeutet hat. Dann kann Geschichte nie bloß konservatives Beklagen des Verlustes der angeblich so goldenen Vergangenheit sein, auch nie progressives Klagen über die noch nicht erreichte utopische Zukunft. Für Christen ist Geschichte vielmehr die in Vergangenheit, Gegenwart und Zukunft sich ereignende Verwirklichung der Selbstmitteilung Gottes durch seinen Sohn Jesus Christus. Freilich wird das jemand von anderer Warte aus anders sehen, denn es bleibt die Subjektivität der Wahrnehmung. Schon am Anfang des Johannesevangeliums heißt es nüchtern: »Das Licht scheint in die Finsternis, und die Finsternis hat es nicht ergriffen«.

6. Bewältigungsstrategien – Bewährte Methoden, Rückfällen zu begegnen

Blockierte Riesen sterben jung. Die katholische Kirche ist aber schon zweitausend Jahre alt. Daher kann dieser Riese nicht immer schon blockiert gewesen sein. Wenn ein solcher Patient zweitausend Jahre lang ungezählte Blockierungen, krisenhafte Situationen und regelrechte Depressionen überwunden hat ohne stationäre Einweisung und nur mit ambulanter, auch medikamentöser Behandlung – auf die Sakramentenlehre kommen wir noch[173] –, dann ist das immerhin erstaunlich und legt die Frage nahe: »Wie konnten Sie das so lange durchhalten?« Dagegen ist der stets so machtvoll und vor Gesundheit strotzend auftretende real existierende Sozialismus schon nach 72 Jahren endgültig verstorben – und erreichte damit nicht einmal die durchschnittliche Lebenserwartung des heutigen Mitteleuropäers. Da ist also über die Riesen-Kräfte zu reden, aus denen diese Kirche lebt, vor allem aber darüber, wie diese Kräfte mobilisiert wurden, um aus Krisen, bei Alkoholikern früher »Rückfälle« genannt, wieder herauszukommen. Um solche erfolgreichen »Rückfallbewältigungsstrategien« soll es nun gehen.

a) Aufbruch: Über die Quellen kirchlicher Kräfte

Zunächst einmal zum Proviant. Woraus speist sich die Kraft dieses Riesen? Jede Psychotherapie ist auf die Wahrnehmung der Kräfte des Patienten angewiesen. Der Ruf »ad fontes« (zu den Quellen!) gilt auch hier, man muss diese Kräfte bei ihren Quellen – Ressourcen – aufsuchen. Entscheidende Quelle des Glaubens ist aber die Heilige Schrift. Lesen wir diese Texte einmal mit den Augen der systemisch lösungsorientierten Psychotherapie, so ergibt sich eine Fülle von fruchtbaren Anspielungen. Ressourcenorientierung wird konsequent durchgehalten. Jesus selbst ermutigt in dem Gleichnis von den sprichwörtlichen Talenten jeden, die ihm von Gott geschenkten Kräfte wahrzunehmen und einzusetzen.[174] Es gibt kein Gleichnis, das dazu rät, sich aufs Klagen zu verlegen. Martha, die in der Küche schuftet, um Jesus, den Gast, zu versorgen, macht den schüchternen und menschlich so verständlichen Versuch, über ihre Schwester Maria zu klagen, die nur dasitzt und dem Herrn zuhört. Aber sie wird sehr bestimmt zurechtgewiesen.[175] Auch die Jünger verkündeten nicht, warum Jesus in Nazareth keine Wunder tat, und sie klagten auch nicht über Judas – immerhin ein Verräter aus dem engsten Kreis. Zumal der Bericht über das Ende des Judas ist in seiner lapidaren Nüchternheit kaum zu überbieten. Man verwandte alle Kräfte auf die Verkündigung der Frohen Botschaft.

Wenn Christen wirklich glauben, dass jedem seine ganz besonderen Gaben als Aufgabe zur sofortigen, ja zur eiligen Anwendung geschenkt sind, dann ist zum Jammern gar keine Zeit, dann müssten sie auf den Heiligen Geist hoffen und darauf vertrauen, dass ihr ernsthaftes Bemühen vor wirklichem Scheitern bewahrt wird.

Es mag aber tröstlich sein, dass sogar die frühen Jünger, die Christus noch persönlich gekannt haben, nicht völlig davor gefeit waren, ins Jammern zu verfallen. Davon berichtet die Emmausgeschichte, die wie keine andere Perikope des Neuen Testaments für die heutige Kirche frappierende Aktualität hat.[176] Aus Sicht moderner Psychotherapie kann man hier geradezu prototypisch das erleben, was Paul Watzlawick einen »Akt der Gnade im theologischen Sinne« nannte.

Da sind die beiden Jünger, die zu Fuß von Jerusalem nach Emmaus gehen. Der Bericht lässt keinen Zweifel: Offenbar waren sie auf dem ganzen langen Weg damit beschäftigt, über das so irritierende Ende Jesu zu jammern und zu klagen. Während sie bedrückt dahertrotten, gesellt sich zu ihnen ein Unbekannter. Wie er sie so reden hört, versucht er, ihren Jammerfluss zu stoppen. Wer aber einmal dabei ist, einmütig zu jammern, lässt sich nicht gerne stören, und wenn jemand dann meint, das könne man auch anders sehen, löst das Ärger aus. Nicht anders reagieren die Jünger. Sie behandeln den Fremden wie einen gutherzigen Naivling und fahren ihn an: »Bist du etwa der Einzige, der … nicht weiß …« Und dann erzählen sie dem Unbekannten mit allen Zeichen der Resignation, wie Jesus in Jerusalem gekreuzigt worden sei und dass damit doch wohl alles aus sei. Zwar hätten einige Frauen sie in Aufregung versetzt, die behauptet hätten, er sei auferstanden, aber, so werden sie wohl angemerkt haben, na ja … Frauen. Der biblische Autor berichtet es nicht, aber wir werden vermuten dürfen, dass bei allem geschäftigen Jammern den beiden wackeren Jüngern das Lächeln auf dem Gesicht des Unbekannten völlig entging. Aus ihrer Sicht begriff der offensichtlich gar nichts und machte auch noch den rührenden Versuch, ihnen zu erklären, dass nach dem Wort der Propheten der Messias das alles leiden musste. Endlich kamen sie in Emmaus an – nach der Rekordstrecke von dreißig Kilometern Jammern. Und da geschah es. Beim Brechen des Brotes erkannten sie, dass es Christus selbst war, der sie da begleitet hatte. Es fiel ihnen wie Schuppen von den Augen, und erst jetzt konnten sie sich eingestehen: »Brannte uns nicht das Herz, als er ... uns die Schriften aufschloss ...« Und sie brachen noch in der Nacht auf, um eilends nach Jerusalem zurückzukehren und den Aposteln zu berichten, dass sie den Herrn gesehen hatten.

Interessant ist an dieser Begebenheit, dass die Jünger von Jesus eigentlich gar nichts Neues erfahren hatten. Sie kannten ihn persönlich, seine Botschaft, sie wussten von seinem Leiden, sie hatten sogar schon den Auferstehungsbericht der Frauen, aber sie waren völlig in einer »Problemtrance« befangen. Informationen oder Sichtweisen, die nicht in dieses Muster passten, wurden gar nicht mehr wahrgenommen oder sogar aggressiv abgewehrt. Beim Brechen des Brotes aber »gingen ihnen die Augen auf und sie erkannten«. Damit hatte – in theologischer Diktion »gnadenhaft« – ein Perspektivwechsel stattgefunden. Die beiden Jünger sahen die gleiche Realität, nur unter einer anderen, einer erlösten Beleuchtung.

Christen sehen auch in unseren Tagen die gleiche Realität wie alle anderen Menschen. Als Christen aber müssten sie sie unter einer anderen Perspektive sehen, und das wäre im Sinne Watzlawicks ein Unterschied, der einen Unterschied macht. Wer das Christentum nicht für eine bloß innerliche Angelegenheit hält, wird daher die Bemerkung Friedrich Nietzsches ernst nehmen: »Erlöster müssten mir seine Jünger aussehen!«[177] – etwa so wie die Jünger von Emmaus, als sie endlich begriffen hatten und dann noch im Stockfinstern voller Freude nach Jerusalem eilten. Aber einer solchen Veränderung steht ja nichts im Wege.

Der Perspektivwechsel von Emmaus ist nämlich das ermutigende Beispiel für Christen, wie Meta-noia eigentlich aussehen könnte. Die Jünger »erkannten um«, nahmen eine neue Perspektive ein, und dann kehrten sie auch physisch um und »rannten«. So ist die Meta-noia der christliche Weg aus der Paranoia, dem Wahn, dass alles bloß geschaffen wurde, um es zu beklagen. Im Johannesevangelium wird der Heilige Geist von Jesus Christus geradezu als Mittel gegen die Traurigkeit bezeichnet,[178] und schon im Alten Testament heißt es ganz am Anfang im Schöpfungsbericht: »Und Gott sah, dass alles sehr gut war«.[179] Das sollte man auch in den Gesichtern von Christen lesen können, ohne dass sie deswegen andauernd künstlich lächeln müssen.

Das Zweite Vatikanische Konzil lehrt, dass die Quelle kirchlicher Kraft Jesus Christus selbst ist, der im Heiligen Geist in der Kirche weiterwirkt und sie zu einem weiterlebenden Christus, zu einem mystischen Leib Christi macht. Mit den Worten »Ich bin bei euch alle Tage bis ans Ende der Welt« (Mt 28,20) hat Christus der Kirche und den Christen Bestand und Kraft verheißen, die sie gemäß ihrem Glauben nicht stets geschäftig selbst produzieren müssen, sondern die ihnen durch den Heiligen Geist geschenkt ist. Theologisch heißt das Gnade, so wie sie den Emmausjüngern zustieß. Diese Jünger machten eine geistliche Erfahrung, die ihr Leben umkehrte und sie von rein Äußerlichem unabhängig machte. Das Wirken des Heiligen Geistes durch die Gnade und das Bewusstsein der Gnade entlastet von eigenem Aktivismus und gibt die Gelassenheit, die christliche Märtyrer vor ihren irritierten Peinigern so sehr auszeichnete. Der evangelische Theologe Dietrich Bonhoeffer und der polnische Franziskaner Maximilian Kolbe sind gute Beispiele aus unserem Jahrhundert dafür, wie Christen, auch wenn die Welt in Trümmern zu gehen scheint, diese innere Beständigkeit bewahren können. Die Hoffnung, die aus alldem spricht, macht das Jammern zu einer Gemütsverfassung ohne eigentliche christliche Tradition.

b) Den Ochsen über die Mauer werfen – oder: Wie die Kirche Krisen meistert

Auch Riesen haben Krisen – Riesenkrisen. Dass sie oft Schwierigkeiten haben, sich veränderten Situationen anzupassen, ist offenbar den Dinosauriern zum Verhängnis geworden. Wie es die katholische Kirche dagegen geschafft hat, sich zweitausend Jahre lang zu ändern und trotzdem sie selbst zu bleiben, das dürfte ein Lehrstück auch für Organisationsberater sein. Christen sehen darin eine Frucht und geradezu einen Beweis für das Wirken des Heiligen Geistes. So hat es Emmauserlebnisse in der Kirche immer wieder gegeben und ungewöhnliche Lösungen für ausweglos scheinende Situationen. Eine Kirche, die starr jede Änderung abweisen würde, hätte als Organisation keine Überlebenschance gehabt, sie hätte freilich auch theologisch ihren eigenen Glauben an die Menschwerdung Gottes, der in die Geschichte eingegangen ist, nicht verstanden. »Ecclesia semper reformanda« (Die Kirche muss immer reformiert werden) ist nicht bloß ein frommer Wunsch, sondern das Erfolgsrezept der alten Dame. Daher waren Krisen für diese Kirche immer wieder Herausforderungen, aus denen sie meist vitaler und kraftvoller denn je hervorging.

Schon im Neuen Testament wird darüber berichtet, dass kurz nach Gründung der Kirche die Katastrophe drohte: Die beiden später so genannten »Apostelfürsten« Petrus und Paulus gerieten in einen heftigen Streit, der einen entscheidenden Punkt betraf. Es war grundsätzlich um das Thema gegangen, ob man erst Jude werden musste, bevor man Christ wurde, oder ob man direkt getauft werden konnte. Konkret betraf es jetzt die Frage, ob man in jedem Fall nach dem jüdischen Gesetz leben müsse. Ausgerechnet der vor seiner Bekehrung geradezu »fundamentalistische« Jude Paulus trat vehement gegen jedweden jüdischen Umweg auf. Petrus neigte dagegen eher ängstlich der Einhaltung der – jüdischen – Regeln zu. Eine Lösung schien nicht in Sicht: Wenn Petrus sich inhaltlich durchgesetzt hätte, wäre das Christentum eine kleine jüdische Sekte geblieben. Wenn er andererseits in einer so wichtigen Frage »besiegt« worden wäre, hätte das das Auseinanderbrechen der jungen verfolgten Gemeinschaft bedeutet – zweifellos das fatale Ende der Kirche. Doch da wurde eine Lösung zweiter Ordnung nach Watzlawick gefunden. Paulus widerstand dem Petrus inhaltlich »ins Angesicht«, aber er akzeptierte die Leitungsfunktion des Petrus uneingeschränkt. Petrus gab seine Position nicht eigentlich auf, sondern nahm ihr bloß die Exklusivität. Der Ochse war über die Mauer gewuchtet und die Kirche gerettet.

Nehmen wir sodann die so genannte konstantinische Wende im

4. Jahrhundert. Es stellte für das so lange und so heftig bedrängte Christentum durchaus eine gefährliche Krisensituation dar, dass ganz kurz nach der grausamen diokletianischen Christenverfolgung nun plötzlich Christen von Kaiser Konstantin bevorzugt wurden. Wo immer der Kaiser konnte, setzte er Christen in leitende Funktionen ein. Das Christentum wurde, salopp gesagt, zur FDP des römischen Reiches. Irgendein Posten war immer zu haben. Christsein bedeutete eine Karrierechance. Es kam zu grotesken Situationen, etwa wenn eine über und über mit Schmuck behangene Lebedame neben manch hagerer Bekennergestalt den Gottesdienst besuchte.[180] Die Antwort auf diese Aushöhlung des Christentums von innen heraus war – der Zölibat.[181] Christen in Ägypten zogen in die Wüste und führten ein enthaltsames Leben, damit bezeugend, dass ihnen ihr Glaube nicht bloß ein Lippenbekenntnis, sondern ein Lebensbekenntnis war. Damit wurde, wie man sagte, die Zeit der blutigen Martyrien (Martyria = Bekenntnis) von den unblutigen Martyrien dieser Christen abgelöst. Wer bloß laut bekannte, dass dieses Leben nicht alles sei, aber weiterhin die luxuriösen Verhältnisse des ausgehenden Römischen Reiches in vollen Zügen genoss, dem glaubte man weniger als dem Mönch, der sich in die Wüste begab in ein Leben völliger Freiheit von allem Konsum. So strömten die Menschen aus den Städten hinaus in die Einöden, um sich bei den lebensweisen Mönchen Rat und Kraft für ihr alltägliches christliches Leben zu holen.

Nebenbei bemerkt ging diese Entwicklung auch einher mit einer Aufwertung der Frauen, die sich gesellschaftlich in einer untergeordneten Position befanden. Der Geschlechtsunterschied spielte bei dieser hoch geachteten Lebensform, die jedem und jeder zugänglich war, keine Rolle. Diese Bewegung gab der Kirche eine Kraft, die man gar nicht überschätzen kann. Die Radikalität und Entschiedenheit des christlichen Glaubens wurde so gewahrt, und es blieb klar, dass Christen zwar mitten in dieser Welt, aber nicht von dieser Welt waren.

Die Zölibatsbewegung war ursprünglich eine Laienbewegung. Zunehmend wollten aber die Gemeinden solch radikal christlich lebende Persönlichkeiten als priesterliche Gemeindeleiter und nicht, wie oft im weltlichen Bereich, irgendwelche Karrieristen. So setzte sich der Zölibat der Priester, der grundsätzlich schon länger bestand, vor allem im Westen des Reiches in der Praxis durch. Zölibat, das war eine sozusagen unbürgerliche Lebensform, die nun sichtbar und im besten Wortsinne provozierend mitten in der Gemeinde gelebt wurde. Das war nicht nur ein starkes Bekenntnis, sondern auch gelebte Solidarität mit den Einsamen und Verlassenen, die wissen durften, dass das, was sie als Geschick erleiden mussten, von einigen Menschen freiwillig gewählt wurde, darauf bauend, dass die Kraft Gottes auch dann trägt: »Solo Dios basta« (Gott allein genügt), wie es die große heilige Teresa zwölfhundert Jahre später ausdrücken wird. Das alles trug jedenfalls dazu bei, dass das Christentum im 4. Jahrhundert eben nicht an der Krise scheiterte, sondern in einer Weise aufblühte, dass dieses Jahrhundert eines der lebendigsten der christlichen Geschichte wurde. Dabei waren nur etwa fünfzehn Prozent der Reichsbevölkerung Christen.[182] Aber die hatten eine enorme Ausstrahlung, was sicher auch damit zu tun hatte, dass niemand von ihnen auf den Gedanken gekommen wäre, darüber zu sinnieren, warum denn »nur« fünfzehn Prozent Christen waren. Vielleicht sprachen sie darüber, dass »immerhin« fünfzehn Prozent sich zum christlichen Glauben bekannten. Auch heute zählt man fünfzehn Prozent Kirchenbesuch – immerhin! Im Übrigen ist der Zölibat gar keine genuin christliche Erfindung. Mahatma Ghandi hat bekanntlich ein regelrechtes Zölibatsgelübde abgelegt, und von diesem großen Mann stammt das Wort: »Ein Volk, das keine solchen Männer besitzt, ist wegen dieses Mangels umso ärmer.«[183]

Die nächste große Krise kam, als im 5. Jahrhundert der westliche Teil des Römischen Reiches unter dem Ansturm der Völkerwanderung krachend zusammenbrach. Denn der christliche Glaube war dort inzwischen zur Staatsreligion erhoben worden und hatte sich die Strukturen dieses tausendjährigen Gebildes in vielem zu Eigen gemacht. Das Christentum in seiner angestammten katholischen Form drohte ernsthaft unterzugehen. Da war es Benedikt von Nursia, der durch die Gründung des Benediktinerordens aus dem Geist des ägyptischen Mönchtums und dem Schatz altbewährten römischen Ordnungsdenkens dem Christentum und der antiken Kultur den Übergang ins Mittelalter sicherte, das ohne die Bewahrung geistlich geistiger Traditionen in den Klöstern nicht denkbar gewesen wäre. Dass die römische Tradition ausgerechnet in Klöstern überleben sollte, hätten sich die alten Römer weiß Gott nicht träumen lassen. Die glanzvolle benediktinische Bewegung war Frucht einer Existenzkrise des Christentums und gewiss einer ganz ungewöhnlichen Lösung. Auch wir Heutigen würden von den großen Leistungen der antiken Kultur ohne die Überlieferung durch die Klöster nicht mehr viel wissen.

Im 16. Jahrhundert schien dann das endgültige Aus für die katholische Kirche gekommen zu sein. Die Reformation Luthers von 1517 traf auf eine Kirche, die völlig ausgelaugt schien. Priester waren oft verkommene Gestalten, verzehrten nur noch ihre Pfründen, hielten sich Konkubinen und waren sich über das, was sie da im Gottesdienst vollzogen, gar nicht mehr im Klaren. Bezeichnend, dass durch das miserable Latein des Klerus beim Volk von den Wandlungsworten »hoc est corpus meum« nur noch »hokuspokus« ankam. Die Bischöfe waren nicht viel besser. Sie lebten vor allem ihren politischen Interessen. Die Päpste schließlich hatten sich nach dem Avignonesischen Exil und dem Fiasko der großen abendländischen Kirchenspaltung[184] gerade einmal wieder zu leidlichen Landesfürsten aufgeschwungen, die mit Angelegenheiten beschäftigt waren, die eben Landesfürsten wichtig fanden. Die Orden boten leider ebenfalls keine Rettung, denn die Klosterdisziplin ließ erheblich zu wünschen übrig. Selbst ein Konzil schien in dieser Situation nicht erfolgversprechend. Man hatte gerade 1512–1517 das Fünfte Laterankonzil abgehalten – vor allem geistlich ohne jeden Erfolg. Immerhin sah man sich wenigstens genötigt, einen Reformpapst zu wählen, den deutschen Hadrian VI., der auf dem Reichstag zu Nürnberg 1522 ein eindrucksvolles Schuldbekenntnis der Kirche verlesen ließ. Aber man wollte ihm keinerlei Unterstützung zukommen lassen, und so starb er schon zwei Jahre nach seiner

Wahl, ohne irgendein Zeugnis in Rom zurückzulassen, außer einer Brauerei, die er im Vatikan eingerichtet haben soll. Auf seinem Grabmal in der deutschen Nationalkirche in Rom ist der resignative Spruch zu lesen: »Wie viel kommt doch darauf an, in welche Zeit auch des trefflichsten Mannes Wirken fällt.«

Sein Nachfolger war so weltlich wie eh und je, ein Medici. Dieser Papst ließ sich so weit auf das Politische ein, dass er sogar den machtvollsten Verteidiger der katholischen Kirche, Kaiser Karl V., gegen sich aufbrachte. Ein rüder Landsknechtsmob zog gegen Rom, sein Führer Frundsberg voran mit dem Spruch »Ich will den Papst hängen sehen«. Rom fiel. Im letzten Moment konnte der Papst in die Engelsburg fliehen. Rom wurde so schlimm geplündert wie seit den Arabern nicht mehr. Dieser »Sacco di Roma« war das Fanal der so lebensfrohen Renaissance. Er wurde als das gerechte göttliche Strafgericht über diese Kirche angesehen. Aus solchem Erleben heraus malte Michelangelo sein erschütterndes »Jüngstes Gericht«, unter dem noch heute der Kelch steht, in den die Kardinäle bei der Papstwahl ihre Stimmen abgeben. An der Börse hätte man für so eine Organisation nichts mehr gegeben. Aber schon fünfzehn Jahre nach dem Sacco di Roma begann das Konzil von Trient, das eine kraftvolle katholische Reform einleitete, die die Kirche an Haupt und Gliedern erneuerte und ihr neuen geistlichen Ernst einhauchte. Dieser Geist wurde insbesondere durch Laieninitiativen gespeist, die sich zu Anfang des Jahrhunderts vor allem in Norditalien um geistliche Vertiefung bemüht hatten, dabei besonders um intensives Bibellesen. Aus solchen Kreisen und aus den Reformorden, die mit Begeisterung in intensiver Sorge um das Seelenheil wirkten, den Oratorianern, den Jesuiten, den Kapuzinern und wie sie alle heißen, quoll eine Kraft, die dann auch die Priester, Bischöfe und Kardinäle erfasste.

Auf solche Kräfte besann sich Papst Paul III. Früher noch ganz ein Kind der so verweltlichten Renaissance, war er es, der die Wende vollzog: Sofort nach seiner Wahl suchte er Michelangelo in dessen Atelier auf – ein damals alle Konventionen sprengender Vorgang – und drängte ihn zur Schaffung jenes jüngsten Gerichts für die Sixtina. Er ernannte Männer der Reform für das Kardinalskollegium und berief schließlich das Konzil von Trient ein, das die Heilung der Kirche einleitete. Die neue Ausstrahlung der katholischen Kirche zeigte sich in der nun voranschreitenden so genannten Gegenreformation. Sie stützte sich auf eifrige Reformbischöfe und eine äußerst sorgfältige Priesterausbildung in Seminaren. Priester und Bischof wurde man nun wieder vor allem aus religiösen Gründen. Auch wenn die Entwicklung zum Besseren nicht in allen Ländern gleichmäßig voranschritt, so war sie doch nicht aufzuhalten. Diese Bewegung nahm im Übrigen – fast im Sinne einer paradoxen Intervention – alles, was sie am Protestantismus nur irgendwie vertretbar und integrierbar fand, positiv auf: den Kirchengesang, die Bedeutung einer guten Predigt, sogar die Kirchenbänke und vieles andere mehr. Sie vertiefte aber auch die eigenen Ursprünge wieder neu, die Schöpfungsfreude zumal, die den Katholizismus vor allem vom strengen Calvinismus trennte. Katholische Lebensfreude strahlte auch die neue Kunst aus, die Frucht des Tridentinischen Konzils war, der Barockstil, eine genuin katholische Erfindung. Da wurde auch mit der Schönheit – selbst des nackten menschlichen Körpers – die Größe Gottes gepriesen, freilich nicht in dem lasziven Stil, der in der Renaissance oft vorherrschte. Diese katholische Reform war es, die aus der Reformation nicht die Katastrophe der katholischen Kirche machte, sondern zu einem kraftvollen ungeahnten Wiederaufblühen führte.

Am Ende des 18. Jahrhunderts schien die katholische Kirche aber schließlich doch wieder von Gott und den Menschen verlassen zu sein. Theologie und Predigtpraxis waren, unter dem Einfluss eines platten aufklärerischen Zeitgeistes, zu moralisierenden Volkserziehungseinrichtungen verkommen. Das Papsttum war nur noch der Schatten seiner selbst. Es bedeutete eine unbeschreibliche Erniedrigung, dass es sich dem massiven politischen Druck, den Jesuitenorden aufzulösen, endlich doch nicht entziehen konnte. Dass sich aber am Vorabend der Französischen Revolution sogar fast ganz Europa de facto vom Papst losgesagt hatte, ist nur wenig bekannt. Noch 1786 hatten sich selbst die rheinischen Kurfürst-Erzbischöfe in der »Emser Punktation« geschlossen dem päpstlichen Einfluss entzogen. Als dann 1799 Papst Pius VI. als Gefangener der französischen Revolutionstruppen in Valence in Südfrankreich erbärmlich starb, da schien der Zeitpunkt gekommen, den der französische Aufklärer Diderot herbeigesehnt hatte, wo der letzte Fürst, wie er sagte, mit den Gedärmen des letzten Pfaffen erdrosselt würde.

Rom war von den Truppen der Französischen Revolution besetzt. Niemand hätte sich sehr gewundert, wenn nun auch diese alte Institution, wie viele altehrwürdige Einrichtungen – so zwei Jahre zuvor die tausendjährige »Serenissima Republica« Venedig –, unter den Schlägen der neuen Zeit das Zeitliche gesegnet hätte. Doch da versammelten sich die Kardinäle auf der Isola di San Giorgio Maggiore in jenem Venedig, das zu dieser Zeit unter österreichischer Verwaltung stand, und wählten einen neuen Papst: Pius VII. Und unter diesem Papst und seinen Nachfolgern sollte es zu einem beispiellosen Wiederaufstieg der katholischen Kirche kommen.

Ausgewiesene Kenner der Zeit machen für dieses »Wunder«, soweit es Deutschland betrifft, vor allem zwei Phänomene verantwortlich. Die Kirche war nach der Säkularisierung all ihrer Güter und vor allem ihrer Stiftungen im Jahre 1803 völlig verarmt und nicht mehr in der Lage, aufkommender Not wirksam zu begegnen. Da taten sich katholische Laien zusammen, um zu helfen. Eines der frühesten und bekanntesten Beispiele war der Koblenzer Caritaskreis, der 1817 anlässlich einer Hungersnot entstand und dem so bedeutende katholische Persönlichkeiten wie Joseph Görres und Clemens von Brentano angehörten. In der Folge bildeten sich vor allem am Niederrhein zahlreiche Gruppen von jungen Frauen und jungen Männern, die aus ihrem christlichen Glauben heraus Menschen in Krankheit, Armut und Not entschlossen und uneigennützig halfen. In einer Zeit der massenhaften Verelendung der Arbeiter war dies eine dringliche Notwendigkeit. Solche Gruppen nahmen dann Ordensregeln an, die ihrer Aufgabe gemäß waren, sehr oft die Franziskusregel, die sich vor allem deswegen eignete, weil sie keine Klausurverpflichtung kannte. Diese gewaltige katholische Sozialbewegung – im protestantischen Bereich gab es übrigens Vergleichbares – entsprang einem Wesenszug der Kirche von den Anfängen an, der »Caritas«. Schon die Christen im alten Ägypten hatten, so lehrt die christliche Archäologie, neben ihren Liturgiestätten stets einen Raum, der der Hilfe für Notleidende diente. Caritas ist also nicht ein Hobby der Kirche oder von Christen, sondern gehört zum Wesen des christlichen Glaubens. Sie ist ein, wie man sagt, Wesensvollzug. Die Rückbesinnung darauf im 19. Jahrhundert, herausgefordert von der Krise in Gesellschaft und Kirche, führte zu einer regelrechten katholischen Blüteperiode.

Das ging einher mit der Wiederbelebung eines zweiten Wesensvollzugs der Kirche, der Martyria, des kirchlichen Bekenntnisses. Gerade die Bedrängnis und zeitweilige Verfolgung der katholischen Kirche ließen ihr Männer und Frauen zuwachsen, die solche ungerechten Angriffe tapfer abwiesen und sich wieder nachdrücklich und vor allem öffentlich zu ihr bekannten. Es gab eine wahre Konversionsbewegung zur katholischen Kirche. Führende »Nazarener« – heute wieder geschätzte Maler, die aus erneuertem religiösem Geist wirken wollten – waren Konvertiten.[185] Vor allem aber ist hier Joseph Görres zu nennen, der nicht nur tapfer, sondern auch gekonnt die katholische Sache in der Öffentlichkeit vertrat. Der Effekt seiner Publikationen ist gar nicht hoch genug einzuschätzen, gab er den Katholiken doch wieder ein Selbstbewusstsein, das zum katholischen Wiedererwachen beitrug. Sein Meisterwerk war der »Athanasius«, verfasst 1838 zu Ehren des Erzbischofs von Köln, den die Preußen im Vorjahr, wegen Unbotmäßigkeit gegenüber Zumutungen der protestantischen Besatzungsmacht im Rheinland, auf die Festung Minden verbracht hatten. In der Schrift verglich Görres den Erzbischof – in Wirklichkeit keine sehr glanzvolle Erscheinung – mit dem heiligen Athanasius, dem aufrechten und unbequemen Patriarchen von Alexandrien, den man nicht weniger als fünfmal wegen seiner Überzeugungen von seinem Bischofssitz in die Verbannung geschickt hatte, der aber, in Fragen des Glaubens unbeugsam, immer wieder wie ein Bumerang zurückkehrte.

Die Publikation verfehlte ihre Wirkung nicht. In ganz Deutschland erlebten sich die Katholiken als eine von den Preußen angegriffene Gemeinschaft und schlossen sich mehr und mehr zusammen. Eine geradezu unglaubliche Demonstration des neuen Rückhalts der katholischen Kirche wurde die Wallfahrt zum Heiligen Rock nach Trier im Jahre 1844. Mehr als eine Million Katholiken fanden sich ein – bei viel geringerer Bevölkerungszahl als heute und noch ohne Verkehrsmittel wie Eisenbahnen. Die Wiederbelebung der Wesensvollzüge Diakonia (kirchliche Caritas) und Martyria (kirchliches Bekenntnis) hatte zur Überwindung der dramatischen Krise geführt.

Wenn wir unseren Kurzdurchgang durch die Krisenbewältigungen in der Kirchengeschichte zusammenfassen, so kann festgestellt werden, dass inzwischen so viele Ochsen über die verschiedensten Mauern geworfen und so viele Belagerungstruppen abgezogen worden sind, dass es mit dem Teufel zugehen müsste, wenn nicht auch derzeitige Krisen ihre Lösung finden würden – und in der Kirche geht es bekanntlich nicht mit dem Teufel zu, sondern nach dem Glauben der Christen mit dem Heiligen Geist. Dass es nützlicher ist, darüber zu reden, wie ein Rückfall beendet oder sogar vermieden wurde, als über eventuelle Ursachen, das ist in der Alkoholismustherapie heute gut belegt. Was hier dem Alkoholiker nutzt, muss der Kirche nicht schaden. Die Vergangenheit nützlich zu befragen, verweist die kirchliche Gegenwart auf Lösungen und gibt begründete Zuversicht. Das Studium der Kirchengeschichte ist für Christen ohnehin eine der besten Vorbeugungen gegen Depressionen.

7. Ressourcen – Warum »dieser Saustall zweitausend Jahre nicht untergegangen ist«

Was ist das Geheimnis jenes Riesen, der Kirche, die es schafft, alle wichtigen Charismen zu integrieren, ohne eines für das einzig mögliche zu erklären, in der die Vielfalt geachtet wird, ohne dass das Profil verloren ginge, die Rechthaberei vermeidet, ohne die Wahrheit zu verachten, die selbstbewusst ist, ohne unbescheiden zu werden, die doch einen ganz passablen »Lebenslauf« vorweisen kann, ohne fehlerlos zu sein, die sich erfolgreich durch alle Krisen einer zweitausendjährigen Geschichte geschlagen hat, so dass, wie der bereits zitierte Pater Leppich deftig formulierte, »dieser Saustall zweitausend Jahre nicht untergegangen ist«?

Auch Familien, die mit einem Problem in die Therapie kommen, haben in der Regel verborgene Kompetenzen und viel »Power« – die sie freilich zur Herstellung und Aufrechterhaltung des Problems fehlinvestieren. Doch wer mit viel Kraft große Probleme herstellen kann, der hat auch viel Kraft für Lösungen. Solche Kräfte müssen wieder freigelegt und richtig eingesetzt werden, um aus der Sackgasse herauszukommen. Damit sie in den Blick geraten, soll nun de Shazers »Aufgabe der ersten Stunde« auf die Kirche angewandt werden. Gewiss, es hat in der Kirchengeschichte, wie gerade dargestellt, immer wieder Änderungen und Lösungen gegeben, auch heute muss sich manches ändern, aber es werden sich vor allem dann kraftvolle Lösungen ergeben, wenn die Kirche sich der Kräfte bewusst ist, aus denen heraus sie solche Änderungen vorantreiben kann.

Die Quelle der Kräfte des Patienten Kirche liegt in ihrem Wesen, und ihr Wesen ist Jesus Christus. Das klingt wie eine unverbindliche Theologenphrase zur Einleitung einer Predigttrance. Es ist aber genau das Gegenteil. Während der Glaube an Gott als ein »höheres Wesen« unverbindlich bleibt – was soll das eigentlich sein, außer vielleicht eine Leerstelle für unsere noch nicht beantworteten Fragen? –, glauben Christen etwas ziemlich Konkretes, nämlich, dass Gott Mensch geworden ist. Zweitausend Jahre christlicher Geschichte liegen zwischen jenem Ereignis und heute, so dass man das Befremdliche dieser Überzeugung leicht überhört. Die frühen Christen aber wurden wegen eines solch irritierenden Glaubens immerhin der Gotteslästerung bezichtigt und vor die Löwen geschickt. Dieses Befremdliche ist aber keineswegs etwas Peripheres, sondern das Eigentliche des christlichen Glaubens. Dass Gott nicht irgendein »Wesen« ist, sondern als Person und sogar als Mensch begegnet, bedeutet einen Umsturz der religiösen Gottesbeziehung. Denn damit werden die Menschen Brüder und Schwestern Gottes und letztlich in einen geradezu göttlichen Rang erhoben. Ein solcher Gott beleidigt nicht das menschliche Selbstbewusstsein, er begründet es.

Das hat handfeste Auswirkungen in einem christlichen Selbstgefühl, das Menschen nicht als Sandkörner vor dem großen Gott in den Staub verschwinden lässt, sondern sie als »Mitschöpfer« (Thomas von Aquin) versteht. Es ist historisch daher kein Zufall, dass gerade in Ländern der christlichen Tradition, wo die Angst vor den bösen Geistern und einem tyrannischen Gott gebannt war, die selbstbewusste Entwicklung der modernen Naturwissenschaft und Technik ihren Lauf nehmen konnte und die Menschenrechte proklamiert wurden. Dass die Kirchen diese Entwicklung bisweilen auch hemmten, ist kein Argument gegen ihre religionssoziologisch aus dem Christentum stammenden Antriebe. Freilich haben viele Menschen heute diese christlichen Voraussetzungen ihres eigenen Selbstbewusstseins vergessen, das damit letztlich in der Luft hängt. Sie nehmen Gott nicht mehr wahr, wie man ein uraltes Möbelstück in der eigenen Wohnung nicht mehr wahrnimmt, und sagen nur noch aus Versehen »Gott sei Dank«.

Wie einerseits auf den Menschen in christlicher Sichtweise ein eigenartiges Licht fällt, so andererseits auch auf Gott. Die so genannte Idiomenkommunikation lässt theologisch zu, über den Mensch gewordenen Gott menschliche Aussagen zu machen, bis hin zum von Hegel philosophisch ausgedeuteten protestantischen Kirchenlied »Oh große Not, Gott selbst liegt tot«.[186] Hier zeigt sich eine wirklich unüberbietbare Nähe Gottes zu den Menschen, die in der Tat nur dann kein mehr oder weniger unernstes Theater bleibt, wenn Gott auch der Menschen Todesnot, ihr »Sein zum Tode« (Heidegger) ernsthaft mitmacht, und nicht nur spielt. Der Tod Christi am Kreuz ist daher nicht, wie Uta Ranke-Heinemann[187] und andere Unterhaltungstheologen meinen, ein Zeichen der Grausamkeit Gottes. Im Gegenteil: Grausam wäre ein Gott, der angesichts aller menschlichen Not, die im Tiefsten Todesnot ist, davon existenziell unberührt bliebe und den Menschen etwas von Friede, Freude und ewigem Glück weismachen würde – durch eine schriftliche oder sogar persönliche Botschaft, nach der er sich heiter aus dem Staube machen würde. Es wäre ein Gott nach dem Schlage von Goethes Göttern in »Iphigenie auf Tauris«:

»Es fürchte die Götter
Das Menschengeschlecht!
Sie halten die Herrschaft
In ewigen Händen,
Und können sie brauchen
Wie's ihnen gefällt.
Der fürchte sie doppelt
Den je sie erheben!
Auf Klippen und Wolken
Sind Stühle bereitet
Um goldene Tische.
Erhebet ein Zwist sich,
So stürzen die Gäste,
Geschmäht und geschändet,
In nächtliche Tiefen
Und harren vergebens,
Im Finstern gebunden,
Gerechten Gerichtes.
Sie aber, sie bleiben
In ewigen Festen
An goldenen Tischen.

Sie schreiten vom Berge
Zu Bergen hinüber:
Aus Schlünden der Tiefe
Dampft ihnen der Atem
Erstickter Titanen,
Gleich Opfergerüchen,
Ein leichtes Gewölke.
Es wenden die Herrscher
Ihr segnendes Auge
Von ganzen Geschlechtern
Und meiden, im Enkel
Die ehmals geliebten,
Still redenden Züge
Des Ahnherrn zu sehn.
So sangen die Parzen.
Es horcht der Verbannte
In nächtlichen Höhlen,
Der Alte die Lieder,
Denkt Kinder und Enkel
Und schüttelt das Haupt«.[188]

Dass, um ernste, liebevolle gott-menschliche Nähe in Worten wenigstens zu erahnen, die Logik kracht und die Sprache zusammenbricht, darf nicht verwundern. Dieses Geheimnis ist nicht einfach in die nüchternen Worte einer Definition zu fassen, die nicht erlebt, sondern bloß durchdacht werden will, genauso wenig wie die Neunte Symphonie von Beethoven aus den Noten besteht, die auf dem Papier stehen. Liebe und Musik sind ein ande-

rer Typ von »Information«. Ein wohlgesetzter Liebesbrief ersetzt
die Liebe nicht, und alle Definitionen von Liebe nähern sich dem
Lächerlichen. Aber Liebe ist auch nicht sonstwie im eigentlichen
Wortsinn vertretbar. Wenn Gott wirklich die Liebe ist,[189] musste
er da nicht persönlich Mensch werden, um wirklich und nicht
nur deklaratorisch für die Menschen da zu sein? Dass der Glaube
letztlich als Geheimnis bezeichnet wird, hat daher nichts mit Ge-
heimnistuerei zu tun, sondern damit, dass dann, wenn er bloß ein
zu lösendes Rätsel wäre, das Christentum sozusagen im Seminar
stattfinden könnte. Es muss aber gelebt werden, mit allen Unsi-
cherheiten des Lebens, mit aller Angst, die auch dem Leben des
Christen nicht fremd ist und die ja sogar Christus selbst am Öl-
berg gelitten hat. Der Glaube ist die existenzielle Antwort auf diese existenzielle Angst,[190] und er bedeutet für Christen das Vertrauen auf einen Gott, der sich vorbehaltlos für die Menschen
eingesetzt hat und nicht bloß daherredet. Die Offenbarung besteht für Christen daher nicht zunächst einmal in einem Text, der
»Heiligen Schrift«, sondern die eigentliche Offenbarung ist der
Gottmensch Jesus Christus selbst.

Hier entsteht aber nun ein Problem. Es mag ja angehen, dass
Gott in Jesus Christus da gewesen sein soll. Dem Menschen heute
ist das jedenfalls nach zweitausend Jahren nur sehr indirekt bekannt, und die Theologie hat mit Recht all die Vermittlungsunsi-
cherheiten aufgedeckt, die natürlicherweise die Nachrichten über
ein im Römischen Reich damals doch recht peripheres Ereignis betreffen. Auf der christlichen Archäologie und auch auf der neu-
testamentlichen Textforschung lässt sich nun wirklich nicht jener
Glaube aufbauen, der Christen die Kraft gegeben hat, dafür sogar
ins Konzentrationslager zu gehen.[191]

Auch Steve de Shazer glaubt seinen Patienten zwar alles, aber
wenn ein ihm noch völlig unbekannter Patient versichern würde, er
hätte einen Fallschirm eingepackt, würde er gewiss selbst nach-
schauen wollen, bevor er selbst mit dem Rucksack aus dem Flug-
zeug springen würde. In den Fragen von Leben und Tod bedarf es
ganz besonderen Vertrauens in die Zuverlässigkeit von Informatio-

nen. Psychiatrisch gesprochen, könnten die Evangelien eine riesige »Pseudologia phantastica« sein, eine Ansammlung von Geschichten, die zu schön sind, um wahr zu sein, und die dem Baron Münchhausen alle Ehre gemacht hätten. Was wäre das für ein Gott, der behauptete, die Liebe zu sein, die ihn suchenden Menschen aber mit diesen brüchigen Vermittlungen alleine lassen würde?

Doch Jesus Christus hat den Christen einen Beistand dagelassen: den Heiligen Geist. Würde man nun also diesen Geist als ein irgendwie geartetes »höheres Wesen« verstehen, wäre er ebenfalls bloß ein spiritueller Lückenbüßer. Christen glauben aber, dass auch er göttliche Person ist, die wirklich da ist und in der Wirklichkeit, das heißt konkret, wirkt. Damit wird auch klar, dass der Glaube an die göttliche Dreifaltigkeit, das heißt, der Glaube daran, dass der eine Gott in drei Personen existiert, nicht ein eigenartiges theologisches Ornament ist, das der Kaste der Theologen eine Existenzberechtigung geben soll. Der Glaube an den Dreifaltigen Gott bedeutet für Christen vielmehr, dass sie nicht an eine philosophische Theorie, sondern an die Wirklichkeit Gottes in dieser Welt glauben – historisch in Jesus Christus, gegenwärtig im Heiligen Geist. Der wirkt in der konkreten Gemeinschaft der Kirche, die zwar aus schwachen Menschen besteht, aber durch den Heiligen Geist in der Wahrheit gehalten wird.

Schon die Apostel bildeten freilich nicht gerade die ideale Kirche, von der man im Sinne des Watzlawick'schen Utopiesyndroms träumen könnte. Unter zwölf Männern, die immerhin tagtäglich mit dem Sohn Gottes zusammen waren: ein übler Verräter namens Judas, ein ziemlich glaubensschwacher Thomas, ein höchst wankelmütiger Petrus, und alle anderen bleiben relativ blass. Jeder Wirtschaftsboss, dem jemand erklären würde, er habe die Absicht, mit einer solch ungebildeten Truppe einen multinationalen Konzern aufzumachen, dem er ein wenigstens zweitausendjähriges Bestehen voraussage, würde wohl sofort den Psychiater rufen. Dass diese Jünger an Pfingsten die Massen sogar im Wortsinne begeisterten, dass sie bis auf Judas die Kraft hatten, den Märtyrertod zu erleiden, das bewirkte nach christlichem Glauben die Kraft des Heiligen Geistes, der sie sich überließen und die in dieser konkreten Kirche wirkt.

Die wirklichen Menschen der Kirche in Geschichte und Gegenwart sind es, denen man den Glauben an Jesus Christus ablesen soll, nicht weil sie stets perfekt sind, sondern fast im Gegenteil, weil sie immer wieder, trotz aller Schwächen, die Kraft des Heiligen Geistes glaubwürdig ausstrahlen. Damit ist der christliche Glaube aber auch stets ein Gemeinschaftsereignis und die Kirche keine mehr oder weniger lästige Zugabe zum Glauben. Ohne sie kommt er gar nicht vor. Andernfalls müsste man entweder doch die These vertreten, dass auf Archäologie und Textkritik ein Glaube auf Leben und Tod aufzubauen wäre oder auf eine so in sich abgeschlossene innere Erfahrung setzen, dass dann die Frage offen bliebe, warum Gott den Menschen dieses äußerliche Leben denn überhaupt zumutet – wenn das Entscheidende des Glaubenslebens auch rein innerlich stattfinden könnte. Gewiss sind innerliche Glaubenserfahrungen möglich und wichtig, entscheidend ist dabei aber, dass auch die großen christlichen Mystiker ihre tiefen inneren Erfahrungen in den Kontext der Kirche einbrachten und nicht trunken von innerem Glück bloß noch bestrebt waren, die demgegenüber so banale Welt zu verlassen. In der Banalität des Alltäglichen – auch des Kirchenalltags – zeigt sich vielmehr der wirkliche christliche Ernst und die überzeugende christliche Kraft.

Wenn diese Kraft der Kirche nach christlichem Glauben nicht wie in einem Kraftwerk selbst produziert wird, sondern als Kraft des Heiligen Geistes von der Kirche in ihrer Existenz bezeugt wird, so bleibt zu fragen, wie sie konkret wirkt, welche Kräfte es also sind, die diese Kraft freisetzt. Es handelt sich dabei um die »Wesensvollzüge« der katholischen Kirche, und das sind nicht, wie der durchschnittliche Fernsehzuschauer meinen könnte, die Sexualmoral, der Zölibat, das Männerpriestertum und der Papst. »Wesensvollzüge« sind vielmehr ganz grundlegende Tätigkeiten dieser Kirche. Fallen sie weg, kann man gar nicht von katholischer Kirche sprechen. Bei einer Geige vollzieht sich das Wesen durch die Musik, die auf ihr gespielt wird, obwohl man mit ihr zweifellos auch Kricket spielen, den Bruder verhauen oder den Ofen heizen kann. Mit der Kirche kann man auch alles Mögliche machen, doch wenn sie ihr Wesen nicht mehr vollzöge, existierte sie im Grunde nicht mehr – trotz aller »kirchlichen« Geschäftigkeit. Diese Wesensvollzüge sind Martyria (kirchliches Bekenntnis), Leiturgia (kirchlicher Gottesdienst), Koinonia (kirchliche Gemeinschaft) und Diakonia (kirchliches Sozialengagement, Caritas genannt).

Es handelt sich hier also um nicht mehr und nicht weniger als um die Lebenszeichen des Riesen. Sie müssen alle vorhanden sein, damit man ihn für lebend erklären kann. Sein kraftvoller Atem im Bekenntnis genauso wie seine Herztätigkeit im Gottesdienst, seine organismische Ganzheit in der kirchlichen Gemeinschaft genauso wie seine wärmende Ausstrahlung in der Caritas. Funktioniert eines davon nicht richtig, ist er zumindest gründlich blockiert, der Riese.

Die Kirche scheint heute daran zu kranken, dass von diesen Wesensvollzügen in den Gemeinden zumeist nur noch zwei gelebt werden: Leiturgia, einmal in der Woche Gottesdienst in Form einer etwa einstündigen Ritusveranstaltung, und Koinonia, Gemeinschaft, zweimal im Jahr Pfarrfest, gemeinsames Linsensuppeessen. Wenn der Anschein geweckt wird, allein darin bestehe das Christentum, dann muss man sich nicht wundern, dass so etwas junge Menschen nicht begeistert. Die beiden anderen unverzichtbaren Lebenszeichen haben die Gemeinden und die Christen aber weitgehend an Profis abgegeben. Bekenntnis? Dafür verweist der Christ katholischen Bekenntnisses an seinen Pfarrer oder an andere Theologen. »Die Heilige Dreifaltigkeit, ja, wissen Sie, das ist sehr kompliziert, das kann ich Ihnen auch nicht genau sagen, dazu fragen Sie am besten mal unseren Herrn Pastor.« Und kirchliche tätige Nächstenliebe, Caritas? »Dafür haben wir doch den Caritasverband, da sind sehr kompetente bezahlte Fachleute, die das machen, die Telefonnummer finden Sie im Telefonbuch.«

Man kann mit dem bedeutenden zeitgenössischen Theologen Karl Rahner annehmen, dass ein Glaubenssatz, über den man nicht mehr spricht, für das Leben und den Glauben des ganz normalen

Christen keine Bedeutung mehr hat.[192] Wenn Theologie im Grunde nur die bescheidene Aufgabe hat, über den immer schon geschehenden normalen Glauben und seine Bedingungen angestrengt und begriffsklar nachzudenken, aber auch über diesen Glauben nur noch Theologen Auskunft geben könnten, dann kreiste die Theologie nur noch um sich selbst und hätte ihren Gegenstand verloren. Damit wäre der Witz wahr geworden, dass der Theologe jemand sei, der in einem dunklen Keller nach einer schwarzen Katze sucht, die es gar nicht gibt, und ausruft: Da ist sie!

Daher ist es dringlich, das Bekenntnis wieder in die Gemeinden zu holen. Jeder Christ ist durch Taufe und Firmung beauftragt, seinen Glauben zu bekennen – sei es gelegen oder ungelegen. Das gewinnt in einer zunehmend entchristlichten Gesellschaft Bedeutung. Nachbarn, Freunden, Arbeitskollegen »Rechenschaft (abzulegen) über die Hoffnung, die in euch lebt«,[193] wie es im 1. Petrusbrief heißt, dafür müssen sich Christen aber auch wieder vermehrt kundig machen, und dazu müssen ihnen Theologen »dienen«.[194] Vor vierzig Jahren war es sinnvoll, Katholiken, die sehr wohl wussten, was katholisch ist, aber soziologisch bedingt Mängel in der Allgemeinbildung aufwiesen,[195] in katholischen Bildungswerken zu vermitteln, wie die Welt so aussieht. Heute wissen Katholiken sehr wohl, wie die Welt aussieht, aber haben oft nur noch vage Vorstellungen davon, was katholisch oder auch nur christlich ist. Es wäre im Grunde höchste Zeit, dieser Veränderung dadurch Rechnung zu tragen, dass die Bildungsabteilungen an Generalvikariaten in Verkündigungsabteilungen umgewandelt würden. Man muss als Christ in dieser Gesellschaft nicht nur Gebrauchsanweisungen der unzähligen Geräte lesen, die man so bedient, sondern sich auch kundig machen mit Hilfe von Gebrauchsanweisungen für den Glauben. Denn Religionsunterricht und Elternhaus scheinen das zurzeit nicht mehr zu bieten.

Das überzeugende persönliche Bekenntnis ist durch nichts zu ersetzen. Da kann manchmal der Metzgermeister, der beim Schützenverein mitmacht und vor niemandem seine Knie beugt, außer vor Gott – auch öffentlich bei der Fronleichnamsprozession –, einen jungen Menschen eher zum Glauben bringen als manches gelehrte Buch.[196]

Eine Besinnung auf das Wesen der Kirche, hier auf den Wesensvollzug der Martyria, bewirkte den Aufstieg der katholischen Kirche im 19. Jahrhundert, das offene und geradezu massenhafte Bekenntnis zum Glauben und auch zur Glaubensgemeinschaft der Kirche. Gerade weil die Lösung der Kirchenkrise des 19. Jahrhunderts historisch am nächsten liegt, kann man daraus bei allen zu erwartenden Unterschieden am meisten für heute lernen.

Auch die Aktivierung des anderen Wesensvollzugs, der in den Gemeinden und bei den einzelnen Christen heute weitgehend brachliegt, haben den Heutigen die Glaubensgenossen im 19. Jahrhundert vorgemacht: Es geht um die kirchliche Caritas. Um nicht missverstanden zu werden: Es gibt unter dem Firmenzeichen Caritas heute eine Fülle von guten Initiativen. Aber man darf eine professionell arbeitende Organisation nicht mit einem Wesensvollzug der Kirche verwechseln. Gerade der Verweis auf diese Organisation verschleiert nämlich die fast völlige Austrocknung der Gemeinden von diesem Lebenselixier der Kirche. Im vergangenen Jahrhundert waren es keine kirchlichen Organisationen, die sich der Not annahmen, die waren in den Stürmen der Französischen Revolution untergegangen. Es waren einzelne Christen, die sich zusammentaten und zunächst einmal ohne große Organisation einfach handelten. Sie wussten, wenn sie es nicht taten, tat es niemand. Dass diese von der Basis her aufbrechende Bewegung dann auch der Organisation bedurfte, dass später auch Professionalität in ihren Dienst gestellt wurde, versteht sich geradezu von selbst. Dabei wurde freilich streng darauf geachtet, dass im Sinne des Subsidiaritätsprinzips Organisationen und Profis stets zweitwichtig blieben und nicht versuchen durften, das eigentlich Bedeutsame zu ersetzen. Sie hatten dem eigentlich Wichtigen vielmehr zu dienen, nämlich dem überzeugten und uneigennützigen Einsatz von getauften und gefirmten Christen an der Basis.

Bei einem Vortrag vor führenden Caritasmitarbeitern,[197] der morgens um 10 Uhr angesetzt war, trieb mich die Sorge um, wie ich wohl am besten die morgendliche Müdigkeit meiner Zuhörer verscheuchen könnte. Als ich dann in einem der ersten Sätze die Auflösung aller Caritasverbände vorgeschlagen hatte, war diese Sorge gegenstandslos. Alle waren schlagartig wach. Ich plädierte dann für die Rückverlagerung der gesamten Caritas in die Gemeinde, denn jede Gemeinde ist für die Begleitung ihrer Kranken, Behinderten, Einsamen, Sterbenden und sonstwie in Not Geratenen zunächst einmal selbst verantwortlich. Jeder Christ ist verpflichtet, sich daran zu beteiligen, das umso mehr, als natürlich die unprofessionelle solidarische Hilfe immer die menschlich unmittelbarere ist. Um aus meinem psychiatrischen Erfahrungsbereich zu sprechen: Für einen chronisch schizophrenen Patienten ist selbstverständlich das Gespräch mit dem Bäcker, dem Buchhändler und dem ganz normalen Nachbarn immer die beste Form der Kommunikation, nicht das Gespräch mit uns »Psychos«. Man nennt das das Normalitätsprinzip.

Der Eindruck, man müsste eine Ausbildung haben, um beispielsweise mit einem Behinderten wirklich gut reden zu können, ist völlig falsch und hat verheerende Auswirkungen. Dennoch ist er weit verbreitet, was auch manchmal an etwas zu »wichtig« daherkommenden Profis liegt. Deshalb haben viele Angst, mit Behinderten umzugehen, in der Sorge, irgendetwas »falsch« zu machen. Das führt aber heute zu einer Art professionellem Ghetto, in dem Hilfsbedürftige zwar professionell versorgt werden, aber in der Öffentlichkeit unendliche Schwierigkeiten haben, Kontakte zu Nichtbehinderten zu knüpfen. Daher ist die Integration von Behinderten und anderen Menschen in Not heute ein wichtiges Anliegen, und da sind die Pfarrgemeinden geradezu ein ideales Feld von »Normalität«. Manch einen chronisch psychisch Kranken müsste man nicht in eine Dauereinrichtung verlegen, wenn vielleicht nur zweimal die Woche jemand von der Frauengemeinschaft oder der Schützenbruderschaft vorbeischauen würde. Zugegeben, dann, wenn der Schizophrene mal ausnahmsweise zu schizophren wird, braucht man einen »Profi«, der vorbeikommt und hilft. Diese Hilfe steht dann aber im Dienst des normalen Gemeindemitglieds, das

Gemeindemitglied ist nicht umgekehrt Notstopfen für die Profis, wenn Lücken in der Pflege nicht zu schließen sind.

Sollten sich solche hilfreichen Profis dann zusammentun und diesen Zusammenschluss wieder Caritasverband nennen, hätte ich nichts dagegen. – An dieser Stelle trat bei den Zuhörern doch wieder eine gewisse Beruhigung ein. Und damit Caritas nicht provinziell oder subtil egoistisch wird, muss eine Gemeinde auch über den Tellerrand hinausschauen und helfen. Da aber nicht von Witterschlick oder Unterammergau aus die Sahelzone bewässert werden kann, wäre auch gegen die Wiederbegründung des Deutschen Caritasverbands und der Caritas Internationales nichts einzuwenden – vorausgesetzt, deren Tätigkeit würde von Witterschlick als ein Dienst, sozusagen als der verlängerte Arm der Caritas dieser Gemeinde, verstanden.

Was hier etwas provozierend dargestellt wurde, ist im Grunde nichts anderes als das Subsidiaritätsprinzip der katholischen Soziallehre, dem solche Verbände eigentlich selbstverständlich verpflichtet sind.[198] Es muss das ureigenste Interesse dieser Verbände sein, dass sie dieses Prinzip fördern. Andernfalls würden sie, von ihren Wurzeln abgeschnitten, zu mit Kreuz etikettierten Sozialkonzernen verkommen. Warum solche Überlegungen aber dennoch recht provozierend wirken, ist wohl damit zu erklären, dass manche dieser Verbände inzwischen ein Eigenleben führen und dem Irrtum anhängen, Caritas, was ja tätige Nächstenliebe bedeutet, sei etwas, das aus bezahlter Professionalität bestehen könne. Bezahlte Profis *dienen* der Caritas, sie *sind* nicht Caritas. Es gibt keine bezahlte Caritas,[199] allenfalls Caritas durch Bezahlung, wie es der Samariter beim Herbergsvater tat. Aber auch da ist festzuhalten, dass der Samariter nicht am in Not Geratenen vorbei zur Herberge zog und dem Herbergsvater eine Caritasspende hinterließ, damit der die Bergung professionell organisieren könne.

Mir wurde dieser Zusammenhang eines Tages besonders deutlich, als ich mit Eltern sprach, die für ihren geistig behinderten Sohn eine Einrichtung suchten, wo er, wie sie sich ausdrückten, »Liebe« bekommen würde, wenn sie nicht mehr lebten. Sie wollten ihn nicht in eine Institution geben, wo wechselnde Mitarbeiter ihn versorgten, sondern suchten nach Beziehungskonstanz für ihren Sohn. Die Eltern hatten sich bei allen kirchlichen Einrichtungen im Rheinland erkundigt, aber nur von professionell arbeitenden Caritasheimen gehört. Auch sonst fanden sie nichts Geeignetes – bis sie schließlich auf eine Initiative von Anthroposophen stießen, die in einem »Dorf« zu einigen Familien zusammenlebten und Behinderte mit aufnahmen. Es stellte sich heraus, dass es davon sogar mehrere Projekte gab. Die überzeugt katholischen Eltern hatten nun bloß noch Bedenken wegen der nichtchristlichen Ausrichtung dieser Initiativen. Es war schon etwas beschämend, sich einzugestehen, dass einige Millionen Christen im Rheinland nichts Vergleichbares vorweisen konnten, sondern die Caritas in diesem Bereich komplett an den gleichnamigen Verband verpachtet hatten, obwohl man so ein Projekt ohne professionelle Kenntnisse aufbauen kann.

Bezeichnend ist übrigens, in welcher Diktion diese Debatte in Deutschland geführt wird. Hier ist immer von einer Aufwertung des »Ehrenamts« die Rede. Damit ist Wichtiges und Gutes gemeint, nur wird man fragen dürfen, warum in aller Welt es da um »Ehre« und warum es da um »Amt« gehen soll. Solcher Wortgebrauch ist ähnlich wie der theologisch unsinnige und mit Vorliebe von »Progressiven« verwandte Ausdruck »Amtskirche« wohl ganz besonders deutsch. Man braucht kein Amt und auch keine Ehre, um als Christ durch Taufe und Firmung verpflichtet zu sein, dem Nächsten bereitwillig zu helfen.

Es ist die Pflicht der »Profis«, ihrerseits das Subsidiäre ihres Tuns in Bekenntnis und Caritas deutlich zu machen. Theologen, die mit der Aura auftreten, den »einfachen Gläubigen« erst einmal richtig sagen zu müssen, was und wie diese neuerdings zu glauben hätten, sind da genauso kontraproduktiv wie Caritasmitarbeiter, die meinen, ihre Fachausbildung berechtige sie dazu, alles in die Hand zu nehmen, da sie ja doch mehr wüssten als die »Laien«. Dabei vergessen sie dann, dass Lebenserfahrung und Herzensbildung auf dem Gebiet der tätigen Nächstenliebe viel wichtiger sind als alle

Ausbildungen. Wir »Profis« können doch oft nur mit Bewunderung vor dem stehen, was manche Angehörige von Menschen in Not leisten. Vielleicht wäre es nützlich, wenn jeder kirchliche professionelle Mitarbeiter einen Kursus über die Anwendung des Subsidiaritätsprinzips absolvieren müsste. Aufgabe der Profis ist es, unprofessionell entstandenen Initiativen freudig, hilfreich und bescheiden zu begegnen. Um solche Hilfestellung zu leisten, müssten bei genereller subsidiärer Mentalität aller Mitarbeiter vielleicht eigene, in ihren Aufgaben nicht von vornherein festgelegte Planstellen geschaffen werden. Das würde die Institutionen flexibler machen.

Das Thema Caritas ist also nicht vorrangig ein Caritasthema, sondern hier geht es um die Kirche. Und eine Kirche, die nur noch ein Verein zur Pflege eines Ritus wäre, hätte sich die Wurzeln und den Saft abgeschnitten, aus denen sie lebt. Viele Phänomene deuten darauf hin, dass die derzeitige Kirchenkrise mit solchen Fehlentwicklungen zu tun hat. Dass in unseren Breitengraden selbst von manchen Laien der Rang eines Christen mit der Nähe zum Altar und seinem »Ernstgenommenwerden« im Gottesdienst in Verbindung gebracht wird, kann man nur als Krisensymptom betrachten. Viel wichtiger wäre es doch, darüber zu sprechen, wie Christen nicht dem Altar, sondern den Ärmsten der Armen näher kommen und wie sie ihren Glauben entschiedener bekennen und an die nächste Generation weitergeben können. Der Zöllner im Gleichnis Jesu hatte einen ziemlichen Abstand vom Altar, aber er bekannte sich, der Samariter hatte vielleicht nie einen Altar gesehen.

Der Höhepunkt der Absurdität war vor wenigen Jahren der Streit um die Ministrantinnen. Da lagen sich »Progressive« und »Konservative« wieder einmal heftigst in den Haaren, diesmal wegen der Frage, ob Mädchen ministrieren durften. Es schien, als hinge das Heil der Kirche davon ab, und man meinte, daran ablesen zu können, ob jemand »die richtige Richtung« hatte. Ein neu ernannter Bischof wurde keineswegs nach seinen Glaubenserfahrungen gefragt, sondern zu diesem Thema öffentlich examiniert. Damals behandelte ich manchen jungen Menschen, der keinen Sinn mehr im Leben sah und einen Selbstmordversuch begangen hatte. Was wäre wohl passiert – so habe ich mich da manchmal gefragt –, wenn so ein Verzweifelter auf der Suche nach dem Sinn des Lebens in einer Pfarrgemeinde gelandet wäre, die gerade eifrig über die Ministrantinnenfrage diskutierte?[200] Das sind die Konsequenzen, wenn die Kirche sich selbst die anderen Wesenszüge amputiert.

Gewiss sagt das Zweite Vatikanische Konzil, dass die Heilige Messe Quelle und Höhepunkt der kirchlichen Existenz ist.[201] Aber eine Quelle, die nicht über sich hinaus fließt, ist ein Tümpel, und ein Höhepunkt ohne Landschaft darum herum ist bloß ein gegenstandsloser Punkt. Die tranceartige Einschränkung der Aufmerksamkeit auf den Gottesdienst begründet auch den Fehlschluss, man könne von der Zahl der Gottesdienstbesucher auf Vitalität oder Niedergang der Kirche schließen. Auf diese Weise wird das volle Wesen der Kirche in der Gemeinde nicht vollzogen, und es besteht die Gefahr, dass am Ende nur noch liturgie-ästhetisch empfindende Menschen, die vor allem am Ritus interessiert sind, eine solche Gemeinde prägen, während viele vitale Christen sich da fremd fühlen. Die würden sich gewiss mit einer Pfarrei eher identifizieren können, die auch die anderen Wesensvollzüge lebt. Wo solches umgesetzt wird, zeigt sich das schon und widerlegt die Befürchtung, dass bei Übernahme der Caritas und des christlichen Bekenntnisses durch die Gläubigen vor Ort die ohnehin überlasteten Aktiven noch mehr belastet würden. Man wird vielmehr dadurch zusätzlich ganz andere Menschen ansprechen. Die Vitalität außergewöhnlicher Menschen wie Behinderter, psychisch oder körperlich Kranker wird darüber hinaus der Gemeinde wieder mehr christliche Lebensfreude schenken, sagt doch Christus selbst, dass man ihm gerade in solchen Menschen begegnen kann.[202] Der Neuaufbruch der Kirche wird demnach vor allem lebendiges Bekenntnis und überzeugende karitative Tätigkeit in der Gemeinde benötigen, die sich wieder auch als Verkündigungsgemeinde und als Caritasgemeinde verstehen sollte.[203]

In Wahrheit also gehören die vier Wesensvollzüge untrennbar zusammen. Die Liturgie ist ohne die anderen Wesensvollzüge bloß ein letztlich sprach- und lebloser Ritus, umgekehrt wird das Bekenntnis ohne Gottesdienst und Caritas zur bloßen Rhetorik, die Caritas ohne die anderen zu bloßem leeren Aktivismus, und Koinonia, kirchliche Gemeinschaft, verkäme zur öden Gruppendynamik nach dem Motto »Was macht das mit dir?«. Das muss man bedenken, wenn es nun darum geht, eine ressourcenorientierte Sichtweise dieser vier Wesensvollzüge getrennt vorzustellen.

a) Man kann sich die Löwen nicht aussuchen – oder: Über Ressourcen reden

Die Kirche wirkt in der Öffentlichkeit hier zu Lande heute oft wie ein taumelnder Riese, der stumm erträgt, wenn jeder Papiertiger an ihm sein Mütchen kühlt. Und man hat einmal pointiert darauf hingewiesen, dass sogar das Bekenntnis des Katholiken nicht selten sei: »Ich bin katholisch, aber es soll nicht wieder vorkommen!« Die englische Philosophin Anscombe klagte vor einigen Jahren: »…es scheint, man feiert die Märtyrer nicht mehr. Sogar kirchliche Zeitungen schreiben darüber heute, als handele es sich nur um tragische Fälle.«[204]

Demgegenüber wäre es unter den Gesichtspunkten ressourcenorientierter Psychotherapie wieder an der Zeit, sich auf das tapfere christliche Bekenntnis zu besinnen und zu beherzigen, was Milton Erickson über die Wirksamkeit von Sprache gesagt hat. Denn anstatt über das zu Vermeidende zu reden, wäre dem Guten und Wichtigen Platz zu schaffen, indem man es zur Sprache bringt. Dabei darf man, was die Adressaten betrifft, nicht allzu wählerisch sein. Als der Apostel Paulus in Athen auf dem Areopag sprach, setzte er alle Tricks ein, um die Aufmerksamkeit der Athener zu erlangen. So griff er die Inschrift eines Altars »für eine unbekannte Gottheit« auf, die ihm in Athen gerade aufgefallen war, und erklärte, dass er den Athenern jenen unbekannten Gott verkünden wolle. Über so ein höheres Wesen zu reden, das ging bei den Athenern noch an. Als es dann aber ernst wurde und er anfing, über die Auferstehung von den Toten zu sprechen, winkten sie ab. Kein Wunder bei Menschen, die an nichts anderem interessiert waren als an Klatsch und Tratsch. Denn die Athener »hatten ja für nichts mehr Zeit, als die letzten Neuigkeiten zu erzählen oder zu hören«[205] – offensichtlich das zeitlos oberflächliche Talkshow-Publikum. Paulus war sich dafür nicht zu schade, wenn es darum ging, die Frohe Botschaft zu verkünden, ob es den Leuten gerade passte oder nicht.

Selbstverständlich macht man sich, wenn man in vergleichbare Veranstaltungen geht, schnell die Hände schmutzig. Aber Christus hat seine Jünger geheißen, an die Zäune und Hecken zu gehen. Er selbst sprach – obwohl er wohl erst gar nicht wollte – mit der aus verachtetem Milieu stammenden Kanaaniterin und sogar mit der Ehebrecherin. Er kam regelrecht in Verruf, da er »mit Zöllnern und Sündern« zu Tische saß. Die selige Franziska Schervier scheute sich im vergangenen Jahrhundert nicht, als Ordensschwester Mädchen aus den Bordellen herauszuholen.[206] Da können sich Christen auch heute nicht den Kontext aussuchen, in dem sie stilvoll und möglichst unwidersprochen ihren Glauben zu »bekennen« bereit sind.

Damit sind wir beim Thema Kirche und Medien, denn Verkündigung des Glaubens und offenes Bekenntnis kann heute nicht mehr an Zeitungen, Rundfunk und Fernsehen vorbeigehen. Gewiss, die ganz persönliche Erfahrung christlichen Glaubens wird immer noch über die unmittelbare Begegnung gemacht. Aber man muss zur Kenntnis nehmen, dass achtzig Prozent der Katholiken ihre Informationen über die Kirche aus den Medien entnehmen und natürlich annähernd hundert Prozent der Nichtkatholiken.

Allzu lange hat man sich mit der Frage aufgehalten, ob man diese Herausforderung denn überhaupt annehmen soll. So gibt es in den Medien immer noch ein Argumentationsdefizit der Nichttheologen und ein Wirksamkeitsdefizit der Theologen. Dem wäre zu begegnen, indem man sich nüchtern und lernbereit mit den Eigengesetzlichkeiten dieser Welt befasst. Allen Bedenken zum Trotz sollten gerade Christen in der Lage sein, sich ohne Angst dieser unausweichlichen Herausforderung zu stellen. Gewiss muss man da nicht alles mitmachen und im hechelnden Bemühen um »Relevanz« die eigene Identität verramschen. Doch sollte man durchaus bestrebt sein, das Gute auch gut und warum nicht sogar unterhaltsam zu sagen. Zwar verkündet die Kirche die Wahrheit, und Journalisten geht es vor allem um Neuheit. Aber auch wenn nur der Irrtum originell ist, so kann die Wahrheit doch in Vergessenheit geraten und muss dann neu entdeckt werden. Die Art und Weise, wie sie zum Ausdruck gebracht wird, darf aber dann durchaus einmal ungewöhnlich sein. Dabei kommt es darauf an, auch mit der »schiefen Schlachtordnung« zu arbeiten und damit interessante unerwartete Perspektiven aufzuzeigen sowie eine Sprache zu sprechen, die die Menschen verstehen. Einerseits ist es wichtig, eine dialogische Atmosphäre zu schaffen, andererseits aber auch eine Streitkultur zu pflegen, die der respektvollen Auseinandersetzung nicht ausweicht. Sich der Form der Medien anpassen heißt keineswegs, sich inhaltlich den dort herrschenden Prioritäten auszuliefern. Im Gegenteil: Es ist von großer Bedeutung, selbst zu entscheiden, was man an einem Thema wichtig findet und was nicht. Wenn das Zweite Vatikanische Konzil von der »Hierarchie der Wahrheiten« spricht, so meint es damit eben nicht eine Ermäßigung des Glaubens, sondern, dass es im Glauben Wichtiges und eher Zweitrangiges gibt, und das sollte Ansporn sein, die von den Medien oft völlig auf den Kopf gestellte Hierarchie der Wahrheiten immer wieder kraftvoll auf die Füße zu platzieren.

Gewiss, persönlich läuft jeder Christ bei derlei öffentlichen Darbietungen immer auch Gefahr, sich öffentlich zu blamieren oder unangenehm attackiert zu werden. Man sollte dabei aber bedenken, dass die frühchristlichen Märtyrer sich die Löwen auch nicht aussuchen konnten. Und bei solchen Medienveranstaltungen – selbst den üblen – kommt man immerhin lebendig heraus und kann vorher sogar noch etwas sagen. Vielleicht ist es nicht jedermanns Sache, öffentlich zu reden, aber am Bekennermut sollte es bei Christen jedenfalls nicht scheitern.

Was Joseph Görres im vergangenen Jahrhundert für die katholische Kirche leistete, das kann heute Vorbild sein. Papst Johannes Paul I. bemerkte während seiner kurzen Regierungszeit, dass der

Apostel Paulus heutzutage sicher eine Nachrichtenagentur gegründet hätte. Und als Johannes Paul II. am 22.10.1978 sein Amt antrat, meinte er die Verkündigung des Glaubens und gar nicht so sehr die Politik, als seine Stimme beschwörend über den Petersplatz donnerte: »Non avete paura! Habt keine Angst, Christus aufzunehmen und seine Herrschaft anzuerkennen. Helft dem Papst und allen, die Christus und mit der Vollmacht Christi den Menschen und der ganzen Menschheit dienen wollen. Reißt die Tore weit auf für Christus. Seine rettende Macht öffnet die Grenzen des Staates, die wirtschaftlichen und politischen Systeme ...« Die Antwort von Christen unserer Breiten klingt manchmal verdächtig nach: »Türe zu! Es zieht!«

Das öffentliche Bekenntnis ist nicht bloß für die Verkündigung des Glaubens nach außen wichtig. Öffentliches Bekenntnis von Christen durchbricht die so genannte Schweigespirale,[207] ermutigt auch andere Christen und ermöglicht vor allem jungen Menschen die Identifikation des Glaubens mit überzeugenden Personen. »Wonach sich die Menschen heute sehnen, sind Persönlichkeiten, die über Weisheit und Überzeugungen verfügen und den Mut haben, ihren Überzeugungen entsprechend zu handeln«, sagte Erich Fromm.[208] Die frühchristlichen Märtyrer haben keine ausführlichen Traktate verfasst, sondern sich mit dem Gewicht ihrer Person und dem Risiko des Lebenseinsatzes bekannt. So wurde »Märtyrerblut zur Christensaat«. Dagegen ist es neuerdings üblich geworden, jede Form von Bekenntnis pauschal als »Fundamentalismus« zu diskreditieren. Schon das Bekenntnis zum Fünfminutenei kann da gefährlich werden. Bekanntlich kommt der Ausdruck Fundamentalismus aus dem freikirchlich protestantischen Bereich und wurde ursprünglich mit positiver Konnotierung verwandt. Dann auf radikale Muslime übertragen, ist er heute zur Vielzweckkeule verkommen. Nur ein blasser unentschiedener Relativismus ist davor ganz sicher und erklärt sich damit auf subtile Weise selbst zur einzig möglichen Sichtweise. So wird dieses Wort zu einer Art Samtvorhang, hinter dem eine satte Gesellschaft sich allzu beunruhigende Botschaften fern halten kann. Ruhe ist die erste Bürgerpflicht. Wer sich bekennt, stört: »Aha, das ist ein Fundamentalist!« Daher ist der Ausdruck nicht mehr verwendbar. Wer ihn heute noch gebraucht, macht sich selbst der Argumentationsflucht verdächtig. Andere Auffassungen zu beschimpfen, statt zu argumentieren, das war einmal genau das, was man unter den Begriff »Fundamentalismus« fassen wollte.[209] Zwar ist in der Tat jede christliche Enge abzulehnen, und gerade in der katholischen Kirche mit ihrer Einheit in Vielfalt ist da ein prinzipieller Riegel vorgeschoben. Aber wenn Christen sich aus Angst, in der falschen Schublade zu landen, nicht mehr bekennen, verlieren sie damit nicht eine periphere Macke, sondern einen »Wesensvollzug«, ein Lebenszeichen, und das wäre für das Christentum buchstäblich tödlich. Kaiser Konstantin hat sich nicht auf das Christentum gestützt, weil er etwa bedeutende christliche Staatsphilosophen kannte, sondern weil es überzeugende Bekenner gab.

Auch der Ausdruck »Mission« ist in der Kirche in ein eigenartiges Zwielicht geraten. Auf die Frage, ob sie in den letzten fünf Jahren von irgendjemandem auf den Glauben angesprochen wurden, antworteten im Jahre 1995 immerhin 42 Prozent der Deutschen mit: Ja. Auf die weitere Frage, wer sie denn angesprochen habe, sagten allerdings mehr als zwei Drittel: die Zeugen Jehovas. Katholiken und Protestanten lagen dagegen zusammen unter einem Prozent.[210] Nun sind gewiss die Zeugen Jehovas eine durchaus problematische Gruppe, aber dennoch sollte die Christen der Großkirchen bei solchen Zahlen das schlechte Gewissen beschleichen. Zwar muss jede Form der Missionierung mit Zwang und Druck verhindert werden, aber wenn Christen wirklich fest davon überzeugt sind, dass Jesus Christus der Erlöser ist, dann müssten sie dies kostbare Glück des Glaubens doch auch anderen Menschen vermitteln wollen. Sonst würde man vermuten, dass die als Begründung für Verzicht auf Glaubensverbreitung oft genannte »Toleranz« in Wahrheit etwas ganz anderes meint, nämlich, dass der Glaube sich selbst abschafft. Seine sterblichen Überreste dienten dann nur noch als konventionelle bequeme Ausstaffierung des bürgerlichen Wohnzimmers, als ein bisschen Opium gegen die schmerzlichen Fragen des Lebens, die dann aber auch mit anderen »Medikamenten« behandelt werden könnten, nach dem Grundsatz: Wer heilt, hat Recht.

Demgegenüber sagt Papst Johannes Paul II.: »Verkündigung und Zeugnis für Christus verletzen die Freiheit nicht, wenn sie mit Achtung vor dem Gewissen erfolgen«, und »der Glaube verlangt die freie Zustimmung der Menschen, aber er muss angeboten werden«.[211] Der Papst selbst ist es, der sich trotz Alter und Krankheit durch diese Forderung antreiben lässt, rund um den Globus zu reisen, von Albanien bis Kuba, von Norwegen bis Südafrika. Streng genommen hat es aber jeder getaufte Christ trotz Alter und Krankheit dem Papst gleichzutun, wo immer er lebt und arbeitet. In den jahrhundertelang vom Christentum geprägten Regionen hat der Papst zur »Reevangelisierung Europas« aufgerufen. Das betrifft keineswegs nur die vielen nichtgetauften Europäer, sondern auch getaufte Christen, die kaum mehr etwas von ihrem Glauben wissen. Während aber der Kapuzinerpater vor hundert Jahren auf einer Südseeinsel über das Christentum uninformierte Menschen antraf, besteht die Zuspitzung der Situation in Europa heute darin, dass die Menschen desinformiert werden. Wenn die katholische Kirche wirklich so frauenfeindlich, sexualfeindlich und freiheitsfeindlich wäre, wie sie in der Öffentlichkeit gewöhnlich dargestellt wird, dann wäre gewiss sogar der Papst aus der Kirche ausgetreten, dessen Engagement für die Menschenrechte sich auch der Philosophie unseres Jahrhunderts verdankt. Daher muss es zunächst darum gehen, unzutreffende Klischees zu kippen.

Beispiel Sexualität. In der Öffentlichkeit wird immer wieder der unzutreffende Eindruck verbreitet, die katholische Kirche sei ein Institut zur Verhinderung sexueller Freude. Dass das der gesamten Sittengeschichte widerspricht, wurde schon gezeigt. Vor allem ist der katholische Glaube keine Morallehre. Im Glaubensbekenntnis kommt die Sexualmoral überhaupt nicht vor. Vielmehr ist es der Glaube an den Gott Jesu Christi, der den Christen trägt und seinem Leben Orientierung gibt. Dass ein solcher Glaube dann auch gewisse Konsequenzen hat, zum Beispiel, dass Sexualität verbunden ist mit Respekt dem anderen gegenüber, versteht sich von selbst. Dieses ominöse Gebot ist aber das sechste und nicht das erste. Es markiert keineswegs die wichtigste Sünde.[212] Dennoch können solche Normen auf den Unkundigen rigide und hart wirken, wenn er nicht weiß, was die Beichte ist, in der Gott nach katholischem Glauben Sünden vergibt.[213] Jeder Katholik, der das will, kann binnen weniger Minuten einen katholischen Priester erreichen und ist durch die Beichte die ganze Sündenlast los. Katholiken sollten sich daher weigern, über die Sexualmoral zu reden, ohne gleichzeitig über den Grund des christlichen Glaubens und auch über die Beichte zu sprechen. Schließlich hat Dostojewski Recht: Wenn es Gott nicht gibt, ist alles erlaubt. Warum soll jemand denn auf irgendeine sexuelle Befriedigung verzichten, wenn er glaubt, dass mit seinem Tod wirklich alles aus ist?

Die selbst gemachte Problemtrance hat viele Christen außerdem daran gehindert, zu bemerken, dass inzwischen die Belagerung, was die Sexualmoral betrifft, weitgehend aufgehoben ist. Die Protagonisten der »sexuellen Revolution« konstatieren in letzter Zeit eine bedrohliche Krise gelebter Sexualität, und niemand macht dafür noch die katholische Kirche verantwortlich. Vielmehr sieht man die Gründe in Auswüchsen der sexuellen Revolution selbst.[214] Nachdem in deren Folge das Feigenblatt, gemäß einem Bonmot von Josef Pieper, von den Geschlechtsteilen vors Gesicht verrutscht ist,[215] wird allenthalben beklagt, dass Sex ohne Liebe stattfinde, vor allem, damit er in einer »sexuellen Marktwirtschaft« als Ware problemlos konsumierbar ist.[216] So laufe er sich aber tot bis hin zu süchtigen Verhaltensweisen. Inzwischen gibt es Selbsthilfegruppen für Sexsüchtige.

Es soll hier nicht der Fehler gemacht werden, diese Entwicklung auf die »böse« Sexualität zu schieben. Das wäre auch der katholischen Tradition völlig fremd. Allenfalls im 19. Jahrhundert haben sich auch Katholiken einem puritanisch bürgerlichen Zeitgeist[217] angepasst, so dass in der Tat die katholische Großelterngeneration auf diesem Gebiet genauso zugeknöpft, ja verklemmt war wie die protestantische Gegenseite. Aber das war bloß eine soziologisch bedingte Episode ohne theologische Grundlage.[218] Die katholische Kirche war immer bekannt für ihre Leibfreundlichkeit. Katholische Lebensfreude war geradezu ein Markenzeichen dieser Konfession, das die Katholiken bei strengen Protestanten in den Ruf der Leichtlebigkeit brachte.

Aber vielleicht können gerade aus dieser Tradition der heutigen Sexualitätskrise Lösungen zuwachsen. Die katholische Kirche vertritt einen ganzheitlich ökologischen Ansatz der Sexualität. Zu erfüllter gelebter Sexualität gehören für sie sexuelle Lust, die auch nach Worten des Papstes etwas Gutes und Schönes ist,[219] personale Liebe und Vitalität, das heißt Offenheit auf Kinder. Und wie zum Bier Hopfen, Malz und Wasser gehören, die getrennt recht schlecht, zusammen aber sehr gut schmecken, so gehören nach Auffassung der Kirche diese drei Aspekte in einer treuen Beziehung zusammen und können nicht ohne Schaden auseinander gerissen werden. Die Trennung der drei Aspekte ist ein neuerdings durch Gummi und Chemie hergestelltes Kunstprodukt: Sex, Liebe und Kinder gibt es jetzt im Einzelpack als Mehrwegprodukt. Genau das hat in die Krise geführt. So könnte die katholische Sexualmoral mit ihrer ganzheitlich ökologischen Sichtweise zur Lösung der derzeitigen Sexualitätskrise plötzlich irritierende Aktualität gewinnen – wenn es die Katholiken denn merken und dann öffentlich vertreten würden.

Dies ist nur ein Beispiel von vielen, wie man katholisches Bekenntnis unter ungewöhnlicher Perspektive betrachten kann. Schließlich sei noch auf eine inzwischen wieder millionenfach auflebende Art des Bekenntnisses hingewiesen, die den Glauben in besonderer Weise ganzheitlich erleben lässt, das Wallfahren. Wenn ein Mensch nicht nur innerlich einen Weg zu Gott zurückgelegt hat, sondern das auch äußerlich vollzieht, indem er seinen Körper zu einem Ort bringt, der geistliche Bedeutung hat, und das in Gemeinschaft und vielleicht auch mit Kranken, so vereinigen sich da alle Wesensvollzüge der Kirche in konkreter Weise.

Auch die Kirche als Institution muss freilich etwas tun, um wieder glaubwürdiger zu werden. Die Reevangelisierung könnte das heuristische Prinzip sein, alles in der Kirche schonungslos daraufhin zu überprüfen, ob es der Frohen Botschaft dient oder eher kontraproduktiv ist. Was schadet, sollte man abbauen, was nützt, fördern. Unter der ungewöhnlichen Beleuchtung, die wir hier gewählt haben, kann man dann entdecken, dass gerade Kirchenvertreter wie Kardinal Ratzinger, die man in die konservative Schublade gesperrt hat, die »Überinstitutionalisierung« der Kirche beklagen und für einen Verzicht auf organisatorische Macht plädieren.[220] Damit scheint der Leiter der Glaubenskongregation Goethes Mephisto Lügen strafen zu wollen, der mit einschläfernder Ironie plappert: »Die Kirche hat einen großen Magen, hat ganze Länder aufgefressen und doch noch nie sich übergessen ...«[221]

Dass auch in Deutschland ein namhafter residierender Bischof für einen Abbau kirchlicher Einrichtungen plädierte, wenn die nicht mehr mit christlichem Geist gefüllt werden könnten, das ließ aufhorchen. Denn er vertrat damit im Grunde ein radikal antikonservatives Programm (konservare = bewahren). Die Kirche solle nicht Macht ausüben über Leute, die sich gar nicht mit ihr identifizieren wollen, ohne dass die deshalb schlechtere Mitarbeiter oder gar schlechtere Menschen seien. Sie müsse vielmehr, sagte jener Bischof, heute die Hände frei haben für die Not, für die sich keiner zuständig fühlt. Als er dann noch manch einen Verband an die Dinosaurier erinnerte, sich selbst blockierende Riesen der Urzeit, die, wie einige sagen, an ihrem Gewicht zu Grunde gingen, kam es zu erheblichem Ärger mit dem kirchlichen »Apparat«. Denn die Lage wurde wirklich brenzlig, konnte man doch nicht bestreiten, dass bekennende Katholiken nur noch eine kleine Minderheit dieser Gesellschaft darstellen, und die riesigen, in vielen Gegenden flächendeckenden Institutionen kaum mehr zu begründen sind. Alles würde daher dafür sprechen, viele Einrichtungen in anderweitige Trägerschaft zu überführen. Und wie viel Ärger könnte vermieden werden, wenn ausgezeichnete, aber kirchenferne Mitarbeiter, die mangels Alternative in kirchlichen Einrichtungen arbeiten, sich nicht mehr von kirchlichen Regelungen gegängelt fühlten. Man sollte nicht unterschätzen, wie sehr diese Situation dem Image der

Kirche schadet. Gegen solche Argumente war also kaum ein Kraut gewachsen. Doch Institutionen, auch kirchliche Institutionen, haben nun einmal beharrenden Charakter und erleben Änderungen schnell als bedrohlich, nach dem Motto der altösterreichischen Verwaltung: Das war schon immer so. Wo kämen wir da hin. Da könnte ja jeder kommen … Der da kam, war nun aber unangenehmerweise ein Bischof, dem man eine Zuständigkeit für diese Fragen nicht einfach bestreiten konnte. Es handelte sich um den Erzbischof von Köln, Kardinal Meisner.

Wie konnte man nun diesen Angriff auf den Besitzstand abwehren? Man nutzte die nächstliegende Möglichkeit und steckte diese subversiven und umstürzlerischen Thesen ausgerechnet in die konservative Schublade. Das sei Ghettokatholizismus, hieß es, hier wolle jemand die reine Herde und so weiter, für Kenner der Lage abwegige Behauptungen, aber durchaus wirksam. Um zu retten, was zu retten ist, änderte man halbherzig die kirchliche Dienstordnung. Das führt dazu, dass es seltener juristische Reibungen gibt, dafür ist es nun freilich die Dienstordnung, die mit dem Geist des Ganzen in Konflikt gerät. Man entwickelte die Sauerteigtheorie: In einem katholischen Großkrankenhaus mit 500 Mitarbeitern könnten auch nur 5 bekennende Katholiken wie »Sauerteig« wirken. Gegenüber solcher Festtagslyrik vertreten Betroffene eine Mürbeteigtheorie. Denn gerade an mancher katholischen Einrichtung, an der die Besonderheiten kirchlicher Ordnungen nur noch dem Zynismus der Macht dienen, kann das Katholischsein durchaus schwer fallen.

Die gewaltigen Mauern der kirchlichen Institutionen in Deutschland wirken wie die Hinkelsteine, die Obelix aus unerfindlichen, offenbar rituellen Gründen durch die Lande schleppt. Der Zaubertrank, der es dem blockierten Riesen ermöglicht, diese Steine mit letzten Kräften zu tragen, ist die Kirchensteuer. Doch werden alle Improvisationen den quantitativen Abbau des kirchlichen Imperiums nicht verhindern können. Es ist besser, das zeitig ins Kalkül zu ziehen und so diese Entwicklung kraftvoll und kreativ zu gestalten, als auf die nächste gnädige Säkularisation zu warten, die

die Kirche von lästigen Schlacken befreit. Denn ein solcher Abbau muss überhaupt kein resignativer Rückzug sein, er könnte einhergehen mit einem Aufbruch, der neue eigene Akzente setzt. Es geht nicht darum, weniger zu tun, sondern mehr: mehr christlich Sinnvolles, mehr für diejenigen, die durch alle Hilfsnetze fallen. Der Riese soll sich nicht dematerialisieren, sondern in Bewegung geraten. Die Christlichkeit dieser Bewegung ist allerdings nicht durch Papiere und Sonntagsreden zu sichern, sondern durch Christen. Da aber der christliche Glaube ohne Kirchenbindung nachweislich verdunstet, bedeutet das erstaunlicherweise, dass die Kirchlichkeit der Einrichtungen ihre Christlichkeit sichert. Kirchlichkeit ist dabei nicht formal, sondern ganz konkret zu verstehen, zum Beispiel als konkreter Kontakt mit der Pfarrgemeinde oder einer kirchlichen geistlichen Gemeinschaft. Ein Riese, der nicht herrscht, sondern dient, der nicht schwätzt, sondern handelt, taugt nicht für Monsterfilme und kann sogar sprachlos das Wort Gottes verkünden. Wer Angst hat, ein kleinerer Riese sei kein Riese mehr, und daher von Reduktion nichts wissen will, der sei daran erinnert, dass Riesen manchmal auch klein von Gestalt sein können: Wer wird bestreiten, dass Mutter Teresa von Kalkutta ein Riese war!

Neben quantitativer Reduzierung und qualitativer Neuorientierung der kirchlichen Einrichtungen muss schließlich aber auch etwas für die Spiritualität der Mitarbeiter getan werden. Der Durst nach Sinn, nach tieferer religiöser Erfahrung und Berührtwerden durch Gott ist enorm. Doch damit sind wir bereits beim nächsten Wesensvollzug.

b) »Abgesehen von seinen heiligen Weihen ist dieser Pfarrer ein Esel« – oder: Über Unterschiede, die einen Unterschied machen

Der Gottesdienst der Kirche gerät heute bisweilen zur peinlichen Veranstaltung, wenn die alte Dame so richtig flott gemacht werden soll und Liturgiesachausschüsse in manchen Gemeinden ultimativ erklären, was »die Menschen von heute« oder »die Jugend von heute«, aber vor allem sie selbst für »zeitgemäß« halten. Der blockierte Riese soll entfesselt werden, indem man ganz viele originelle Ideen und unterhaltsame Elemente in den Gottesdienst einbringt. Das geschieht mit den besten Absichten und verdient daher Respekt. Man möchte dadurch mehr Leute in die Kirche locken, und wirklich ist bei dem lange vorbereiteten Gottesdienst die Kirche voll. Doch sind das vor allem die Vorbereiter, deren Familien und Freunde, vielleicht auch Nachbarn und schließlich die Unentwegten, die eigentümlicherweise bei jedem Gottesdienst kommen. Das gleiche Publikum – vielleicht abgesehen von jenen Unentwegten – findet sich wenig später bei einer ebenfalls gründlich vorbereiteten Aufführung von Shakespeares »Sommernachtstraum« durch Schüler des örtlichen Gymnasiums ein. Den gibt man sogar viermal vor vollem Saal. Demgegenüber hat der Liturgiesachausschuss ein kaum lösbares Problem: Niemand würde auf die Idee kommen, den »Sommernachtstraum« jahraus, jahrein jede Woche zu geben – und das auch noch vor dem gleichen Publikum. Die Heilige Messe allerdings sollte man als Katholik eigentlich wenigstens an jedem Sonn- und Feiertag besuchen – und da fällt einem doch nicht jede Woche etwas Originelles ein. Vor allem hat man beim Gottesdienst über weite Passagen mit kaum veränderbaren Texten und Riten zu »kämpfen«. Mit anderen Worten: ein aussichtsloses und mithin frustrierendes Unterfangen. Ob man nun mehr desselben macht und mit neckischem Mummenschanz aus dem blockierten Riesen einen Tanzbären werden lässt, ob man durch liturgische Regelverstöße den Bischof ärgert und damit Aufsehen erregt – der Unterhaltungswert der Heiligen Messe bleibt miserabel, und gerade die Menschen, die mit derlei Aufpeppungen angesprochen werden sollen, zappen sich weiter, hin zu wirklich guter Unterhaltung.

Es wäre ganz ungerecht und ungehörig, dem Sachausschuss irgendwelche Vorhaltungen zu machen. Das sind engagierte Christen, die das Beste wollen und sich aufopferungsvoll einsetzen. Eher müsste man manchen Fachtheologen der Gemeinde – geweiht oder nicht geweiht – unter vier Augen fragen, warum er sich nicht getraut hat, dem Sachausschuss das Geheimnis zu verraten, das es mit dem Gottesdienst auf sich hat: dass es sich hier nämlich um einen Unterschied handelt, der einen Unterschied macht, dass ihm alles sonst durchaus schätzenswerte Zeitvertreibende und Originelle fremd ist und dass diejenigen, die den Gottesdienst regelmäßig besuchen, das am ehesten wegen dieses Unterschieds tun. Der geht zurück auf die sakramentale Grundstruktur der katholischen Kirche. Das Sakrament ist es, das einen Unterschied setzt, der einen Unterschied macht.

Dass Gregory Bateson, der amerikanische Vordenker der systemischen Therapie, die sich sonst mit kirchlichen Fragen gar nicht befasst, ausgerechnet über Sakramente einen Artikel verfasst hat,[222] lässt aufhorchen. Diesem Artikel liegt die hier freilich nicht religiös verstandene Überlegung zu Grunde, dass Zeichen wirklich etwas bewirken. Damit kommt Bateson dem Begriff »Realsymbol« aus der katholischen Theologie sehr nahe. Genau das wird in der Kirche aber oft nicht mehr verstanden, wie Kardinal Ratzinger beklagt. Viele sehen zum Beispiel bei kirchlichen Ämtern nur noch die Funktion, die zweifellos von jedem, Mann oder Frau, zölibatär oder nicht, erlernbar ist. Doch im Sakrament ereignet sich ein Wesensunterschied, systemisch gesprochen ein Unterschied, der einen Unterschied macht.[223] Hier eröffnet sich das weite Feld für die Kommunikationstheorie Paul Watzlawicks. Die Sakramentenlehre der katholischen Tradition besagt, dass die sakramentalen Zeichen das wirklich bewirken, was sie bezeichnen. Damit sind es Wirkkräfte, die jedem einzelnen Christen Kraft geben. Fragen wir nach dem Generator, der diese Kräfte freisetzt, so antwortet das Zweite Vatikanische Konzil: Das Grundsakrament ist die Kirche, aus der alle Sakramente hervorgehen.

Wenn man den blockierten Riesen wieder flott kriegen will, dann muss man mindestens diesen Generator untersuchen, und man ist seinen Wirkungen in den sieben Sakramenten am ehesten auf der Spur. Während die Kirche als Grundsakrament nach katholischer Lehre das allgemeine Heilszeichen in der Welt ist, das bewirkt, was es bezeichnet, nämlich das Heil der Menschen – übrigens auch von Nichtkirchenmitgliedern –, ereignet sich dieses Heil konkret in den sieben Sakramenten. Betrachten wir jene besonderen Heilmittel einmal unter ressourcenorientierter Perspektive als Unterschiede, die einen Unterschied machen.

Die **Taufe** ist für Christen der grundlegende Unterschied, der einen Unterschied macht. Sie ist nämlich nicht bloß ein feierlicher Ritus, der Gelegenheit gibt, ein großes Fest zu feiern, sondern das Wasser der Taufe bewirkt die Eingliederung des Täuflings in die Heilsgemeinschaft, die die Kirche ist.

Was viele Menschen daran heute befremdet, ist, dass sich jemand hier nicht selbst aus reifem Willen für die »Vereinszugehörigkeit« entscheidet. Das erweckt den Eindruck, dass die Kirchen recht clever vorgehen, um sich Mitglieder zu sichern: Als unmündiges Kind mit Wasser übergossen zu werden, dagegen kann sich schließlich niemand wehren. Doch dieser Unterschied kennzeichnet präzise auch den Unterschied, der die Taufe von anderen Vereinsaufnahmen wesenhaft unterscheidet. Die Kindertaufe macht zweierlei besonders deutlich: Zum einen ist die Taufe keine Leistung, die Menschen im Rahmen der Sinnangebote einer Gesellschaft auswählen, sondern hier wirkt die Gnade Gottes, die man sich durch noch so viel erwachsene Bemühungen nicht erwerben könnte. Denn im Christentum geht es nicht um eine selbst gemachte Ideologie, sondern ganz im Gegenteil um die den Menschen ergreifende Offenbarung durch Gott. Damit ist das Christentum radikal antiideologisch. Zum anderen macht die Kindertaufe deutlich, dass das Christentum keine Lehre zur Erreichung des Individualglücks ist, sondern dass der christliche Glaube von seinem Wesen her über eine Glaubensgemeinschaft vermittelt wird. Die ursprüngliche Glaubensgemeinschaft aber ist die Familie, die »Hauskirche«. Das Besondere und Irritierende des Sakraments ist damit auch das Entscheidende: Gegen alles Machbarkeitsdenken und alle Individualisierung handeln hier im Wesentlichen nicht einzelne Menschen, sondern Gott handelt, und er handelt, indem er die Menschen von vornherein als Teil einer Gemeinschaft anspricht. Vor allem ist nicht das, was an vielleicht gut Ausgedachtem bei der

Tauffeier gesagt wird, das Entscheidende. Angesichts des unendlichen gleichgültigen Geschwätzes, das unsere Zeit erfüllt, sind die Worte der Taufe selbst »Ich taufe dich im Namen des Vaters, des Sohnes und des Heiligen Geistes« nach christlichem Glauben wirksame Worte. Das, was sie besagen, bewirken sie auch. Das Sein dieses Menschen hat sich geändert, nicht das Geschwätz über das Sein.

Die **Firmung** ist das Sakrament des Perspektivwechsels und der Ressourcenorientierung schlechthin. Diese Stärkung und Ermutigung durch die Kraft des Heiligen Geistes erfasst den Christen im Alter des geistigen Erwachens. Gerade in der heutigen Situation macht dieses Sakrament besonders deutlich, dass der Christ anders ist als die anderen. Das Bewusstsein, aus der Kraft des Heiligen Geistes heraus als Christ leben zu können, ergreift den Christen ganzheitlich. Es ist eine Kraft, die ihm eingeben wird, was er sagen soll, wenn er den Glauben vertritt, und die ihn trägt, wenn er in Not ist. Dass damit auch sein Wesen verwandelt ist und nicht bloß ein Bewusstseinsakt gesetzt wurde, der von der Fertigkeit des Bischofs abhängt, eine Feiertagsstimmung herzustellen, ist besonders tröstlich. Denn die Begeisterung kann nachlassen, und gerade in den dunklen Zeiten jedes menschlichen Lebens ist die Unauslöschlichkeit dieses heiligen Zeichens Garant der Treue Gottes trotz aller menschlichen Untreue. »Ich habe dich eingezeichnet in meine Hände«, sagt Gott im Alten Testament bei Jesaja.[224] Die Firmung spricht dies dem Christen sakramental wirksam zu. So müssen gefirmte Christen sich trotz der stets nötigen geistlichen Erneuerung nicht ihr geistliches Leben immer wieder neu produzieren, wie Sisyphos, der den Stein unentwegt, aber vergeblich den Hang hoch rollt, sondern sie können darauf vertrauen, dass der Stein nach der Firmung im Grunde schon oben ist.

Heute sind es vor allem die neuen geistlichen Bewegungen, die die Christen wieder an ihre geistliche Dimension erinnern und auch dem Einzelnen neuen Zugang zu diesen Quellen geben wollen. Da geht es um christlich eigentlich wichtige Fragen wie das tägliche Gebet und das persönliche alltägliche Verhältnis zu Gott. Sich darin auch in Gemeinschaft zu stärken, das ist ein großes Anliegen solcher Gruppen. Das Wiedererwachen des Glaubens in den Herzen, das man heute in diesen kraftvollen Bewegungen erlebt, wirkt sich auf die ganze Kirche aus. Dazu kann sie auf ihren reichen spirituellen Schatz zurückgreifen. Der spirituelle Hunger in dieser Gesellschaft ist groß. Die Menschen landen aber oft bei spirituellen Fast-Food-Produkten – die freilich sind unbekömmlich und haben ein rasches Verfallsdatum. Selbst in der Kirche erfreut sich manch pseudopsychologischer Muckefuck bedenklicher Beliebtheit. Umgekehrt weiß seriöse Psychologie die kirchlichen spirituellen Traditionen durchaus zu schätzen: So bezog sich I. H. Schulz bei der Erfindung des autogenen Trainings ausdrücklich auf die zu Recht gerühmten Exerzitien des heiligen Ignatius von Loyola.[225] Über ihre ureigenen spirituellen Schätze sollte in der Kirche mehr geredet werden. Doch diese Schätze müssen nicht von neuem erworben werden, sie sind nach dem Glauben der Kirche dem gefirmten Christen schon geschenkt, er muss sie nur wiederentdecken.

Die **Eucharistie**, deren Kern die Transsubstantation, die Wandlung von Brot und Wein in Leib und Blut Christi ist, aktualisiert den Unterschied, der einen Unterschied macht, immer wieder neu. Alle Bemühungen, die Eucharistie auf ähnliche Weise attraktiv zu machen wie andere »Freizeitaktivitäten«, gehen prinzipiell an der Sache vorbei und machen nur mehr desselben von dem, was sonst auch geschieht. Wir sahen schon, dass auf der Ebene des Unterhaltungswerts ein Ritus bei noch so kreativen Bemühungen nur hoffnungslos scheitern kann. Wahrscheinlich ist es besonders wichtig, gerade den Unterschied zu anderen Veranstaltungen besonders zu betonen und nicht durch selbst gestricktes Entertainment zu vertuschen. Aus Angst vor dem gefürchteten »Magischen« hat man in jüngerer Zeit außerdem oft alles »erklärt«, auf eine bloß mitmenschliche Ebene gezerrt und damit das Geheimnis zerschwätzt. Doch Gottesdienst ist eben nicht »mehr desselben« an ergreifenden und persönlich berührenden Veranstaltungen, sondern der Ort, wo Menschen, herausgerissen aus all dem Gelärme, in besonderer Weise »Hörer des Wortes«[226] Gottes sind, das sie fordert und stärkt und nicht zum Amüsement unterhält. Der Gottesdienst schwätzt nicht über die *Möglichkeit* Gottes, vielmehr bietet sich hier in Wort und Sakrament Gottes *Wirklichkeit* dar. Gerade wegen dieses Unterschieds, der das Sakrale vom Profanen unterscheidet, kommen die Menschen.[227] Dass man dafür auch besonders geeignete Formen finden kann, sei hier gar nicht bestritten.[228] Doch darf dabei nicht ausschlaggebend sein, wie originell der Gottesdienst ist, sondern ob er des sakralen Geschehens würdig ist und den Menschen die Möglichkeit gibt, dem Heiligen zu begegnen.

Ich habe das einmal persönlich eindrucksvoll erleben können. Ich besuchte alleine an Karfreitag in der römischen Oper das Requiem von Verdi, das ich bisher noch nie gehört hatte, dirigiert von Georges Prêtre. Mondänes römisches Publikum flanierte durch die Hallen der Oper und begab sich dann auf die Ränge. Das Licht wurde abgedunkelt. Und da geschah etwas Eigenartiges. Durch das Mikrofon vernahm man eine Ansage in fünf Sprachen: »Heute ist Karfreitag, der Tag, an dem wir des Todes unseres Herrn Jesus Christus gedenken. Der Dirigent, das Orchester und der Chor wünschen ausdrücklich, auf jeglichen Beifall zu verzichten.« Das großartige Werk begann, glänzend dirigiert. Präzises Orchester, stimmgewaltiger Chor. Alle waren ergriffen, auch ich.

Und dann passierte das Erschütternde: Die Musik verstummte. Das Requiem war zu Ende. Der Dirigent verließ ohne einen Blick ins Publikum gemessenen Schritts und in absoluter Stille seinen Platz. Das Orchester und der Chor gingen ohne jede Ordnung, aber langsam und in völligem Schweigen von der Bühne, wie nach einer Beerdigung. Das Publikum saß da wie gelähmt. Man wollte spontan nur eines: Klatschen! Diese beklemmende Spannung lösen! Aber man durfte ja nicht. Dann ging auch das Publikum, langsam, wie in Trance. Einer nach dem anderen. Auch an der Garderobe sagte niemand etwas. Ich verließ die Oper, irritiert und tief berührt. Das Requiem von Verdi ging mir noch wochenlang nicht aus dem Kopf. Ich glaube, ich war nicht der Einzige, der leibhaftig erlebt hatte, wie diese erhabene Musik nicht, wie sonst so oft, um des Beifalls willen gegeben worden war, sondern wie sie in aller Reinheit ohne jeden irdischen Zweck mitten aus der römischen Oper direkt zu Gott aufstieg, und wir, das Publikum, durften diesem Ereignis beiwohnen.

Es hat sich so eingebürgert, dass am Ende vieler Gottesdienste den »Beteiligten« gedankt wird, und dann brandet Beifall auf. Das ist herzensgut gemeint, doch verschleiert es den Unterschied, der beim Gottesdienst gegenüber allen anderen Veranstaltungen einen Unterschied macht: Im Gottesdienst geht es ausnahmsweise nicht darum, dass Menschen etwas leisten und brillieren, wofür ihnen höflicherweise zu danken ist, sondern um etwas völlig anderes: Im Gottesdienst danken sie, jeder mit all seinen Kräften, seiner unwiederholbaren Zeit und seinem persönlichen Einsatz Gott, ihrem Schöpfer und Erlöser, und beten zu ihm. Dieses ganz andere hatte ich völlig unerwartet an jenem Karfreitag in der römischen Oper erlebt.

Josef Pieper hat in dem lesenswerten Büchlein »Muße und Kult«[229] diesen Unterschied dargestellt und schon bei den Griechen gefunden, dass der Gottesdienst seinerseits Quelle aller Muße, also aller wirklich fruchtbar freien Zeit war und nicht umgekehrt die Freizeitgestaltung formbildend für Gottesdienste wurde. Dass der Mensch im Gottesdienst keine der Rollen hat, die er sonst in seinem Leben tagtäglich unweigerlich einnimmt, dass er hier nicht als Vater, als Sohn, als Chef, als Untergebener, als Freund, als Nachbar, als Ehemann da steht, sondern wenigstens diese eine von 168 Wochenstunden nur als er selbst – vor Gott, das gibt dem Gottesdienst seinen besonderen Charakter. So bietet der Gottesdienst die unbefangene, von situativen Perspektiven und nahe liegenden Zwecken befreite Begegnung mit der Wirklichkeit, der Wirklichkeit Gottes und der Wirklichkeit des Menschen. Einen Gottesdienst zu besuchen ist auf ärgerliche Weise zwecklos, wenn mit dem Tod alles aus ist. Er ist zu nichts nutze, man erfährt nichts Neues, verdient kein Geld, führt keine interessanten Gespräche, lernt keine neuen Leute kennen, macht keinen guten Eindruck. In diesem Sinne ist der Gottesdienst so recht von Herzen zwecklos – aber höchst sinnvoll. Denn in seiner irdischen Zwecklosigkeit liegt die

Kraft, in besonderer Weise ein Ereignis des gemeinsamen Glaubens zu sein. Gerade weil hier Zeit nicht, so wie sonst üblich, »genutzt« wird, stellt sie sich im Gottesdienst sozusagen in Reinform dar. Die Unwiederholbarkeit jedes Moments wird auf diese Weise besonders deutlich. Die Regelmäßigkeit, mit der der Katholik gehalten ist, die Heilige Messe zu besuchen, heiligt insofern die Zeit, die den Menschen von Gott geschenkt ist. Hier wird Kirche immer wieder Wirklichkeit.

So wie eine Ehe sich nicht dadurch vollzieht, dass der Ehemann alle paar Monate aus Amerika anruft und versichert, dass er sich nach wie vor mit seiner Frau solidarisiert, ist es ein Zeichen für die Leibfreundlichkeit der katholischen Kirche, dass sie von den Gläubigen die nicht bloß geistige, sondern auch körperliche Präsenz in der Kirche erwartet. Damit nähern wir uns auch einem bestimmten Aspekt des Gebets. Zeitweilig sind festgefügte Gebete, wie zum Beispiel der Rosenkranz, in Misskredit geraten. Bloß noch das individuell formulierte Gebet wurde propagiert, aber immer weniger praktiziert. Dem liegt ein Missverständnis des Gebets und der Meditation zu Grunde. Das Gebet hat nicht den Sinn, Gott möglichst originelle Sachen zu sagen. Vielmehr geht es auch hier um eine Ausrichtung des Menschen auf Gott hin und um eine Heiligung der Zeit. Der Rosenkranz, der übrigens von seiner Form her gar keine christliche Erfindung ist, stellt Menschen eine gewisse unwiederholbare Zeit real, nicht nur theoretisch oder innerlich, vor Gott. Die vertiefte Meditation der immer wiederkehrenden Gebete vertieft auch die Haltung Gott gegenüber. Mystiker haben oft stundenlang über ganz kurze Sätze nachgesonnen und sie verinnerlicht. Ein Gebet wie der Rosenkranz ist insofern ein Kontrastprogramm gegenüber der allfälligen Geschwätzigkeit des Alltags. In seiner vorgegebenen Form ist er auch ein Gebet der Kirche, das sich nicht der Einzelne zusammengezimmert hat, sondern das er bewusst mit dieser Kirche zusammen betet. Das vermindert freilich nicht die zusätzliche Bedeutung des persönlich formulierten Gebets.

Die **Beichte** erscheint so zeitgemäß wie kaum je. Zwar wurde Schuld zeitweilig mit Hilfe einer popularisierten Psychoanalyse zum bloßen Mythos verniedlicht. Es war nur noch von »Schuldgefühlen« die Rede oder gar von »Schuldkomplexen«.[230] Schuld ist aber nach Karl Jaspers eine Grenzsituation menschlicher Existenz, der niemand ausweichen kann. Wenn man sie verdrängt oder verleugnet, wuchert das Phänomen unbegrenzt und unbegriffen. So gibt es heute geradezu Beschuldigungsorgien, zum Beispiel nach der Wende im Osten Deutschlands. Man versucht Schuld mit dem Strafrecht »aufzuarbeiten« und scheitert natürlich hoffnungslos an der Unbeweisbarkeit gerade des Entscheidenden und an der Mangelhaftigkeit des juristischen Instrumentars für wirkliche Schuld. Die Juristerei hat es schließlich bloß mit dem Recht zu tun, was nicht mit der Gerechtigkeit zu verwechseln ist. Wer also durch die Rechtsprechung eine angemessene Begleichung von Schuld erhofft, der erliegt dem Utopiesyndrom und produziert sich seine Verbitterung selbst. Kindesmissbrauch ist ein wirklich schreckliches Verbrechen. Dass man da mit besonderem Nachdruck Schuldige sucht, ist wichtig. Umso schlimmer aber ist es, dass auf der Basis höchst fragwürdiger und später widerlegter Befunde in manchen Fällen die Eltern selbst mit maßloser Aggression beschuldigt und an den öffentlichen Pranger gestellt wurden. Das Gleiche gilt übrigens für oft unbewiesene öffentliche Beschuldigungen von Personen des öffentlichen Lebens. Vorgebliche »Schuld« wird da zur Unterhaltungsveranstaltung. Die Lust auf gnadenlose öffentliche Hinrichtung ist ungebrochen. An Grausamkeit übertrifft unser Medienzeitalter hier übrigens das Mittelalter bei weitem.

Ohne jede Vorstellung von Barmherzigkeit und das christliche »Vergib uns unsere Schuld, wie auch wir vergeben unseren Schuldigern« schlägt dabei die Tatsache durch, dass dann, wenn mit dem Tod wirklich alles aus ist, nichts, aber auch gar nichts wieder gutzumachen ist. Jede Schuld, die ein Mensch auf sich lädt, jede noch so geringe Verletzung, die er einem Mitmenschen beigebracht hat, wird unausweichlich und für immer das Leben des Schuldiggewordenen prägen. Das Erschrecken darüber hat Luther wohl die Lehre von der Rechtfertigung des Menschen allein durch Gott so betonen lassen. Die katholische Kirche sagt im Sakrament der Beichte dem

Gläubigen die Gewissheit zu, dass Gott in Jesus Christus Schuld vergeben hat. Und, recht bedacht, ist Sündenvergebung durch Gott die einzige Möglichkeit, mit Schuld wirklich fertig zu werden. Wenn ein Priester mit jemandem ein tiefes seelsorgliches Gespräch führt, dann kann es schwierig werden, wenn der Betreffende auch noch bei ihm beichten will. Der Geistliche muss nämlich den ganz grundlegenden Unterschied klarmachen, der jetzt eintritt. Denn nun handelt Gott durch den Priester. Manche Beichtväter legen zu diesem Zweck die Stola um und zünden eine Kerze an. Dennoch bleibt der Übergang schwierig. Insofern beruht es auf einem Missverständnis, wenn man behauptet, es sei ein Problem, dass eine Frau, die in der Krankenhausseelsorge tätig ist, zwar tiefe seelsorgliche Gespräche führen, aber nicht die Beichte spenden könne. Im Gegenteil. Wenn dann ein vielleicht ganz unbekannter Priester kommt, kann das Handeln Gottes durch diesen Priester umso deutlicher von allen so wertvollen menschlichen Bemühungen der Seelsorgerin abgegrenzt werden – als ein Unterschied, der einen Unterschied macht. Die Beichte ist nicht mehr desselben an menschlicher Zuwendung, sie ist eben etwas ganz anderes.

Die Beichte ist gegenüber der Hilflosigkeit und Maßlosigkeit der Gesellschaft im Umgang mit Schuld ein Kontrastprogramm. Die enorme Entlastung, die sie schenkt, ist der angemessene Kontext für die gesamte katholische Morallehre. Katholiken sollten darüber hinaus stets darauf hinweisen, dass die schlimmsten Sünden keineswegs die sexuellen Verfehlungen waren oder sind. Die Kirche hat in ihrer Geschichte Bewegungen, die in moralischen Fragen, vor allem was die Sexualität betrifft, zu Rigidität neigten, stets verurteilt – zum Beispiel noch im 17./18. Jahrhundert den Jansenismus, der Skrupulosität und Angst erzeugte.[231] So hatten Katholiken früher bei vielen Protestanten eher den üblen Ruf einer laxen Moral. »Jesuitisch« schimpfte man Verhaltensweisen, die angeblich durch allzu liberale Auslegung moralischer Normen das Leben erleichterten. Tatsächlich nahm die Kirche Schuld ernst, aber eben auch Vergebung in der Beichte.

Freilich wird selbst in der Kirche die Auseinandersetzung mit wirklicher Schuld bisweilen unter verbilligten Bedingungen geführt. Von Hölle und Fegefeuer wird auch in katholischen Predigten kaum noch gesprochen. Der Soziologe Michael Ebertz hat das bei einem Vergleich von Predigten des 19. und des 20. Jahrhunderts festgestellt.[232] Während im 19. Jahrhundert das Fegefeuer noch einen Strafcharakter hatte, nehme es heute die Gestalt des Brennens der noch unerhörten Sehnsucht nach Gott an. Am Schluss seines rein soziologischen Vortrags aber stellte Ebertz die Frage, ob die Opfer des Krieges im ehemaligen Jugoslawien sich wohl einen gerechten Gott ohne Hölle und Fegefeuer zumindest für die Täter vorstellen könnten.

Es geht bei der Frage nach der Schuld nicht um Angstmacherei und Skrupulosität, sondern um die nüchterne Wahrnehmung der oft furchtbaren Realität der Schuld. Wer sich ein Weltbild zimmert, das an dieser Frage vorbeigeht, vermeidet die wirkliche Begegnung mit der Welt und auch mit sich selbst. In der Beichte kann man sich selbst begegnen, aber dann auch dem vergebenden Gott.

Die **Krankensalbung** wurde früher »letzte Ölung« genannt. Heute ist jeder »aufgeklärte« Gläubige stolz, wenn er eine im Glauben gealterte Katholikin, die noch von der »letzten Ölung« spricht, belehren kann, dass sie nicht auf dem neuesten Stand sei. Doch scheint im neuen Wortgebrauch leider oft auch eine Verharmlosung zu liegen. Der Tod ist selbst für Christen kein gängiges Thema mehr, obwohl man skandalöserweise immer noch einen Sterbenden am Galgen im Herrgottswinkel hängen hat, Christus am Kreuz. Gewiss, der Ausdruck Krankensalbung macht deutlich, dass nicht nur die Todeskrankheit, sondern auch jede andere schwere Krankheit nach katholischem Glauben die Hilfe des Sakraments erhalten kann. Aber im Gegensatz zu medizinischen Maßnahmen besteht der Unterschied dieses Sakraments darin, dass das im Leben trotz aller menschlichen Bemühungen unvermeidliche Leid und auch das Sterben von diesem Sakrament getragen werden. Die Unausweichlichkeit solcher »Grenzsituationen« (Karl Jaspers), die »letzte« erschütternde Erfahrungen des Menschen bedeuten, macht die schützende Hand Gottes besonders kostbar. In diesem Sakrament ist Gott jenen »letzten« Situationen des Menschen nahe.

Das hat gerade deswegen besondere Bedeutung, weil die Menschen heutzutage all das, was in der christlichen Eschatologie, der Lehre von den letzten Dingen, behandelt wird, irrtümlicherweise von der Medizin und der Psychotherapie erwarten: das ewige Leben quantitativ von der Medizin und die ewige Glückseligkeit qualitativ von der Psychotherapie – bei Nichterfüllung Klage. Dieser heillose Gesundheitskult, der Gesundheit als machbar darstellt, ist nicht nur utopisch und führt daher zu ständigen Frustrationen, sondern er lenkt vom Wesentlichen des menschlichen Lebens ab. Wenn der Tod nur noch als Panne angesehen wird, die wegen eines Versagens der Medizin eingetreten ist, und wenn das Scheitern des grenzenlosen Glücksstrebens der falschen Psychotherapie zugeschrieben wird, dann ist das Sakrament der Krankensalbung von ganz besonderer Aktualität. Es bedeutet nicht nur eine eschatologische Entlastung der therapeutischen Disziplinen, sondern es wirft Licht auf die Dimension, in der allein eine Hoffnung auf ewiges Leben und ewige Glückseligkeit begründet werden kann, den Glauben. Dass das Sakrament der Krankensalbung nicht nur eindrucksvoll daran erinnert, sondern solches Heil mit bewirkt, das macht solch ein Sakrament zu einem Ereignis, das weit über allen bloßen Zuspruch geht. Es ist eben ein Unterschied, der einen Unterschied macht.

Das **Weihesakrament**[233] ist geradezu nur dann angemessen zu verstehen, wenn klar ist, dass es einen Unterschied bewirkt, der einen Unterschied macht. Wenn Priester leitende Angestellte der Kirche wären, wie Menschen, die die Kirche nicht kennen, gewöhnlich annehmen, dann wäre in der Tat zu fragen, warum solche Funktionen nicht auch von Frauen wahrgenommen werden können, und der Zölibat wäre unplausibel.

Die Kirche hat aber von Priestern eine ganz eigenartige Auffassung: Der Priester soll den Menschen die Gnade Gottes wirksam vermitteln. Dazu bedarf es keiner Fertigkeit, keiner Leistung, noch nicht einmal großer Frömmigkeit, dazu bedarf es nur der gültigen

Weihe. Der heilige Augustinus hat in seinen heftigen Auseinandersetzungen mit den Donatisten diese Lehre besonders deutlich gemacht. Die Donatisten meinten nämlich, dass nur der wirklich würdige Priester gültige Sakramente spenden könne. Dagegen argumentierte Augustinus deswegen vehement, weil es hier ganz grundsätzlich um den Zugang zur Gnade Gottes ging. Wenn wirklich die persönliche Würdigkeit von Menschen ausschlaggebend für den Zugang zur göttlichen Gnade gewesen wäre, dann wäre die Erlösung eine Mogelpackung gewesen. Denn so hätten sich Christen der in Jesus Christus geschenkten Gnade nie gewiss sein können. Wer kann schon letzte Sicherheit über die Würdigkeit eines Priesters gewinnen? Augustinus aber verteidigte die Auffassung, dass die Gnade Gottes durch einen noch so miesen Priester nicht zu stoppen ist. »Opus operatum« heißt diese Lehre verkürzt: Das Sakrament wirkt dadurch, dass es korrekt gespendet wird.

Jeder andere Berufsstand müsste eine solch drastische Charakteristik als Beleidigung verstehen. Der Priester ist aber jemand, der nicht selbst irgendwie brillieren, sondern der durch sich hindurch für die Gnade Gottes transparent sein soll. Er besitzt durch die Weihe eine Vollmacht, die nicht mit Macht verwechselt werden darf. Dieser Wesensunterschied, der nicht durch seine Funktion, sondern eben durch die Weihe gegeben ist, ist zweifellos provozierend für eine Welt, in der Menschen über ihre Fähigkeiten und Funktionen eingestuft werden. Dieser Unterschied, der einen Unterschied macht, war eingefleischten Katholiken eigentlich immer klar. Wenn der alte und fromme Prinz Arenberg über einen Priester sagen konnte, »Abgesehen von seinen heiligen Weihen ist dieser Pfarrer ein Esel«,[234] so zeigt das, wie genau und selbstbewusst katholische Laien den Unterschied zwischen dem Weiheamt und der Person markieren konnten.

Das Provozierende dieses Amtes wurde durch den Zölibat, der durchschnittliche bürgerliche Rollenvorgaben brüskiert, noch besonders betont. Psychologisch ist der Zölibat ein durchaus plausibler Schutz davor, dass Menschen mit dem kindlichen Wunsch, als Lokomotivführer oder Priester widerspruchslos »an der Spitze zu stehen«, sich mit dem Priestertum selbst eine Freude machen. Der Verzicht, den der Zölibat fordert, ist da wenigstens eine Hürde.[235] In den heutigen oft allzu normalen Gemeinden ist eine solche Lebensform radikalen Glaubens aber vor allem eine leibhaftige Erinnerung an das eigentlich Wichtige im Leben von Christen. Wer die Aufhebung des Zölibats mit dem Argument fordert, dass die Gemeinden sonst nicht ausreichend »versorgt« würden, übersieht, dass ohne solch radikales Bekenntnis »mitten in dieser Welt« die Gemeinden noch mehr Gefahr laufen würden, sich in gutbürgerlicher Betriebsamkeit zu erschöpfen und inhaltlich wie formal bloß noch zur Verdopplung der Kommunalverwaltung zu werden.[236] Wer über den Priestermangel nur noch in den Kategorien nicht besetzter Planstellen spricht, hat vielleicht gar nicht gemerkt, dass er genau die »Amtskirche« fordert, die er sonst möglicherweise bekämpft. Ohnehin bleibt die Frage, was sich schädlicher auf die »Versorgung« der Gemeinden auswirkt: die scheiternden Ehen protestantischer Pfarrer oder der scheiternde Zölibat.[237]

Eine mangelnde Bereitschaft, sich lebenslang zu binden, führt bekanntlich heute nicht nur zur Krise des Zölibats, sondern auch zur Krise der Ehe. Dabei liegt die Prozentzahl scheiternder Ehen um ein Vielfaches über dem Anteil am Zölibat scheiternder Priester. Man wird deswegen weder die Ehe noch den Zölibat abschaffen. Und wer wird schließlich die Schönheiten der Liebe verdammen, bloß weil es scheiternde Beziehungen gibt? Hinzu kommt, dass die simple Zölibatskritik, Sex müsse sein, es sei unnatürlich, auf Geschlechtsverkehr zu verzichten, im Grunde ein Machoargument ist. Es gilt im Gegenteil – auch angesichts der von vielen Feministinnen zu Recht aufgeworfenen Diskussion über Vergewaltigung in der Ehe –, dass jemand, der nicht wenigstens zeitweilig auf Sexualität verzichten kann, nicht ehefähig ist. Vor allem ist der Zölibat ein lebendiges Zeichen für den Glauben an das Himmelreich, wenn da auf so viel Gutes und Schönes, wie Ehe und leibliche Kinder, »um des Himmelreiches willen« verzichtet wird. Gegenüber einer Gewinner-Gesellschaft ist diese Lebensform ein irritierender Unterschied, der einen Unterschied macht, eine fast übermütige Form gelebter nicht-neurotischer Selbstlosigkeit. Das macht den Zölibat vielen Menschen auch so fremd, und alles Fremde hat in dieser zur Spießigkeit neigenden Gesellschaft ohnehin einen schweren Stand. Daher müsste man mehr über gelingende zölibatäre Existenzen reden, anstatt sich – wenn auch vielleicht nur defensiv – an der antikirchlichen Boulevardberichterstattung zu beteiligen.

Freilich sollte sich auch der Priester des Unterschieds, der einen Unterschied macht, selbst bewusst sein. Das kann schon bei der Kleidung beginnen. Zwar kann man sich als Priester genauso hinter einem römischen Kragen wie hinter einer Jeans verstecken, aber nach außen den Unterschied zu markieren bedeutet heute gewiss nicht mehr Standesdünkel, sondern eher Tapferkeit und Mut machendes Bekenntnis. Allerdings scheint die Priesterweihe den Geschmack beim Aussuchen von Krawatten so nachhaltig zu zerstören, dass man auch den Krawatten tragenden Priester jederzeit erkennt. Wenn der Priester versucht, den Unterschied einzuebnen und sich beispielsweise als Unterhaltungskünstler attraktiv zu machen, wäre das nur mehr desselben, was sonst so geschieht, und er wird bei diesem Vergleich ohnehin den Kürzeren ziehen. Er hat aber etwas Unvergleichliches zu bieten, er kann nach katholischem Glauben den Menschen Gott unmittelbar nahe bringen – was einem, der nicht geweiht ist, so nie möglich ist. Je mehr er aus diesem Auftrag lebt, sich als geistliche Existenz versteht und seelsorglich wirkt, desto eindrucksvoller wird er für Menschen sein und desto selbstbewusster wird er sein Priestertum leben. All der gewaltige Bürokratismus freilich, der Priester heute erdrückt und durch den sie sich auch bisweilen erdrücken lassen, führt eine solche Existenz in die Krise. Der Zölibat für den Schreibtisch ist nicht plausibel.

Das **Ehesakrament** schließlich besiegelt ein Wort von Menschen, das die Bedeutung aller sonstigen Worte sprengt. Wenn mit dem Tod alles aus wäre, wäre ein Ja-Wort, dem anderen auch in schlechten Zeiten die Treue zu halten, unvernünftig und im besten Falle sentimental. Vielmehr wäre es nur konsequent, sich »Treue« zu versprechen, »solange es gut geht«.[238] Demgegenüber ist das wirkliche christliche Ja-Wort nur möglich, wenn Christen bei all ihrer persönlichen Gebrechlichkeit darauf vertrauen, dass Gott diesem Ja-Wort bleibende Kraft eben auch in schlechten Zeiten verleiht. Die Zusicherung ewigen Lebens und das Bewusstsein, auch mit der Kraft des Sakraments gegen momentane Stimmungen das Gute durchhalten zu können, ermutigen Christen zu diesem im Grunde ungeheuerlichen Wort, das damit einen aus all dem tagtäglichen Gerede herausragenden Unterschied markiert, der einen Unterschied macht. Es würde kälter in dieser Gesellschaft, wenn Treue und Treueversprechen bloß noch Utopien oder Füllmaterial für Arztromane wären. Auch wenn Treue immer schwieriger durchzuhalten ist, das unbeirrte Festhalten der Kirche an der Endgültigkeit des ehelichen Ja-Worts ist so gesehen eine Grundlage für die Menschlichkeit der Gesellschaft, selbst wenn sich viele der Kirche nicht mehr verbunden fühlen.

Doch muss der ausdrückliche Glaube nicht unbedingt zeitlich diesem Ja-Wort vorausgehen. Ich habe Menschen erlebt, die mit Kirche und Christentum nicht viel zu tun hatten, aber sich tief und echt in einen anderen Menschen verliebten und die dann spürten, dass dieses Erlebnis die Enge ihres bisherigen Lebens sprengte, Zeit und Raum hinter sich ließ. Sie spürten, dass sie wirklich treu sein und zu einem lebenslangen Versprechen stehen wollten, und begannen, aus all dem die Konsequenz zu ziehen und nach Gott zu fragen, den sie unausdrücklich aber ganz intensiv ahnten. Das sind Momente eines Lebens, in denen der menschgewordene Gott ohne viele Erklärungen »einleuchtet«, buchstäblich in ein Leben hineinleuchtet. So ist in der ehelichen Liebe die Gegenwart Gottes in körperlicher Lust, geistiger Begegnung und der Fruchtbarkeit des Kindersegens erfahrbar, und umgekehrt wird das unbedingte Ja-Wort von zwei zerbrechlichen Menschen zum Bekenntnis des Glaubens an Gott als den Dritten im Bunde, der zusagt, diesem ungedeckten Scheck immer Kredit zu gewähren. Dass dies eben nicht nur irgendeine abgehobene Liebe auf der Wolke meint, sondern Liebe mit all ihrer Sinnlichkeit, drückt schon das tausend Jahre alte Gebet an den Heiligen Geist aus, der das Sakrament bewirkt: Hier heißt es nicht nur »infunde amorem cordibus« (gieße den Herzen Liebe ein), sondern auch »accende lumen sensibus« (entflamme die Sinne).

Die Demoskopie hat festgestellt, dass Treue für junge Menschen heute wieder ein sehr hoher Wert ist.[239] Wenn sie dennoch nicht standesamtlich heiraten wollen, so geschieht das manchmal mit einer Begründung, die zwar bürgerliche Normen sprengt, aber gerade der katholischen Ehelehre sehr nahe ist. Sie erklären, dass sie sich ein Leben lang die Treue halten wollen in guten und in schlechten Zeiten, doch das gehe den Staat nichts an, sondern finde zwischen ihnen beiden statt. Sie erleben, dass das gegenüber allen möglichen staatlichen Eintragungen ein Unterschied ist, der einen Unterschied macht. Auch die katholische Kirche[240] lehrt, dass das Ehesakrament eben nicht, wie manche anderen Sakramente, vom Priester gespendet wird. Die Eheleute spenden es sich gegenseitig. Der obligatorische Trauritus in der Kirche ist bekanntlich eine »Neuerung«, die aus mehr politischen Gründen wegen bestehender Unübersichtlichkeit durch das Tridentinische Konzil vor 450 Jahren eingeführt wurde. Die standesamtliche Trauung wurde erst viel später gegen den heftigen Widerstand der katholischen Kirche staatlich verordnet. Es ist gut, dass zwei Menschen, die sich lieben und ein Leben lang die Treue halten wollen, das auch öffentlich in der Kirche tun – eine zentrale Glaubenslehre ist das nicht.

Wie Eros und Thanatos im Erleben der Menschheit immer nah beieinander liegen, so lässt gerade der Tod eines wirklich geliebten Menschen eine oft unbändige Auferstehungssehnsucht durchbrechen. Gegen alle biologischen, chemischen und sonstigen Evidenzen steht auch heute das aufbegehrende »Das darf doch nicht wahr sein!«. Die entscheidende Frage ist, ob Menschen die falsifizierbaren Wahrscheinlichkeiten beschränkter naturwissenschaftlicher Perspektiven ausreichen oder ob sie sich durch die in solchen Momenten erschütternde existenzielle Gewissheit ewigen Lebens bewegen lassen, die die Menschheit spätestens seit den ersten menschlichen Kulturleistungen in den Höhlenzeichnungen bezeugt. Wenn jemand sich eine begründete Antwort auf diese Auferstehungssehnsucht aber durch wackere Studien selbst geben wollte, dann könnte da nur pseudoreligiöses Plastikspielzeug herauskommen, um die Heiden-Angst vor dem Tod zu verdrängen. Genau das geschieht heute außerhalb der Kirchen in den wabernden esoterischen Bewegungen. Solche Religionen aus dem Baumarkt werden aber bei der geringsten ernsthaften Belastung von den Schlägen der Feuerbach'schen Religionskritik zertrümmert. Eine wirkliche existenziell tragende Antwort auf die erschütternde Auferstehungssehnsucht kann nicht selbst gebastelt, sondern, wenn überhaupt, nur von Gott selbst, wenn es ihn denn gibt, gegeben werden. Freilich nicht, weil Menschen das wollen, sondern, weil er sie schenkt – aus Gnade. Und diese Antwort, die nicht hätte geschehen müssen, ist nach christlichem Glauben durch die Menschwerdung Gottes in Jesus Christus leibhaftig geschehen. Eine realere Zusage, dass Liebe ewig währt, als durch die Menschwerdung Gottes selbst und seine Auferstehung ist nicht denkbar. Auf diese Weise berührt die Feier der Liebe in der ehelichen Gemeinschaft das Geheimnis Gottes unmittelbar.

Die ressourcenorientierte Beleuchtung einiger Aspekte der Sakramente zeigt, dass eine solche Perspektive den Sakramenten nicht peripher ist. Vielmehr sind sie von ihrem Wesen her Kraftquellen. Die Kirchenväter haben sie sogar als Medikamente bezeichnet, die das Heil für die Menschen nicht nur zusagen, sondern auch bewirken. Wer diese Heilszeichen also in irgendeiner Form als Last versteht und erlebt, dem ist wohl niemals vom innersten Kern her vermittelt worden, was Sakramente eigentlich sind.

c) Wie man hässliche Krähen lieben kann – oder: Über zirkuläres Fragen

Riesen neigen nicht zur Gruppenbildung. Sie sind eher eigenartige Individualisten. Selbst die geistlichen Riesen der christlichen Tradition, die Heiligen, gingen bisweilen harsch miteinander um. Aus psychologischer Sicht sucht man Gemeinschaft, weil man sich liebt, weil man gemeinsame Interessen verfolgt oder weil man

Schutz sucht. Zu diesem Zweck gibt es Partnerschaften, Vereine von Briefmarkensammlern und Versicherungen. Zum Beitritt in solche Gemeinschaften entscheidet man sich aber freiwillig. Gemeinschaft mit allen möglichen und unmöglichen Leuten zu pflegen, die als Kinder mehr oder weniger zufällig mit Taufwasser übergossen wurden, das erscheint dagegen als veritable Zumutung. Immerhin sind alle Christen bei der Kindertaufe süß, niemand kann da voraussagen, wie garstig die kleinen Racker später mal werden. Da liegt die Frage nahe, wie denn ausgerechnet die kirchliche Gemeinschaft, die eben auch Gemeinschaft mit ziemlich merkwürdigen Leuten sein kann, als Ressource genutzt werden kann. Manch einer mag diesen Wesensvollzug der Kirche daher eher als Ausdruck der Gebrochenheit der irdischen Existenz betrachten, aber es gibt, wie man hört, auch im Himmel keine Einzelzimmer. Es sind daher ungewöhnliche Perspektiven zu erwarten, wenn hier koinonia als Kraftquelle aufgesucht werden soll. Doch immerhin gibt es eine Gemeinschaft, die ebenso wenig frei gewählt wird, deren Nutzen aber unbestritten ist: die Familie. Aus diesem Grund ist es nahe liegend, das ganze Repertoire der modernen Familientherapie zur ressourcenorientierten Betrachtung der kirchlichen Gemeinschaft zu nutzen.

Die katholische Kirche hat sich auf ihrem letzten großen Familienrat, dem Zweiten Vatikanischen Konzil, noch einmal radikal von jeder staatlichen Struktur, insbesondere auch von der Demokratie, unterschieden, indem sie sich als »communio«, als von Gott selbst begründete Gemeinschaft beschrieb. Communio lebt aber vom Vertrauen und einer tiefen Verbundenheit, selbst im geschwisterlichen Streit. All diese Charakteristika wären in einer Demokratie skandalös. Die Demokratie ist vielmehr das von fehlbaren Menschen begründete organisierte Misstrauen der Opposition gegenüber der Regierung. Das ist geradezu das Geheimnis ihres Erfolgs. Wer diesen Unterschied einebnet, schafft entweder einen im ursprünglichen Sinn fundamentalistischen Gottesstaat oder eine Staatskirche, die bloß noch eine Verdopplung der Staatsbürokratie wäre. Das Ergebnis des – in seinem Ablauf und in seinen Methoden gewiss befremdlichen – mittelalterlichen Investiturstreits, nämlich die Sicherung der Freiheit und Eigenart der katholischen Kirche vor allem gegenüber dem jeweiligen Staat und der jeweiligen Staatsform, ist ein kostbares Gut, das über die Jahrhunderte hinweg wohl noch bei jedem Zeitgeist Appetit hervorgerufen hat.

Die Gemeinschaft der Kirche erinnert freilich an Grundwerte, die die katholische Soziallehre für diese gesamte Gesellschaft begründet hat. So ist sie ein Übungsfeld für Solidarität, psychologisch gesprochen für Beziehungsfähigkeit, also für eine Grundlage menschlicher Existenz. Jugendliche meinen bisweilen, sie könnten sich mit der Kirche deswegen nicht identifizieren, weil die Kirche oder bestimmte Kirchenvertreter nicht in allem ihre persönliche Auffassung teilten. Gewiss, bei wesentlichen Fragen, wie dem Glauben an Gott, wäre es heuchlerisch, wenn zum Beispiel ein Atheist sich als Kirchenmitglied aufspielen würde. Aber wer sich nur mit einer Gemeinschaft solidarisiert, die bis ins Einzelne die eigenen Auffassungen teilt, der solidarisierte sich genau genommen nur noch mit sich selbst. Das wäre nichts anderes als kultivierter Autismus. Solidarität heißt aber gerade, sich mit solchen Menschen zu solidarisieren, die in manchem andere Meinungen vertreten als man selbst. Erst das ist eine wirkliche mitmenschliche Leistung: dieses »andere« in einer Gemeinschaft auszuhalten, ohne wegzulaufen. Selbst für eine funktionierende Ehe ist das eine unabdingbare Voraussetzung. Wenn man sich nicht bloß narzisstisch selbst als den einzig Wahren versteht, dann kann man sich in kirchlicher Gemeinschaft gerade durch das »andere« bereichern lassen, ohne auf einen schwächlichen kleinsten gemeinsamen Nenner abzusacken. Die kirchliche Tradition kennt das auch als »correctio fraterna« (brüderliche Korrektur).

Dass das Subsidiaritätsprinzip (subsidium = Hilfe) von der katholischen Soziallehre als Grundlage einer funktionierenden freiheitlichen Gemeinschaft erfunden wurde, macht besonders deutlich, wie sehr die katholische Kirche dem demokratischen Staatswesen fruchtbar gedient hat, ohne damit ihre Eigenart zu verlieren. Denn das Subsidiaritätsprinzip ist ein für die Sicherung realer Freiheit der Bürger dringend erforderliches Prinzip staatlicher Ordnung. Es besagt, dass das, was die Basis ausreichend regeln kann, auch von der Basis geregelt werden soll. Obere Instanzen sollen möglichst nur dann »hilfreich« eingreifen, wenn solche Hilfe erforderlich ist und erbeten wird. Aus systemischer Sicht ist das die präzise Beachtung der Rollendifferenz, übertragen auf einen größeren soziologischen Kontext. Sogar die europäische Gemeinschaft hat sich auf dieses Prinzip festgelegt. Auch innerhalb der Kirche ist jener Grundsatz wertvoll, wie an dem geforderten subsidiären Selbstverständnis von Verkündigungs- und Caritasprofis zu sehen war.

Doch scheint das, was man gemeinhin als Hierarchie bezeichnet, dem Subsidiaritätsprinzip zu widersprechen. Viele meinen, Hierarchie bedeute, dass hier Macht durch kirchliche Obere von oben nach unten ausgeübt werde. Das ist in zweierlei Hinsicht falsch.

Zum einen kommt der Ausdruck »Hierarchie« aus dem Griechischen und heißt da »heilige Herrschaft« und sogar noch tiefer »heiliger Ursprung«, dessen Wahrung in unseren Gesellschaften als Menschenwürdeprinzip Verfassungsrang erhält. Konkret bedeutet das in der Kirche, dass sie jede Vergötzung menschlicher Macht ablehnt. Vielmehr gilt hier in besonderer Weise, dass alle Macht letztlich nur von Gott ausgeht. Der kirchliche Obere, der »eigenmächtig« handelt, missbraucht sein hierarchisches Amt. Auch von staatlicher Macht gilt, dass sie sich dem Dienst an den Menschen und – für den christlichen Politiker – Gott gegenüber verpflichtet wissen sollte. Wenn manche Politiker ihr Amt nur noch als Pfründe betrachten, die sie machthungrig ausschlachten können, versündigen sie sich an Gott und den Menschen. Insofern täte mehr »hierarchisches« Denken im eigentlichen Sinne diesem demokratischen Gemeinwesen gut.

Aber auch in einem zweiten Sinne wäre kirchliche Hierarchie als bloße Machtausübung von oben nach unten missverstanden. Gerade das Zweite Vatikanische Konzil hat das kirchliche Amt vor allem als Dienst beschrieben, und das ist nicht nur ein Wortspiel. Denn es bedeutet, dass auch die Hierarchie sich subsidiär, das heißt hilfreich, zu verstehen hat. Sie soll die Christen entlasten, und allen Unkenrufen zum Trotz tut sie das in der Tat. Wie das geht, muss aber wohl näher erläutert werden. Arnold Gehlen hat für den Menschen, das »Mängelwesen«, Institution als Voraussetzung gelebter Freiheit verstanden.[241] Wenn jeder Einzelne allkompetent sein müsste, um verantwortlich zu leben, bedeutete das den Zusammenbruch jeder Möglichkeit, ernsthaft zu handeln. Man würde sich in unendlichen Voraussetzungen, die man pflichtgemäß selbst herzustellen hätte, verlieren und nie zur Handlung vordringen. Unter solcher Beleuchtung sind Institutionen mit verschiedenen Kompetenzen und Rollen hilfreich und geradezu unvermeidlich. Systemische Forschung hat gezeigt, dass die Wahrnehmung unterschiedlicher Rollen in einem System von großer Bedeutung für seine Funktionsfähigkeit ist. Hierarchie in der Kirche bedeutet in diesem Sinne, dass zur Entscheidung bestimmter sehr begrenzter Fragen bestimmte Menschen, die mit der Kraft des Weihesakraments – nicht immer mit besonderen sonstigen Fähigkeiten – ausgestattet sind, die Verantwortung haben, da sie dem »heiligen Ursprung« in apostolischer Sukzession verbunden sind. Laien haben demgegenüber die sogar kirchenrechtlich verbriefte Pflicht,[242] den geweihten Verantwortlichen ohne überhebliche Eitelkeit, aber in aller ungeschminkten Offenheit ihre Meinung zu sagen, vor allem dann, wenn sie Fachkompetenz beitragen können. Was der kirchliche »Hierarch« dann daraus macht, ist allein dessen Verantwortung oder, wie es im katholischen Rheinland heißt: Dafür brennt der im Fegefeuer.

So kann der Laie, nachdem er an entscheidender Stelle seine Auffassung deponiert hat, sich ruhig und entlastet zurücklehnen. Wer sich freilich selbst dadurch frustriert, dass er mit Rollendifferenzierungen nicht umgehen kann, ist sofort verärgert, wenn der Verantwortliche trotz des engagierten Einwandes anders entscheidet. Sich ärgern heißt aber, die Sünden anderer Leute büßen. Solcher Ärger ist völlig ineffektiv und verkennt die psychologische Entlastungsfunktion von Hierarchie. Der katholische Stammtisch überfordert sich oft dadurch, dass er versucht, die Weltkirche zu regieren, sich de facto bei dieser organisierten Frustration aber selbst lahm legt. Wer einmal die Problemtrance so weit getrieben hat, zu drohen: »Wenn der Papst den Zölibat nicht abschafft, dann fange ich erst gar nicht an«, entzieht sich selbst und der Kirche all die guten und wichtigen Gestaltungsmöglichkeiten, die ihm auf breiter Ebene zur Verfügung stünden. Psychologisch beruht eine solche Haltung oftmals auf kindlichen Größenphantasien, in denen der Wunsch, Pilot zu werden, dem Wunsch, Papst zu werden, durchaus benachbart ist.

Demgegenüber kann es für zu machtbetonende kirchliche Hierarchen gerade dann eng werden, wenn ein Laie sich eben nicht in der Sehnsucht verzehrt, ein ebensolcher Hierarch zu sein, sondern ganz erwachsen und ohne ein Blatt vor den Mund zu nehmen sein Selbstbewusstsein aus seinem Dasein als getaufter und gefirmter Christ bezieht. Das kann auch dazu beitragen, dass eine rückwärts und bloß nach innen gewandte konservativ-progressive Liturgiefixierung aufgebrochen wird, und ganz im Sinne des Zweiten Vatikanischen Konzils das Christentum gerade über die Laien vermehrt in die Welt hinein ausstrahlt. Priestern ist in der Kirche viel mehr verboten als Laien. Wie kaum eine andere Religionsgemeinschaft hat die katholische Kirche nach dem Zweiten Vatikanischen Konzil den Klerus aus der Politik herausgenommen und diesen Bereich den Laien zugewiesen. Die bessere Beachtung solcher unterschiedlicher Rollen, die eben keine wertende Ober- und Unterordnung bedeuten, könnte beide Seiten entlasten und Kräfte freisetzen für das, was wirklich Not tut. Im Übrigen haben Laien oft nicht so sehr darunter zu leiden, dass geweihte Häupter lustvoll Macht ausübten, sondern eher darunter, dass die sich für ihre Rolle entschuldigen und wichtige Entscheidungen nicht fällen.

An der Spitze der irdischen kirchlichen Hierarchie steht der Papst. Gegenüber all den oben genannten Projektionen ist das Papsttum eine nüchterne Instanz, die, systemisch gesprochen, immer wieder an den Kontext appelliert. Es stellt permanent Fragen, die man in der systemischen Sichtweise zirkuläre Fragen nennt: »Wenn hier in Lateinamerika ein unterdrückter und gefolterter

Christ aus der Sowjetunion säße, was würde der zu manchen Begriffen eurer Befreiungstheologie sagen? ... Wenn hier in Europa der heilige Paulus und die Kirchenväter säßen, was würden die zu euren Spekulationen über die Auferstehung unseres Herrn Jesus Christus sagen?« Dadurch sichert das Papsttum der kirchlichen Gemeinschaft in der jeweiligen Situation ihre Identität über Raum und Zeit, eine fast erdrückende Aufgabe, die konkret immer wieder auf erbitterten Widerstand stößt. Doch damit leistet diese Institution der Kirche und im Grunde auch der ganzen Menschheit den Dienst der konkreten Vergewisserung der zeitlichen und räumlichen Einheit – was nichts mit Uniformität zu tun hat.

Dass mit dem Amt eines »Heiligen Vaters« für den Katholiken nie gemeint ist, dass der Mensch, der dieses Amt zurzeit innehat, heilig sein muss, kann man schon daran sehen, dass es erstaunlich wenige heilige Päpste gibt. Insbesondere die kirchliche Kunst hat immer daran festgehalten, dass Päpste wohl auch der ewigen Verdammnis anheim fallen können. So hat Dante Papst Bonifaz VIII. in der Hölle dargestellt: »Abgesehen von seinen heiligen Weihen ...« Das hinderte den Dichter aber nicht daran, fromm nach Rom zu pilgern, als der Papst von Amts wegen das erste heilige Jahr 1300 in Rom ausrief. Die zweitausendjährige Erfahrung dieser Kirche lässt sie, gerade was die menschlichen Eigenschaften ihrer Hierarchen betrifft, illusionslos sein.[243] Bei der erst in unserem Jahrhundert abgeschafften »Krönung« des neu gewählten Papstes mit der Tiara schritt einst der Kardinalprotodiakon beim feierlichen Einzug in den Petersdom vor dem Papst her, hielt dann inne, drehte sich zum Papst um, sah ihn an, verbrannte mit einer Kerze ein Stück Werg, das sich in nichts auflöste, und sprach die berühmten mahnenden Worte: »Sancte pater, sic transit gloria mundi« (Heiliger Vater, so vergeht der Ruhm der Welt!). Dann schritt er weiter und vollzog diesen Ritus noch zweimal, bis der Zug am Altar anlangte.

Der Papst muss stets beides erhalten, die Einheit und die Vielfalt. Dass diese Aufgabe bei einer weltweiten Kirche manchmal der Quadratur des Kreises gleichkommt, wird niemanden wundern.

Die geeinte Unterschiedenheit innerhalb der kirchlichen Gemeinschaft ist von Anfang an dokumentiert. Im schon genannten Streit zwischen Petrus und Paulus gelang es durch die persönliche Begegnung der Apostel eine Entweder-oder-Frage durch eine Sowohlals-auch-Perspektive zu lösen, ohne das Eigentliche der jungen Gemeinschaft zu gefährden. So wurde dieser Streit für die Kirche fruchtbar und die unterschiedlichen Strömungen, die in diesem Streit eine Rolle spielten, bestanden noch lange in der judenchristlichen und heidenkirchlichen Tradition innerhalb der einen Kirche fort.[244]

Die Briefe des Apostels Paulus berichten sogar aus der Zeit der ersten Begeisterung über Streit in den Gemeinden. Der Apostel erinnert an die Verschiedenheit der Rollen und daran, dass alle Rollen von Christen in der Gemeinde sich relativieren auf Jesus Christus hin, aus dessen Kraft alles entspringt. Der Text aus dem Ersten Korintherbrief (3,3–7) ist eine vorbildliche familientherapeutische Intervention und eine Wegweisung gerade für die heutigen Streitfälle in der Kirche: »Wo nämlich unter euch Eifersucht und Streit herrschen, seid ihr da nicht fleischlich und wandelt nach Menschenart? Wenn nämlich der eine sagt, ich halte zu Paulus, ein anderer: Ich zu Apollos, seid ihr da nicht allzu sehr Menschen? Was ist denn Apollos? Und was ist Paulus? Diener sind sie, durch die ihr gläubig geworden seid, und zwar dient jeder so, wie es ihm vom Herrn verliehen ward. Ich habe gepflanzt, Apollos hat begossen, aber Gott hat es wachsen lassen. So hat aber weder der, der pflanzt, etwas zu bedeuten, noch der, der begießt, sondern nur Gott, der es wachsen lässt.« Anstatt sich schwächlich vom Gegner her zu definieren, soll jeder seine Rolle wahrnehmen und auf Christus schauen. Dieser suggestive Blick auf den kommenden Herrn, der im sehnsüchtigen Ruf der Christen »Maranatha« (komm doch, oh Herr!) Gestalt annahm, verhinderte eine Problemtrance, indem er die Aufmerksamkeit weglenkte von jedem unfruchtbaren Streit in die durch Christus eröffnete Zukunft. Damit konnte die Vielfalt aufgehoben[245] werden in die Einheit einer vitalen Glaubensgemeinschaft.

Das entsprach ganz dem Auftrag des Herrn, der im Johannes-evangelium sagte: »Daran werden alle erkennen, dass ihr meine Jünger seid, wenn ihr untereinander Liebe habt.«[246] Und Tertullian schreibt im 3. Jahrhundert, dass die Heiden über die Christen erstaunt ausriefen: »Seht, wie sie einander lieben!« Auch in der Kirchengeschichte begegnet einem immer wieder das Phänomen der lebendigen Einheit in Vielfalt mit allen Zeichen einer großen geistigen Weite.[247] Dieser respektvolle Umgang mit dem »anderen« wäre auch von heute aus in die Geschichte hinein zu üben. Wird in unseren Tagen mit Recht erwartet, dass man die Verhältnisse ganz fremder Zivilisationen zunächst einmal respektiert und nicht in kolonialistischer Mentalität abwertet, so können das mit gleichem Recht die Vorfahren erwarten, die den heutigen Menschen immerhin den Glauben und nebenbei auch den Wohlstand vermittelt haben. Nächstenliebe nach gestern ist ein freilich nur analog verständlicher Begriff. Solcher wertschätzender Respekt ist ein Zeichen für Humanität und mitmenschliche Dankbarkeit, schließt dann aber historische Kritik nicht aus.

Besonders eindrucksvoll zeigt die Kirche, dass die kirchliche Gemeinschaft Zeit und Raum übergreift, wenn in jeder Heiligen Messe die Heiligen ausdrücklich um den Altar versammelt werden und sich so mit der Gemeinde der noch Lebenden zum Lobe Gottes vereinen. Eine ressourcenorientierte Sichtweise der katholischen Kirche, die den gesamten Kontext berücksichtigt, muss besonders die Heiligen in den Blick nehmen. Und dabei zeigt sich erstaunlicherweise, dass die überhaupt nicht die süßlichen und dünnblütigen Gestalten waren, als die sie manchmal karikiert wurden, sondern durchaus eckige und streitbare kraftvolle Persönlichkeiten – die keineswegs immer einer Meinung waren. Nehmen wir den heiligen Hieronymus, der trotz aller Heiligkeit den heiligen Ambrosius von Mailand deftig angriff mit der Bemerkung, der sei »eine hässliche Krähe«,[248] oder die Tatsache, dass die heilige Katharina von Siena in den Zeiten der abendländischen Kirchenspaltung dem römischen Papst anhing, während der heilige Vinzenz Ferrer den Gegenpapst in Avignon unterstützte. Auch Philippus Neri, der originelle und volkstümliche Stadtheilige von Rom, war eine markige Persönlichkeit.[249] Als er eines Tages gefragt wurde, was er denn machen würde, wenn er einmal überhaupt nicht wisse, wie er sich in einer schwierigen Frage entscheiden solle, antwortete er: Wenn er überhaupt nicht wisse, wie er sich entscheiden solle, dann überlege er sich, wie der heilige Ignatius von Loyola in dieser Situation entscheiden würde – »und dann tue ich das Gegenteil«.

Selbst die Gemeinschaft der Heiligen stellt sich also als eine wahrhaft lebendige und vielfältige Versammlung dar. Warum dann nicht auch die Kirche in dieser Welt? Die Kraft jener heiligen und heiligmäßigen Christen dringt als Vorbild auch in unsere Zeit, so die emanzipierte und temperamentvolle Teresa von Avila, all die tatkräftigen Ordensgründerinnen des 19. Jahrhunderts und schließlich Pater Maximilian Kolbe, der in erniedrigendsten Verhältnissen die Freiheit des Glaubens und seiner zölibatären Lebensform bezeugte. Solche Menschen wieder zur Sprache bringen heißt, sie auch heute wirken zu lassen. Das sind dann nicht Geschichten, die man bloß Kindern erzählt, sondern die Erwachsenen Orientierung und Kraft geben können.

Der Psychotherapeut Bernhard Trenkle, Organisator des ersten Weltkongresses für Psychotherapie in Hamburg 1994, erzählt seinen Patienten ebenfalls Geschichten gelingenden Lebens. Eine alte chassidische Erzählung berichtet von einem gelähmten Rabbi, zu dem die Schüler ins Haus kamen. Er saß seit Jahren bloß in einem Stuhl, zu dem man ihn tragen musste, aber er war voll geistiger Lebendigkeit und konnte als großer Kenner der Heiligen Schrift fesselnd das Wort Gottes wiedergeben. Die Schüler hatten sich im Kreis gesetzt und sahen gebannt auf den Rabbi. An diesem Tag nun sprach er von König David, und er sprach und sprach. Er redete sich in Begeisterung, und als er an die Stelle kam, an der David vor der Bundeslade einherzog und dem Herrn, seinem Gott, Psalmen sang und tanzte, da warf der Rabbi seine Decke weg, sprang auf und tanzte und tanzte. Die Schüler aber starrten ergriffen auf das Wunder, und die Geschichte endet mit dem Satz »So soll man Geschichten erzählen«.

Wenn man wieder mehr über Heilige spricht, über gelingendes Christentum, anstatt die kirchliche Skandalberichterstattung zu paraphrasieren – was man übrigens auch dann tut, wenn man sich unangemessen intensiv darüber aufregt –, dann gibt das die nötige Kraft, um die anstehenden Probleme zu lösen. Auf einem solchen Hintergrund entlarvt sich manch ein so genanntes Kirchenthema von selbst als irrelevant, und man kann die Kräfte auf Ziele richten, die für Christen wirklich der Mühe wert sind.

Die Frohe Botschaft des Neuen Testaments, die Lehren der Kirchengeschichte und der Heiligen sollten dazu ermutigen, aus den Laufgräben des innerkirchlichen Stellungskrieges auszubrechen. Der charismatische lateinamerikanische Erzbischof Dom Helder Camara hat einmal gesagt: »Die Freunde meiner Freunde sollen auch meine Freunde sein, aber ich werde nicht akzeptieren, dass die Feinde meiner Freunde auch meine Feinde sein sollen.« Das ist eine Aufforderung, aus dem »malignen Clinch« in der Kirche auszubrechen und gegen Schubladendenken und Verdächtigungsmentalität mit dem Gewicht der eigenen Person anzugehen. Da kann es zur Übung nützlich sein, der »anderen« Seite »Komplimente« zu machen, ohne damit die eigene unterschiedliche Position zu verleugnen. Man wird dann bemerken, dass es sehr viel gibt, was Protagonisten beider Seiten eint – und sei es zunächst bloß das Leiden am derzeitigen Zustand der Kirche. Warum kann man nicht einmal eine Veranstaltung organisieren mit einer konservativen und einer progressiven Gruppierung, die nur eine Regel streng einzuhalten hätten: ausschließlich das Positive, das sie redlicherweise finden, über die andere Seite zu sagen. Theologisch muss das möglich sein, denn auch die anderen sind schließlich Geschöpfe Gottes und können nicht nur schlecht sein, zumal sie im Übrigen sogar noch getauft sind. Psychologisch könnte ein solches Verfahren ganz neue ungewöhnliche Perspektiven eröffnen, auch für die mit Komplimenten bedachte Seite. Ein solches Vorgehen könnte zu einem fruchtbaren Verhältnis der beiden Gruppierungen beitragen, die zwar in ihren Grundauffassungen unterschieden blieben, sich aber bei wachsendem Vertrauen sogar Veränderungsaufgaben nach de Shazer stellen könnten, die beiden und damit der ganzen Kirche nützen würden.

Es wird zur Lebendigkeit der kirchlichen Gemeinschaft beitragen, wenn Unterschiede nicht vorschnell als Defizite abgebucht werden, sondern auch als Bereicherung verstanden werden können. Immer schon gibt es in der Kirche gewisse Aufgabenteilungen, mit denen Katholiken bewusst leben. Die kontemplativen Orden beten Tag und Nacht stellvertretend für die ganze Kirche, also auch für den Familienvater, der nicht so viel Zeit zum Gebet erübrigen kann, der aber seine eigenen Aufgaben ebenfalls als Tätigkeit für die ganze Kirche versteht. So baut sich die Kirche immer schon als vielgestaltige Gemeinschaft auf. Damit Unterschiede nicht sofort negativ wirken, wäre es günstig, Möglichkeiten zu schaffen, damit sich Protest legitim artikulieren und Streit fruchtbar ausgetragen werden kann. Für manchen Konservativen könnte es im Übrigen nützlich sein, Kirchenkritiker zunächst einmal als Kinder der Kirche zu sehen, und manche Progressive könnten von Konservativen lernen, wie man heute unkonventionell sein kann. Solche Perspektivwechsel bilden die Voraussetzung für hilfreiches zirkuläres Fragen, das beispielsweise dem Progressiven die Aufgabe stellt, sich selbst und andere aus der Perspektive der Konservativen zu sehen und umgekehrt. Auf solche Art kann kirchliche Gemeinschaft als eine über Gräben durchgehaltene bereichernde Beziehung erlebt und als Lebenszeichen dieser Kirche wahrgenommen werden.

Vor allem kann sie sich dadurch nach außen öffnen. Der gemeinsame Blick auf die Aufgaben, die sich allen Christen in dieser Gesellschaft stellen, justiert die Prioritäten richtig. Das verhindert beständige kirchliche Nabelschau und vermeidet, dass sich die Gemeinde exklusiv gebärdet. Dass der Katholik, der sich über den sonntäglichen Kirchenbesuch hinaus in der Gemeinde nicht engagiert, kein Christ zweiter Klasse ist, sollte gerade bei sehr lebendigen Gemeinden deutlich bleiben. Auch das gehört zur Vielfalt einer Volkskirche, deren Gemeindeleben in Deutschland vor allem von denen bezahlt wird, die daran gar nicht teilnehmen. Seit Pfingsten dürfen Christen sich jedenfalls nicht mehr aus Angst vor der Außenwelt oder aus dem falschen Gefühl, etwas ganz Besonderes zu sein, hinter verschlossenen oder kaum auffindbaren Türen verstecken. Die Welt heute erwartet, dass sie ausstrahlen, aber nicht sich selbst und ihren Aktivismus, sondern durch sich hindurch die Gnade Gottes.

d) Jenseits der katholischen Herzoperation – oder: Etwas anders machen!

Können Riesen auch lieb sein? Wer sich tapfer bekennt (im Sinne der Martyria), treu den Gottesdienst feiert (Leiturgia) und solidarisch zur kirchlichen Gemeinschaft steht (koinonia), kann der schon behaupten, Christ zu sein? Nach christlicher Überzeugung fehlt ihm zum vollen Christsein noch die Caritas, die tätige Nächstenliebe, das soziale Engagement (diakonia).[250] Der Riese, um den es hier geht, muss also auch lieb sein, denn das gehört zu seinem Wesen. Andernfalls droht die Selbstblockierung. Außerdem hat die Logotherapie den fruchtbaren Hinweis gegeben, dass Menschen, die stets nur um sich selbst kreisen, geradezu psychologisch implodieren können, da sie immer wieder auf sich selbst zurückgeworfen werden. Erst der mitfühlende Blick nach außen, vor allem aber die gute uneigennützige Tat für den anderen, gibt dem Leben dann oft Sinn und dadurch Halt. Sinn denkt man sich also nicht theoretisch aus, Sinn erlebt man praktisch.

Steve de Shazer warnt vor »grand theories«, den großen Theorien, deren Vertreter behaupten, schon alles zu wissen, und daher nicht bemerken, wie es wirklich ist. Als bei den frühen Christen einige auftraten, die behaupteten, dass nur der, der in die Geheimnisse des Christentums eingeweiht sei, der das Christentum als Lehre vor allem theoretisch geistig durchdrungen und erfasst habe, der wahre Christ sei – alle anderen seien Christen zweiter Klasse –, wurde gegen solche verhängnisvollen Irrwege der Erste Johannesbrief geschrieben. Und da heißt es an entscheidender Stelle: »Geliebte, wir sollen einander lieben, denn die Liebe ist aus Gott und jeder, der liebt, ist aus Gott gezeugt und kennt Gott. Wer nicht liebt, hat Gott nicht erkannt, denn Gott ist die Liebe.«[251] Die entscheidende Aussage ist, dass der, der liebt, obwohl er mit seinem Mund Gott gar nicht be-*kennt* – vielleicht weil er von ihm nicht gehört hat –, Gott doch *kennt*. Und mahnend an alle Christen gewandt heißt es: Wer nicht liebt – sei er auch in der Kirche aktiv und schwätzte dauernd über Gott –, hat entgegen allen Beteuerungen Gott noch nicht einmal erkannt. Als Pilatus Jesus fragte »Was ist Wahrheit?«, blieb ihm der Angeklagte eine theoretische Antwort schuldig, er schwieg. An anderer Stelle des Neuen Testamentes aber sagt Jesus: »Ich bin der Weg, die Wahrheit und das Leben.«[252] Die christliche Wahrheit erschließt sich nicht im bloßen Lesen von Büchern, sondern in der Begegnung mit Personen, letztlich mit der Person Christus selbst. In dieser Begegnung aber offenbart sich Gott als jemand, der mit einer solchen Güte auf die Menschen blickt, dass es im Ersten Johannesbrief sogar heißt: Gott ist die Liebe. Daher ist die tätige Nächstenliebe nicht irgendein Beiwerk der Kirche, mit dem sie einen guten Eindruck machen soll, sondern vielmehr Wesensvollzug, Lebenszeichen des weiterlebenden mystischen Leibes Christi, ohne das es die Kirche gar nicht geben kann. Die römische Kirchenordnung des dritten Jahrhunderts sah als Gemeindeamt den »Exorzisten«[253] vor, der sich um die damals so genannten Besessenen, nach heutigem Verständnis vor allem die psychisch Kranken, sorgte – eine Art sozialpsychiatrisches Zentrum der frühen Christenheit.[254] Der heilige Kirchenvater Basilius der Große machte die Radikalität frühchristlicher Caritas mit besonders drastischen Worten deutlich: »Wer einem ein Kleid wegnimmt, der wird Dieb genannt, wer aber den Nackten nicht kleidet, obgleich er könnte, verdient der eine andere Bezeichnung?«[255]

Als der heilige Martin von Tours am Stadttor von Amiens einen Bettler sitzen sah, da war er noch gar kein Christ. Aber er erlebte unmittelbar, dass er diesem Bettler seinen halben Mantel geben solle. Erst nach diesem Ereignis hatte er einen Traum, in dem er den Bettler als Jesus Christus erkannte. Erschüttert von dem Erlebnis, wurde er einer der tatkräftigsten und wirksamsten Christen der

Kirchengeschichte. Er brachte das Mönchtum nach Europa, wurde Bischof von Tours, unter der Bedingung, keine feierlichen Gewänder tragen und nicht in einem bischöflichen Palais wohnen zu müssen, und verkündete landauf, landab den Glauben. Hier war die tätige Nächstenliebe sogar der zeitliche Anfang von allem.

Wer die Ressourcen des Patienten Kirche im Sinne von Steve de Shazer konkret und verhaltensbezogen wahrnehmen will, der muss auch bei der Caritas in die Geschichte einsteigen. Da fällt dann auf, dass es in den dunklen Zeiten der Völkerwanderung und des frühen Mittelalters gerade die Caritas war, die die Kirche prägte, insbesondere die Klöster. Man kann wohl zu Recht behaupten, nicht die Kirche hat die Caritas getragen, sondern die Caritas hat die Kirche getragen. Es wäre interessant, eine Geschichte der Kirche *als* Caritasgeschichte zu schreiben. Erinnert sei an die frühmittelalterliche Diözesan- und Pfarrcaritas. Immer wieder antwortete die Kirche auf die Not: Die Ritterorden der Kreuzfahrerzeit widmeten sich »unseren Herren, den Kranken«. Die mittelalterlichen Hospize und Leprosorien gehörten zum Fundament der Kirche. Große Heiligengestalten, wie der heilige Vinzenz von Paul, haben der Gemeinschaft der Christen durch Neubelebung der Caritas immer wieder frische Impulse gegeben. Der heilige Vinzenz war dadurch nicht nur ein vehementer Förderer der Frauenemanzipation – er gründete den Orden der Barmherzigen Schwestern, der unverheirateten Frauen ohne Klausur gesellschaftliche Aktivitäten ermöglichte –, er förderte von dieser Basis aus unermüdlich die ganze Kirche, die damals in vielen Nöten war.

Auch in unseren Tagen hatte Mutter Teresa von Kalkutta die ursprüngliche Kraft tätiger christlicher Nächstenliebe zunächst an sich selbst erfahren. Für sich selbst hatte sie erkannt, dass sie »etwas anderes machen« sollte, nicht durch viele gute Worte oder durch große Analysen, sondern durch ganz kleine wirksame Taten für die Ärmsten der Armen. Einfach da handeln, wo man steht, ohne zu fragen, wer sonst handeln könnte, das erlebte Mutter Teresa als ihre Berufung. Man hat ihr vorgeworfen, dass sie nicht die Frage nach den Ursachen des Elends gestellt hat. Sie hat die Bedeu-

221

tung dieser Frage nicht geleugnet, aber sie hat für sich und ihre Schwestern nicht die Suche nach dem Warum für vordringlich gehalten, sondern den Willen, etwas konkret und sofort zu ändern. Für sie, die bereits einem anderen Orden angehörte, machte das einen Unterschied, der einen Unterschied machte. Die christliche Botschaft ist in Indien wohl niemals kraftvoller verkündet worden als durch diese Frau und ihren neu gegründeten Orden der »Missionarinnen der Nächstenliebe«. Freilich handelt es sich dabei nicht, wie man nach den gängigen Berichten meinen sollte, um einen im Wesentlichen »sozial tätigen Orden«. Bezeichnenderweise gehört die tägliche Anbetung zu den Quellen, aus denen die Schwestern schöpfen. Das verhindert, dass sie sich in einem bloßen Aktivismus verlaufen, der bei der schweren Arbeit, die sie tun, verhängnisvoll wäre. Alle Wesensvollzüge der Kirche sind in diesem lebendigen Werk gegenwärtig: Verkündigung, Gottesdienst, Gemeinschaft und Caritas.

Daraus kann man lernen, dass jeder Christ aufgerufen ist, wo immer er der Not begegnet, persönlich zu helfen. Das kann er auch in unseren Breiten: Sterbende begleiten, Einsame ermutigen, Behinderte integrieren, Aids-Kranken helfen, Schwangeren in Notlagen beistehen. Christen können sich streng genommen diese Aufgaben gar nicht aussuchen. Der Zufall, der diese Not in ihre Nähe spült, verwandelt sich für sie sogleich in die Pflicht der Nächstenliebe. Daher ist die Frage, ob durch solche Aufgaben Pfarrgemeinden nicht überlastet würden, im Grunde gar nicht erlaubt. Aber die Sorge ist auch unbegründet. Derartige Aktivitäten schaffen nämlich christliche Identität, und der einzelne Christ erlebt so den Sinn seines Glaubens besonders intensiv. Solches Engagement verhindert das beständige Kochen im eigenen Saft, das in seinen psychologischen Wirkungen verheerend ist. Denn die Not kommt ja unberechenbar von außen. Papst Johannes Paul II. ermutigt die Christen gerade in Deutschland zu solchen Taten christlicher Liebe. Den südwestdeutschen Bischöfen sagte er beim »Ad limina«-Besuch im Dezember 1992, es sei eine wichtige Aufgabe, »Frauen beizustehen, auch dann, wenn sie sich gegen das beginnende Leben entschieden haben sollten ... Mein Dank und unser aller Ermutigung gilt jenen Christen, die den alten und zugleich hochaktuellen Gedanken der Hospizbewegung wiederbeleben. Wichtiger als der Bau oder Erwerb eines weiteren Krankenhauses in katholischer Trägerschaft, in dem gute Ärzte mit modernsten Geräten operieren können, und wichtiger als etwa die erneute Renovierung eines Tagungshauses wird künftig die Förderung von Institutionen sein, die sich für die katholische Sterbebegleitung einsetzen. Hier sind Christen als Hoffnungsträger gefragt.«[256]

Die Bemühung um die so genannten Randgruppen unserer Gesellschaft, die ja dadurch gekennzeichnet sind, dass sie den Kontakt zum Ganzen zu verlieren drohen und allenfalls in einer Nische der Gesellschaft geduldet werden, ist eine im Wortsinne »katholische« Aufgabe. Denn gerade diese allumfassende Kirche hat Randgruppen stets als Teil des Ganzen zu sehen und sogar als einen besonders wichtigen. In diesem Sinne sind Randgruppen für Christen Zentralgruppen – die man nicht mit Hilfe von irgendwelchen Diagnosen wegsperren darf. Diagnosen haben keinen Wert an sich, sondern den ganz bescheidenen Zweck, jemandem möglichst spezifisch zu helfen. Gegenüber dem unendlichen Wert jedes Menschen sind sie nebensächlich. Daher müssen gerade Christen das professionelle Ghetto sprengen und leichtfertiges Hantieren mit diagnostischen Begriffen vermeiden.

Dann wird der Blick dafür frei, dass gerade Behinderte, die nicht so einfach von den Grenzen und Grenzsituationen menschlicher Existenz weggaffen können, als Lehrmeister für Nichtbehinderte berufen sind. Transzendenz, das Über-die-Grenze-Hinausstreben, ist ja überhaupt erst möglich, wenn Menschen sich trauen, auf ihre Grenzen zu schauen. Dagegen ist es ein Grundfehler der Esoterik, dass sie von vornherein über alle Grenzen hinaus denkt und meint, dass man jene Transzendenz wissen könne. Dem religiösen Menschen – und wer wäre das im Tiefsten nicht! – geht es aber nicht bloß um Wissen, sondern fast um das Gegenteil, um die Fähigkeit, trotz aller unvermeidbaren Begrenztheit in der Begegnung mit dem unendlichen Gott und den Menschen Vertrauen, Sinn und Hoffnung zu erfahren, was viel mehr ist als »Wissen«. Ziel des Lebens ist dann nicht, Wissensbesitz zu sammeln und festzuhalten, sondern vielmehr zu begreifen, dass das alles bloß vorläufig und verweslich ist, und loszulassen.

Dass auch Behinderung so gesehen eine besondere Fähigkeit bedeuten kann, habe ich ganz persönlich in der Jugendgruppe »Brücke-Krücke« erleben können. Seit Anfang der achtziger Jahre besteht diese Gruppe behinderter und nichtbehinderter Jugendlicher, in der es keine professionellen Betreuer gibt. Sie hat ihren Sitz am katholischen Jugendamt in Bonn, und ein erfolgreiches und begrüßenswertes Prinzip dieser Gruppe ist die hemmungslose »Ausbeutung« der katholischen Kirche. Wenn die traditionelle Jahresfahrt in irgendeine Weltregion organisiert wird, ruft jemand beim zuständigen Generalvikariat an: »Wir sind katholisch, behindert, haben kein Geld, möchten aber gerne zu ihnen kommen.« Erst hört man dann am Telefon einige Sekunden nichts. Dann aber folgt stets eine oft fast überströmende Hilfsbereitschaft. Dreißig Generalvikariate sind inzwischen hilfreich tätig gewesen. Wo auch immer die Jugendlichen hinkommen, werden sie freundlich von irgendeinem katholischen Priester empfangen und erleben oft Gottesdienste, die der begleitende Priester der Gruppe in der örtlichen Kathedrale halten darf – in San Marco in Venedig, in Notre-Dame de Paris, im Straßburger Münster. Auf diese Weise haben die Behinderten, die sonst manche Nachteile in Kauf nehmen müssen, hier von ihrer Behinderung einmal Vorteile, und die weltweite Organisation der katholischen Kirche ist von dieser Gruppe noch nie als Defizit, sondern stets als Ressource erlebt worden. Ich werde nicht das Bedauern von nichtgetauften Gruppenmitgliedern vergessen, als sich bei einer Schwedenfahrt die verschwindende Zahl katholischer Einrichtungen in diesem Land der Reformation herausstellte. Doch hat dann die dortige evangelische Kirche bereitwillig geholfen. Ich habe von den über zweihundert ganz »normalen« Jugendlichen dieser Gruppe nie eine negative Bemerkung über die katholische Kirche gehört. Die Gottesdienste von »Brücke-Krücke« sind für mich besonders deswegen berührend, weil das, was gerade auf solchen Fahrten an Gutem geschieht, ohne darüber zu reden, gemeinsam von jedem auf seine Weise vor Gott getragen wird.

Kirchliche Caritas sollte ihre Prioritäten von der Not und nicht von der Zuschusslage bestimmen lassen. Das setzt den Blick auf die eigenen Ressourcen und das Bewusstsein der eigenen Kräfte voraus. Daraus sollte dann der Wille zur Gestaltung der Zukunft kirchlicher Institutionen aus eigenen Prioritäten erwachsen. Dabei ist sorgfältig darauf zu achten, dass vor allem schon bestehende und entstehende christliche Initiativen bevorzugt gefördert werden, nicht so sehr Aufgaben, die sich Profis am grünen Tisch ausgedacht haben. Nichts gegen die moderne erfolgreiche Technik-Medizin, die doch alle gerne nutzen. Aber in Zeiten des Christenmangels müssen die verbleibenden Christen vermehrt Wesentliches von weniger Wesentlichem unterscheiden. Da wird man wohl eher auf die katholische Herzoperation verzichten können als auf Aufgaben, die kein anderer tun will und die vor allem die persönliche menschliche Sorge fordern. Da die Erfolgsmedizin in unseren Breiten gut und machtvoll organisiert ist, wäre es vielleicht eher die »Misserfolgsmedizin«, die Christen als besonderen Auftrag verstehen sollten. Dort, wo »nichts mehr zu machen« ist, bei chronisch Kranken, Sterbenden, sozial völlig desolaten Fällen, ist christliche Caritas besonders gefordert. Man konnte in den letzten Jahren nur schwer verstehen, warum ausgerechnet sozial tätige Orden keinen Nachwuchs mehr zu verzeichnen haben. Bei näherem Hinsehen ist es aber nicht plausibel, dass eine junge Frau auf Familie und Kinder verzichten soll, um einem Operateur steriles Besteck anzureichen oder die komplizierten Apparate einer Intensivstation zu bedienen. Diejenigen Orden freilich, die sich wieder der persönlichen Sorge um den Menschen widmen, berichten von vermehrten Neueintritten.[257]

VIII.
Der entfesselte Riese –
Ausblicke nach der Therapie

Zugegeben, es sah mit dem Patienten Kirche nicht gut aus. Auf den ersten Blick wirkte er wie ein aussichtsloser Fall von der Sorte der »feindlichen Überweisungen«, mit denen Psychotherapeuten unliebsame Kollegen ärgern. Vieles erinnerte an eine ausgebrannte Alkoholikerfamilie voller leer laufender Pseudoaktivitäten, deren erschöpfte Mitglieder man am liebsten allesamt auf verschiedene Kliniken verteilen würde. Ein ziemlich verrotteter Haufen, der sich nur noch mit sich selbst beschäftigte. Alle paar Minuten schaute der Patient nach, ob das Herz es noch tat, und entwickelte eine Hypochondrie nach der anderen. Freilich traute sich dennoch niemand, die künstliche Beatmung durch die Kirchensteuer abzustellen. Denn für diesen Fall befürchtete man den Offenbarungseid – dass der Koloss nämlich längst jedes Eigenleben eingebüßt hat. Selbst auf Schmerzreize reagierte er ja nicht mehr.

Als 1989 der Riese des real existierenden Sozialismus zu Grabe getragen wurde, hatte sich schon der lüsterne nekrophile Blick des müden Abendländers auf den anderen viel älteren Riesen gerichtet, die katholische Kirche. Man hörte bereits das Totenglöcklein läuten und formulierte Nachrufe. Aber auch hier bestätigte sich die Einsicht erfahrener Hausärzte, dass alte Leute entgegen einem verbreiteten Vorurteil in der Regel über eine vergleichsweise robuste Gesundheit verfügen. Menschen mit labiler Gesundheit sterben früher. Das ließ die Vermutung zu, dass man nur so alt wird wie die katholische Kirche, wenn man über erhebliche Kräfte verfügt, selbst wenn davon auf den ersten Blick nicht viel zu bemerken ist. Daher war es vollauf gerechtfertigt, eine gründliche Untersuchung des blockierten Riesen auf Lebenszeichen und Kräfte mit den Mitteln moderner Wissenschaft durchzuführen. Der Befund lässt an

Eindeutigkeit nichts zu wünschen übrig: Der blockierte Riese lebt – und wie!

Angesichts der erheblichen Blockierungen erschienen Lockerungsübungen freilich indiziert. Lange ungenutzte, aber vorhandene Muskelpartien mussten entdeckt und reaktiviert werden. Am Ende des ressourcenorientierten Durchgangs durch eine Vergangenheit von zweitausend Jahren und eine Gegenwart von einer Milliarde Mitgliedern fällt Licht auf zahlreiche Schätze dieser geheimnisvollen Institution.

Damit sollten Probleme und einzelne Blockierungen des Riesen ausdrücklich nicht geleugnet oder leichtfertig übersprungen werden. Doch darüber liegt bereits eine Fülle an Literatur vor. Außerdem ist die kirchliche Problemtrance durch das routinierte und monotone Reproduzieren von Problemanalysen[258] zum Teil mitverursacht. Wenn fast nur noch der bedenkliche Blick auf der Kirche lastet, können aussichtsreiche Lösungen kaum gefunden werden. Daher sollte hier nicht »mehr desselben« geschehen. So durfte dieses Buch die Problemanalysen als bekannt voraussetzen, demgegenüber die Kräfte der Kirche möglichst unbefangen ins Auge fassen und den Scheinwerfer der Aufmerksamkeit auf Lösungen richten. Vieles musste Fragment bleiben, aber wer auf Lösungen setzt, wird ohnehin nicht alles fertig vorfabrizieren wollen.

»Nach der Therapie« sollte man in der Lage sein, möglichst unverzerrt die Wirklichkeit dieser Kirche zur Kenntnis zu nehmen. Wenn der Glaube sich nach katholischer Überzeugung durch die Gemeinschaft der Kirche vermittelt, ist eine solche angemessene Wahrnehmung der katholischen Kirche sowohl für Kirchenmitglieder als auch für Menschen, die den Glauben suchen, von ganz entscheidender Bedeutung. Es ist daher nicht überflüssig, die wirkliche Situation der Kirche nach der Therapie noch schlaglichtartig in den Blick zu nehmen.

Manch einer wird die in diesem Buch dargestellten neuen Sichtweisen moderner Psychotherapie gar nicht als so vollkommen neu erleben, und in der Tat stimmen sie mit uralten christlichen Haltungen überein, die Christen sich freilich wieder stärker bewusst machen sollten. Neun Jahre nach dem schrecklichen Dreißigjährigen Krieg, der in Deutschland ein Drittel der Bevölkerung hinwegraffte, dichteten die Menschen ein Lied, das heute nur selten gesungen wird, vielleicht weil es zu fromm erscheint: »Wer nur den lieben Gott lässt walten«. Und da heißt es in der zweiten Strophe:

» *Was helfen uns die schweren Sorgen,*
was hilft uns unser Weh und Ach?
Was hilft es, dass wir alle Morgen
beseufzen unser Ungemach?
Wir machen unser Kreuz und Leid
nur größer durch die Traurigkeit. «[259]

Zu klagen hätten die Menschen damals weiß Gott genug gehabt. Aber sie zeigten ein Gottvertrauen und eine Zuversicht, die noch den Heutigen Mut machen kann.

Dessen eingedenk und nach all dem Vorhergehenden müsste man nun ohne größere Widerstände nüchterne objektive Fakten wahrnehmen können, die darauf hinauslaufen, dass die Situation der katholischen Kirche keineswegs bejammernswert ist: Noch nie in der Geschichte der Kirche gab es so viele Katholiken,[260] obwohl das Katholischsein heute eher Nachteile, manchmal sogar Verfolgung mit sich bringt. Noch nie zuvor gab es Katholiken in allen Ländern der Erde. Kaum je war die Kirche so völlig ohne relevanten geistigen Gegner. In Ländern wie Großbritannien gibt es regelrechte Konversionsbewegungen zur katholischen Kirche. In Frankreich gab es vor zehn Jahren 900 Erwachsenentaufen, 1996 waren es 11 000! »Wo, wie in Italien und Spanien, in den frühen siebziger Jahren jeder zweite Befragte, ›zunehmenden Abstand von der Kirche‹ signalisierte, ist nach Umfragen … wieder ein gutes Drittel wöchentlicher und ein weiteres Fünftel monatlicher Kirchgänger entstanden. Fast vier Fünftel sehen mittlerweile im Glauben wieder eine große Kraft im Leben.‹«[261] Die katholische Kirche in Südkorea kann sich vor Bekehrungen und Erwachsenentaufen kaum mehr retten. Nach Lourdes pilgern mehr Gläubige als nach Mekka.

Die katholische Kirche in Deutschland hatte noch nie so viel Geld für pastorale Zwecke zur Verfügung und war politisch und ökonomisch noch nie so unabhängig. Die Heilige Messe ist immer noch die meistbesuchte Sonntagsveranstaltung, und das, obwohl Christsein heute mehr als früher sehr persönliches Bekenntnis voraussetzt. Wer sich heute als katholisch bekennt, kann kein Opportunist sein. Die Zahl der Priester pro Kirchenbesucher ist heute höher als vor dreißig Jahren,[262] und die Zufriedenheit mit der Seelsorge vor Ort ist der Demoskopie zufolge groß.[263] Das alles sind unbestrittene Tatsachen, die man wenigstens wahrnehmen sollte, ohne gleich trunken vor Begeisterung über die realen Probleme des kirchlichen Alltags zu stolpern.

»Schweigen will ich von Lokalen, wo der Böse nächtlich prasst, wo im Kreis der Liberalen man den Heil'gen Vater hasst«,[264] dichtete Wilhelm Busch vor 100 Jahren. Wir sind den sozialpsychologischen Gründen dieses recht deutschen »Pappisyndroms« nachgegangen. Aber es gibt inzwischen deutliche Anzeichen für seine Überwindung. Was noch vor kurzem ein Tabubruch gewesen wäre, nämlich eine nüchterne pubertätsbereinigte erwachsene Sicht des Papstes, ist heute wieder möglich. Kein Wunder freilich, dass derartige Vorstöße von gewohnheitsmäßigen Tabubrechern stammen, die sich nicht von Redeverboten schrecken lassen. Werner Raith, Redakteur der extrem linken »Tageszeitung« (taz) schrieb kürzlich: »Kein Zweifel: Johannes Paul II. hat heute in der ganzen Welt so viel Einfluss wie keiner seiner Vorgänger seit ... Innozenz III. ... Tatsache ist jedenfalls, dass ... auch Papst-Gegner nicht mehr anders können als anzuerkennen, dass Karol Wojtyla in schneller Abfolge aufgrund seiner Theologie Forderungen stellte und Probleme aufnahm, die in der internationalen Diskussion wie in den einzelnen Staaten erst später immer mehr in den Vordergrund rückten. ... keiner der größeren Staatslenker, die Länder des ehemaligen Ostblocks eingeschlossen, erhebt heute noch ernsthafte Einwände gegen seine geistig ideologische Führerschaft in der außerislamischen und außerbuddhistischen Welt. ... Wir müssen uns derzeit mit der Tatsache abfinden, dass uns dieser Papst, ein Überzeugungstäter mit einer wackeren Schar hellhöriger Berater, ein Konzept vorlegt, das man zwar ablehnen kann, an dessen Kompaktheit und Konsistenz man aber nicht vorbeikommt: Es ist derzeit das einzige präsentable System auf dem westlichen ideologischen Markt, und es scheint vielen Menschen, zweitausend Jahre kirchlicher Misswirtschaft und Skandale, Missbräuche und Sadismen zum Trotz, als Einziges noch nicht durch die Realität verbraucht zu sein.«[265]

Es ist ein häufiges Symptom von psychischen Störungen, dass die Wirklichkeit, so wie sie ist, aus unterschiedlichen Gründen nicht mehr ertragen und dann auch nicht mehr wahrgenommen wird. Da ist es nützlich, beim emotionsgeladenen Thema »Papst« eine möglichst unbefangene Sichtweise zu wählen, eine Position sozusagen hinter der Scheibe. Das dürfte weder der Standpunkt des »Osservatore Romano« noch der der Liberalen von Wilhelm Buschs Stammtisch sein. Was also ist auch für den gutwilligen Atheisten unbestreitbar?

Der jetzige Papst ist der vielleicht einflussreichste Papst aller Zeiten. Man vergleiche dazu die Demütigungen der Päpste durch die absolutistischen Monarchen des 18. Jahrhunderts und die Verhöhnungen der Päpste in den Kulturkämpfen des 19. Jahrhunderts. Ein derartiges Verhalten erlaubt sich heute noch nicht einmal Fidel Castro und sonst auch kein Potentat. Um einen Vergleich aus unserem Jahrhundert zu haben, lese man die herablassende Reaktion des amerikanischen Präsidenten Wilson auf die redliche Friedensinitiative Papst Benedikts XV. während des Ersten Weltkriegs. Man beachte dagegen das geradezu devote Verhalten auch nichtkatholischer amerikanischer Präsidenten gegenüber Papst Johannes Paul II., selbst als er die amerikanische Politik, wie im Golfkrieg Anfang der neunziger Jahre, unter dem Beifall deutscher Pazifisten kritisierte.[266]

Michail Gorbatschow erklärte, ohne diesen Papst sei das große historische Ereignis unserer Generation, die Befreiung von Millionen Osteuropäern 1989, nicht möglich gewesen,[267] und Vaclav Havel brachte ihm geradezu Ovationen dar. 1994 wählte ihn das amerikanische Nachrichtenmagazin Time zum »Mann des Jahres«.[268] 1995, als in Deutschland das öffentliche Bild des Papstes noch aus einer Zusammenwürfelung von Negativklischees bestand, nannten ihn italienische Jugendliche mit überwältigender Mehrheit ihr größtes Vorbild, weit vor einem bekannten Discjockey und dem beliebtesten Fußballer.[269] Wohl niemals in der Geschichte der Menschheit hat ein einziger Mensch zu so vielen Menschen persönlich gesprochen, und kein Mensch hat jemals solch riesige freiwillige Versammlungen von Jugendlichen anziehen können wie dieser Papst, insbesondere bei den »Weltjugendtagen«, so in Paris 1997 mit mehr als einer Million Teilnehmern. Niemand auf der Welt stellt eine solche Autorität in moralischen Fragen dar und kann sie überall zum Einsatz für die Menschenrechte nutzen. Die ganze Welt schaute gebannt nach Kuba, als der Papst in Havanna die Hunderttausende vor der versammelten kommunistischen Staatsspitze fragte: »Glaubt ihr an Jesus Christus, den Sohn des lebendigen Gottes?«, und es über den Platz schallte: »Wir glauben!«

Jedem Personenkult abhold, der vor allem in Deutschland anfänglich von der Boulevardpresse vom Zaun gebrochen wurde, hat Johannes Paul II. die Aufmerksamkeit, die seine Person erregt, vom Tage seines Amtsantritts an auf die Botschaft gelenkt, die er zu verkünden hat, nämlich die Frohe Botschaft Jesu Christi. Reiseveranstalter klagten zu Beginn des Pontifikats, bei den Audienzen seien die Ansprachen viel zu lang, die Leute wollten doch nur den Papst sehen und müssten sich dann das alles anhören. Genau das aber war offensichtlich die Absicht. Des Papstes Sicht vom Menschen ist durch die Philosophie unseres Jahrhunderts geprägt. Er gehörte zu den fortschrittlichsten Vätern des Zweiten Vatikanischen Konzils, dessen modernster Text, die Konstitution »Gaudium et spes« über die Kirche in der Welt von heute, wesentlich von ihm beeinflusst wurde. Wie kaum ein anderer Papst hat er sich für die Ökumene und auch für die Verbesserung des Verhältnisses der katholischen Kirche zum Judentum eingesetzt. Als wohl erster Papst – nach Petrus – betrat er eine Synagoge. Seine Sozialenzykliken erregten weltweites Aufsehen und Zustimmung sogar bei revolutionären Linken. Als erster Papst anerkannte er in einer spektakulären Erklärung ausdrücklich die Verdienste der Frauenbewegung.[270]

All das wird auch der redliche Atheist nicht bestreiten, ohne sich dadurch gleich genötigt zu sehen, die Fronten zu wechseln und katholisch zu werden. Wer sich mit diesem Papst wirklich befasst, dem wird schnell klar, dass der jede enge konservative Lagermentalität sprengt – die mit ihrem geselligen Bejammern einer bösen Welt einem unchristlichen Dualismus oft gefährlich nahe kommt. Von Problemtrance ist bei Johannes Paul II. nichts zu spüren. Er konterkariert aber auch progressive stromlinienförmige Anpassungen an den Zeitgeist. Wenn die Kirche in unserem Jahrhundert die Menschen immer bloß da akzeptierend und wertschätzend abgeholt hätte, wo sie halt stehen – beim Nürnberger Reichsparteitag oder beim Flirt mit dem Marxismus unter der Laterne des real existierenden Sozialismus –, hätte sie längst ihr Wesen eingebüßt. Christen sind nicht dazu da, sich brav hinter Spießen aufzustellen, mit denen gewisse Bürger durch die Lande ziehen. Solcher Progressismus verwechselt Gleichschritt mit Fortschritt und unterscheidet sich nicht vom gemütlichen konservativen Stammtisch. Demgegenüber tritt dieser Papst nicht konservativ-progressiv, sondern apostolisch-katholisch mit seiner Lehre vom Menschen und von den Aufgaben des Christen seinen Zeitgenossen beunruhigend nahe. Seine Predigten bleiben nicht unverbindlich, sondern sind im Wortsinne provozierend, rufen die Menschen heraus aus ihren Lagern. Der Papst spricht von Aufgaben und – wie wohl kein anderer – von den Herausforderungen des dritten christlichen Jahrtausends. Das wird auch außerhalb der Kirche gehört und geschätzt.

Was sind die Ausblicke, die sich angesichts dieser Wirklichkeit der Kirche für Glaube und Kirche ergeben? Zunächst ist eine ressourcenorientierte Sichtweise schon fast eine Voraussetzung für die Verdaubarkeit des harten christlichen Brotes der Nächstenliebe. Wie will man denn das nächstbeste »Ekel« lieben können, wenn es einem nicht gelingt, trotz aller unübersehbarer Defizite das verborgene oder unbeachtete Gute dieses Menschen zu sehen. Wer einen solchen Perspektivwechsel versucht, wird selbst davon erleichtert sein. Eine derartige Einstellung ist aber auch für das Miteinander in der Kirche hilfreich. Andere Christen in der Kirche redlich zu loben im Sinne der Komplimente Steve de Shazers, auch wenn sie in manchem anderer Auffassung sind und bleiben, kann das Leben und Wirken aller in der Kirche fruchtbarer werden lassen. Der heilige Thomas von Aquin hat das vorgemacht. In seinen Werken beschrieb er stets mit den stärksten Argumenten zunächst die Gegenposition(en), und dann erst legte er mit seinem berühmten »respondeo« (darauf antworte ich) seine eigene Auffassung dar. Auf solche Weise kann man aussteigen aus jener dumpfen Mentalität des Verdachts, die den anderen gleich das denkbar Böseste unterstellt. Das heißt aber gerade nicht, die eigene eben unterschiedliche Auffassung aufzugeben oder zu verwässern und einem profillosen schwächlichen Harmoniebedürfnis zu opfern, das schnell aus »everybodys darling« »everybodys butler« macht. So könnte zwischen den verschiedenen Gruppierungen eine »Konkurrenz« im besten Sinne dieses Wortes stattfinden, ein »Wettbewerb«, der das Ganze der Kirche in vielen unterschiedlichen, aber leuchtenden Farben erstrahlen lassen würde. Wer ist ein besserer Christ? Diese Frage wird in erster und letzter Instanz beim jüngsten Gericht entschieden, auch wenn heutzutage mancher progressive Katholik über manchen konservativen Katholiken und mancher konservative Katholik über manchen progressiven Katholiken zumindest in Gedanken dem lieben Gott schon einmal einen kurzen Beschlussentwurf vorgefertigt hat. Sind doch die so genannten Progressiven mit »Exkommunikation«, das heißt mit dem Ausschluss bestimmter Konservativer aus der Gruppe der Wohlmeinenden, ebenso schnell zur Hand wie manche Konservative umgekehrt. Demgegenüber wäre der subversive systemische Gedanke zu beherzigen, dass es eine unfehlbare Möglichkeit gibt, die jeweils andere Seite zur Änderung zu nötigen: indem man sich selbst bemerkbar ändert.[271] Angesichts eines jungen Menschen, der nach dem Sinn des Lebens fragt, und am Bett eines Sterbenden sind die konservativ-progressiven Streitthemen ohnehin banal, und Unterscheidungen von progressiv und konservativ liegen am Rande des Lächerlichen.

Wertschätzende Umgangsformen wären schließlich auch auf die ökumenischen Begegnungen zu übertragen, deren Ziel sein muss, sich nicht gegenseitig rituell die Defizite vorzurechnen, sondern die Einheit der Christen über die Sammlung der reichen Schätze des christlichen Glaubensbestands und die gemeinsame Ausrichtung auf den Herrn, der kommen wird, in redlichem Bemühen zu erreichen. Dass das bereits an vielen Orten geschieht, ist ein Zeichen der Hoffnung.

Ressourcenorientiert wäre aber auch, mit Strukturen umzugehen. Manch ein überzeugter und überzeugender Christ fristet aus den verschiedensten Gründen sein Dasein isoliert – enttäuscht von einem Pfarrer, von einer vereinzelten kirchlichen Regelung, von irgendeiner »Richtung« oder ohnehin kontaktarm. Solche Menschen suchen und effektiv zu Gruppen verbinden könnte vorhandene Schätze vermehrt nutzen. Die neuen geistlichen Gemeinschaften haben dafür begeisternde Vorbilder geschaffen und beweisen die Lebendigkeit der Kirche, die in jeder Zeit kreative neue Formen gefunden hat.[272] Gruppen progressiver oder konservativer Priester, die informell ohnehin bestehen, sollten sich offiziell konstituieren, damit sie nicht nur still klagen, sondern gemeinsam konstruktive Vorschläge machen und umsetzen können. Das hätte den Vorteil, dass sie sich dann auch öffentlicher fruchtbarer Kritik stellen könnten.

Die heutige Form der Pfarrseelsorge ist im Grunde erst seit 200 Jahren üblich.[273] Ob das so noch angemessen ist oder ob wieder eine gewisse seelsorgliche »Wahlfreiheit« wie in früheren Jahrhunderten eröffnet werden sollte, müsste man freimütig diskutieren. Darüber hinaus sollte man auf ein eigenes Selbstbewusstsein der Seelsorge achten, deren hoher existenzieller Wert nicht mit schlichtem psychotherapeutischem Handwerk verwechselt werden darf.[274] Um einerseits die Caritas geistlich lebendiger zu machen und andererseits manche geistliche Gemeinschaft zu »erden«, könnten solche Gemeinschaften caritative kirchliche Initiativen sozusagen adoptieren, also deren Arbeit geistlich begleiten. Überhaupt sollte man nicht bloß in Verbandskategorien denken, sondern insbesondere in der Jugendarbeit auch unstrukturierte Bewegungen ermutigen – was wiederum vitalen Verbänden keinen Abbruch tun muss. Es geht darum, vorhandene Kräfte so einzusetzen, dass sie fruchtbar werden. Wenn sich die Christen wieder mehr auf den Kern des christlichen Auftrages besinnen, könnte vieles in Bewegung geraten. Das allerdings könnte für auf ihren Stellungen beharrende Konservative und Progressive gefährlich werden. Denn deren gemütliche Kategorien würden dann obsolet.

Wer in einer solchen Bewegung welche Rolle spielt, ist nebensächlich. Als die Jünger darüber stritten, welche Rollen ihnen zukämen und wer der Größte unter ihnen sei, gab Jesus die bei Markus festgehaltene Antwort: »Wenn einer ein Erster sein will, muss er der Letzte von allen und der Diener aller sein.«[275] Die Kirche, das ist kein betuliches sakrales Rollenspiel. Und dem Schifflein Petri ist auch nicht das Plantschbecken zugewiesen, sein Weg ähnelt eher einer Wildwasserfahrt, wo die Kategorien oben und unten, links und rechts, vorne und hinten ziemlich untauglich sind, weil sie dauernd wechseln. Wer dennoch versucht, diese Kategorien krampfhaft im Auge zu behalten, wird schwindelig und seekrank. Nur der Blick auf die eine unerschütterlich stabile Position, den Steuermann Jesus Christus, kann da vor Übelkeit retten. Jedenfalls kann es nicht funktionieren, wenn alle oben oder alle unten, links oder rechts, vorne oder hinten sitzen, vielmehr sollte jeder an seinem Platz das Beste tun.

Die dritte Strophe des gerade zitierten Kirchenlieds lautet:

»*Sing, bet, und geh auf Gottes Wegen,*
verricht das Deine nur getreu
und trau des Himmels reichem Segen,
so wird er bei dir werden neu.
Denn welcher seine Zuversicht
auf Gott setzt, den verlässt er nicht.«

Bei Änderungen geht es auch nach systemischer Sichtweise um kleine konkrete, verhaltensbezogene und erreichbare Schritte. Schon wer versucht, in seinem Leben oder in der Kirche einen kleinen Unterschied zu machen, der einen Unterschied macht, und so aus dem Trott der Gewohnheiten ausbricht, kann bedeutsame Änderungen bewirken. Das ist eine alte spirituelle Weisheit, und man hat den christlichen Gott daher einmal als Gott der Kleinigkeiten bezeichnet. Damit ist gemeint, dass nicht das großartige – aber utopische – Projekt, sondern die wirkliche, aber vielleicht nur kleine Tat die Herausforderung für das tägliche christliche Leben ist.

Das Handeln des Samariters, der dem unter die Räuber gefallenen Mann am Straßenrand half, war untheoretisch, unspektakulär, nicht einmal heldenhaft. Doch Christus gibt auf die hochtheologische Frage des Schriftgelehrten, was man tun müsse, um das ewige Leben zu erlangen, die ganz praktische Antwort: »Handle so wie dieser Samariter!« Ein solcher Auftrag hat vor allem angesichts der Unwiederholbarkeit jedes Moments ernste Dringlichkeit. Diese Einstellung des Samariters muss auch für den Aufbruch in der Kirche gelten. Die noch so banale *Wirklichkeit*, die Menschen geschickt wird, ist allemal wichtiger als die noch so glänzende *Möglichkeit*, die aus utopischen Erwartungen zusammengesetzt ist. Jedenfalls gilt aus systemischer Sicht, dass alle Ziele, die nicht die Notwendigkeit der eigenen Änderung einschließen, mit Skepsis zu betrachten sind.

Ein kompliziertes Problem bedarf keiner komplizierten Lösung. Mehr von dem konkret zu tun, was gut ist und Gutes bewirkte oder bewirkt, das führt auch in der Kirche weiter. Wenn Christen sich wieder auf das Wesentliche konzentrieren, den Glauben bekennen und kompetent weitergeben, konkret caritativ dem Nächsten helfen, Gott danken und beten, dann haben sie das Wesentliche im Blick. Vor allem aber ist wichtig, mehr über das Gelingende zu reden, das Goethewort beherzigend: »Was ist das Schwerste von allem? Was dir das Leichteste dünket, mit den Augen zu sehen, was vor den Augen dir liegt«.[276] Man sollte es sich zum Grundsatz machen, bei kirchlichen Gremiensitzungen wenigstens zwei Drittel der Zeit über das, was gut funktioniert, und das, was man plant, zu reden. Bei den Problemanalysen dagegen sollte man sich zeitlich grundsätzlich beschränken.

Ohnehin kann man der lösungsorientierten Sichtweise entnehmen, dass Sprache als solche Wirklichkeiten schafft: Wenn die ersten zwei Drittel einer Predigt in der möglicherweise zutreffenden Analyse welcher Misere auch immer bestehen und dann zum Schluss eine noch so glänzende »Lösung« aus dem Glauben angeboten wird, ist die Botschaft fast unvermeidlich bedrückend. Die Gemeinde taucht in eine Problemtrance ein, die sogar die »Lösung« nur noch als schwierig suggeriert. Man darf wohl zu Recht vermuten, dass die Apostel bei der Pfingstpredigt die Zuhörer nicht dadurch begeisterten, dass diese in allen Sprachen verstanden, wie die Glaubensboten Jesu die Situation zutreffend analysierten, sondern weil sie – ergriffen und ergreifend – den Menschen die frohe Botschaft vom Heil verkündeten.

Im Übrigen kann man jede Ermahnung sprachlich auch als Ermutigung formulieren. Vielleicht hängt das derzeitige Überhandnehmen von Problemanalysen damit zusammen, dass die katholische Kirche zumal in Deutschland jahrhundertelang ein soziologisch begründetes intellektuelles Minderwertigkeitsgefühl pflegte und nun im Gegenzug überintellektualisiert daherkommt. Der Intellekt ist nichts Böses, sondern vielmehr eine dem Menschen von Gott geschenkte wertvolle Fähigkeit, die freilich im Dienst der Wahrheit eingesetzt werden soll. Diese Wahrheit vermittelt sich aber wesentlich personal. Der heilige Thomas von Aquin, wohl der intellektuelle Denker des Mittelalters schlechthin, hat seine kompliziertesten philosophischen Spekulationen daran gemessen, ob die Vetula, das alte Mütterchen, das nicht lesen und schreiben konnte, aber ein rechtschaffenes gläubiges Leben führte, dem so herausgefundenen Ergebnis entsprechend handeln würde – und wenn er das verneinen musste, hat er seine Theorie verworfen. Die Theologie muss sich selbst stets daran erinnern, dass sie mit aller »Anstrengung des Begriffs« (Hegel) über den schon geschehenden Glauben dieses alten Mütterchens nachdenkt. Dieser Glaube, der auch weiß, dass alles christliche Handeln ohne das Gebet hohl bleibt, ist das Erste. Ihm hat die Theologie, aber auch die ganze Kirche bis hin zum Papst, demütig zu dienen. Wenn der Theologe sich überhebt und meint, anderen den »rechten« Glauben einfach andozieren zu können, verfehlt er seinen Auftrag. Hier hat das kirchliche Lehramt eine wichtige Schutzfunktion. Es ist »Hüter der einfachen Worte, die aber zu denken geben«.[277]

Wie Charles de Foucauld im Kleinen das Große erkannte, bleiben also zum Schluss keine großartigen Visionen und Utopien, für deren Realisierung man Schweiß und Tränen in Kauf nehmen müsste – vor allem bei den anderen, die einer Realisierung im Wege stehen. Der Philosoph Odo Marquard hat in einem kleinen Aufsatz darauf hingewiesen, dass heute zu oft über zu wenig Sinnangebote geklagt werde.[278] Er dagegen habe den Eindruck, dass es zu viele Sinnangebote gebe, dass aber die »Sinnerwartung« bei weitem zu hoch sei. Man wünsche Obst und weise nacheinander einen Apfel, eine Birne, eine Apfelsine und so weiter zurück, da man doch »Obst« verlange – und auf solche Weise verhungere man vor einem Teller voll Obst. So plädiert Marquard für eine »Diätetik der Sinnerwartung«, die bescheidene, aber konkrete Ziele verfolgt. Auch Goethes Faust, der zu Anfang hochfliegende Pläne hat, alles zu verstehen und zu beherrschen, nimmt zum Schluss von sämtlichen Utopien Abstand und baut schlicht einen Deich, um Menschen zu helfen. Am Ende von Goethes Faust heißt es: »Wer immer strebend sich bemüht, den können wir erlösen«. Die gleiche Erfahrung, aber aus dem Glauben heraus, beschreibt der heilige Augustinus am Beginn seiner »Bekenntnisse«, die als erstes psychologisches Buch des Abendlandes insgesamt ein Gebet zu Gott sind: »Unruhig ist unser Herz bis es ruhet in Dir.« Das ist ein radikal anti-utopisches Projekt, das jede diesseitige Utopie, wie immer sie auch aussehen mag, verwirft.

An dieser Stelle sprengt der christliche Glaube auch jedes Psychotherapiemodell. Wenn Christen ganz grundsätzlich die »Wunderfrage« gestellt würde, dann werden sie vom Ewigen Leben, von der Erlösung von allen Leiden und der Glückseligkeit bei Gott sprechen, und wenn dann Steve de Shazer fragen sollte: »Aber nun im Ernst!«, dann werden sie ihm in die Augen schauen und antworten: »Das ist mein Ernst!«

Psychotherapie ist keine Lehre von den letzten Dingen, sie ist ein Handwerkszeug, mit dem man auf dieser Welt leidlich einige psychische Verknotungen lösen kann – nicht mehr und nicht weniger. Das Entscheidende im Leben ist aber weder durch Psychotherapie noch durch sonstige Bemühungen eigenständig herstellbar. Es ist nach christlichem Glauben Gnade. Und auch die Kirche wird beruhigenderweise nicht durch Christen produziert. Daher sind die Wege aus der Kirchenkrise, die in diesem Buch aufgezeigt werden, nicht eine Möglichkeit, sich eine heile Kirche selbst zu basteln. Vielmehr dürfen Christen letztlich alles der Gnade Gottes anheim geben. Das entlastet von unsinnigem Leistungsdruck und übertriebener Hektik. So kommt es am Ende nicht auf die Lösungen an, die Menschen hier auf Erden aus eigenen Kräften finden werden, sondern auf geschenkte Lösungen, letztlich auf Erlösung, und die erhoffen Christen demütig – von Gott.

In der letzten Phase seines Lebens stellte sich der heilige Augustinus die Frage, was man denn tun müsse, um ein guter Christ zu sein und in den Himmel zu kommen. Er gab darauf die wohl kürzeste Antwort, die auf diese Frage jemals gegeben wurde: »Liebe, und tu, was du willst!« Das ist freilich gar nicht so einfach, wie es klingt. Was Augustinus für den einzelnen Christen beantwortet, das zeigt die Kirchengeschichte für die Kirche als Ganze. Eine der Schlüsselszenen dieser zweitausendjährigen Geschichte spielte sich im Jahre 1210 ab. Der heilige Franz von Assisi, der Poverello, der arme Bettelmönch, steht vor Papst Innozenz III., dem mächtigsten Papst des ganzen Mittelalters. Beide trennen Welten, aber der heilige Franz respektiert den Papst, zumal er sich bewusst ist, dass der Repräsentant der kirchlichen »Ordnung« seine ungestüme Bewegung in den notwendigen Bahnen halten wird. Der Papst seinerseits wird sich bewusst – es bedurfte für ihn noch erst eines Traums, in dem er Franziskus die Lateransbasilika stützen sieht –, dass ohne das Charisma von Menschen wie Franz dieser Institution die Lebenskraft fehlen würde. Beide respektierten sich gegenseitig, trotz der so unterschiedlichen Perspektiven, und sie dienten damit sowohl der Einheit wie der Vielfalt der Kirche. Das Bild von der gelingenden Begegnung zwischen dem heiligen Franz und Papst Innozenz III. ist eine Realutopie, ein Hoffnungsbild auch für die ganze heutige Kirche – den entfesselten Riesen.

Demgegenüber wird der progressiv-konservative Clinch als leblos entlarvt werden und in der Kirchengeschichte eines Tages zusammen mit den danses de Macabré, den Totentänzen des ausgehenden Mittelalters, abgehandelt werden. Diese Kirche wurde schon immer unterschätzt oder gar totgesagt. Das war und ist ein schwerer Fehler, der zumeist an erheblichen Wahrnehmungsverzerrungen liegt. Man kann zwar versuchen, vor den Fragen nach dem Sinn von Leben und Tod wegzulaufen – durch Drogen, Konsum, Zeitvertreib und vollen Terminkalender. Am Ende und an den Grenzen der menschlichen Existenz holen diese Fragen doch jeden unerbittlich ein. Es ist daher kein Wunder, dass nach zeitlich und geografisch begrenzter Stagnation ein unbefangener Beobachter wie Werner Raith in unseren Tagen geradezu von einer »Wiederauferstehung der katholischen Kirche«[279] spricht. Überall finden Menschen, von denen man es nicht erwartet hätte, zum Glauben und zur Kirche zurück. Vom Rande der verfassten Christenheit her gibt es mystische Aufbrüche. Menschen, denen die Plastikantworten der Esoterik nicht mehr reichen, machen sich auf die Suche nach einem Glauben, mit dem man leben und sterben kann, auf die Suche nach Gott. Es ist ein buntes Völkchen, das sich da wieder auf den Weg zu Mutter Kirche macht: Zynische Journalisten und übersättigte Jet-Set-Größen, philosophische Gottessucher und libertinistische Genießer, vor allem aber ist es eine Fülle von ganz normalen Menschen, die oft von ihren orientierungslosen Eltern nichts über Religion erfahren haben und nun den Weg des Glaubens einschlagen. Das sind die Kräfte, die zusammen mit den wieder erwachten alteingesessenen Katholiken die Kirche prägen werden, vitale Menschen, die ernsthafte existenzielle Antworten suchen, finden und weitergeben.

Christophorus, dem heidnischen Riesen, der Menschen über einen reißenden Fluss trug, offenbarte sich das Christuskind einer anrührenden Legende zufolge durch das Gewicht, unter dem er zusammenzubrechen drohte. In gleicher Weise kann die katholische Kirche die Lasten auf ihrem Weg als beständige Erinnerung daran verstehen, dass diese gebrechliche Institution aus sich selbst heraus nichts vermag. Sie ist kein Selbstzweck. Ihre wahrhaft riesigen Ressourcen verdankt sie ihrem Herrn Jesus Christus, den sie sich anschickt, zum Heil der Menschen kraftvoll ins nächste Jahrtausend zu tragen.

Nachwort

Gewiss, in diesem Buch wird der Leser vielleicht manches gefunden haben, das nach seiner Auffassung unzutreffend ist oder anders oder besser gesagt worden wäre. Der Autor will das gar nicht bestreiten. Er versteht dieses Buch als einen redlichen Versuch, neue Wege zu weisen, und seien das manchmal auch nur alte Wege, die einer erneuerten Straßenbeleuchtung bedürfen. Er beansprucht weder Unfehlbarkeit noch Exklusivität, ist daher auf Kritik gespannt und hält dieses Buch so für einen Anfang. Gern ist er bereit, sich zu korrigieren, wenn Überzeugendes gegen die hier dargelegten Vorschläge gesagt wird, noch lieber wird er dann aber zur Kenntnis nehmen, was Besseres anstatt des Kritisierten vorgeschlagen wird.

Entschuldigen muss ich mich noch bei den »Konservativen« und den »Progressiven«. Sie kamen sich in diesem Buch vielleicht allzu lieblos klischiert vor. Um es ehrlich zu verraten: Ich kenne gar keinen Menschen, auf den eines dieser beiden Klischees zutrifft. Ich kenne bloß derartige manchmal nur zeitweilige Verhaltens- und Sichtweisen – auch bei mir selbst.

Wie unsinnig irgendwelche vorschnelle Einordnungen wären, konnte ich erleben, als ich zum Thema dieses Buches beim Kölner Netzwerk sprach. Das Kölner Netzwerk gilt als eine dezidiert progressive Gruppierung, die wegen mancher Verärgerung um das Prozedere bei der Ernennung von Kardinal Meisner zum Erzbischof von Köln entstanden ist. Nach einer sehr fruchtbaren und interessierten Diskussion sollte ich noch ein zweites Mal eingeladen werden. Die Terminkalender wurden gezückt, und man suchte. Doch der erste Termin scheiterte daran, dass jemand an dem Tag nach Kevelaer wallfahrtete. Der zweite Termin ging nicht, weil jemand anderes wegen einer Wallfahrt nach Neviges unabkömmlich war. Da konnte ich mir die Bemerkung nicht verkneifen, ich hätte nun wirklich nicht erwartet, aus marianischen Gründen beim Kölner Netzwerk keinen Termin mehr zu Stande zu bekommen. Wir schafften es dann im dritten Anlauf. Als ich andererseits bei einer Einrichtung des Opus Dei den gleichen Vortrag hielt, nahm mich danach ein Mitglied des Opus Dei zur Seite und legte mir nahe, mit meinen saloppen Bemerkungen über die Protestanten, selbst wenn ich da nur meine Großmütter zitierte, etwas vorsichtiger zu sein. Evangelische Mitchristen könnten sich sonst vielleicht verletzt fühlen. Das sind zwei Erlebnisse, die beide doch so wenig ins öffentliche Klischee passen.

So hoffe ich also wirklich, dass sich niemand bei den manchmal etwas abenteuerlichen Überlegungen »getroffen« fühlt, aber es wäre mir schon ganz recht, wenn sich manch einer ein bisschen »ertappt« vorkäme. Humor, also die Bereitschaft, sich selbst in Frage zu stellen, ist allemal die angenehmste Voraussetzung für eine Veränderungsbereitschaft, die bei zur Umkehr berufenen Christen eigentlich endemisch sein müsste.

Dieses Buch handelt nur von der katholischen Kirche. Das hat damit zu tun, dass sich der Autor in ihr besser auskennt. Sicher wäre ein ganz ähnliches Buch auch über die evangelische und andere Kirchen zu schreiben. Die anderen Kirchen kaum zu erwähnen heißt daher nicht, sie nicht zu schätzen und zu achten, zumal das ökumenische Anliegen vom gemeinsamen Herrn Jesus Christus her verpflichtet. Vor allem kann man immer wieder wechselseitig voneinander lernen. Das Wort katholisch heißt ja ursprünglich allumfassend und war nicht bloß Kennzeichen einer Konfession. Es ist daher sogar eigentlich ein »Stachel im Fleisch« aller Kirchen, der sie zur umfassenden Einheit aller Christen drängt.

Bei aller Originalität der hier dargestellten Psychotherapieverfahren und der ihnen zu verdankenden Ergebnisse bleibt aber zum Schluss noch einmal daran zu erinnern, dass es sich dabei nur um Auswege aus Sackgassen handelt. Vor allem wurde in diesem Buch nur eine bestimmte – freilich bedeutende – Therapierichtung dargestellt. Auch die ist weder unfehlbar noch exklusiv. Es gibt viele andere bewährte Therapiemethoden. Was aber der eigentliche Weg zum Ziel aller Menschen ist, dazu haben Psychotherapieverfahren und Psychotherapeuten mit all ihrer Originalität überhaupt nichts beizutragen. »Die Wahrheit ist nicht originell«, sagt der Philosoph Robert Spaemann. Was Wahrheit ist und was der rechte Weg zur Wahrheit, wird man am Leben des armen, alten und frommen Mütterchens wohl eher ablesen können. Diese Wahrheit verkündet Jesus Christus, wenn er sagt: »Ich bin der Weg, die Wahrheit und das Leben«,[280] und von dieser Wahrheit heißt es: »Die Wahrheit wird euch frei machen.«[281]

ANMERKUNGEN

1 P. Watzlawick et al. [5]1992, S. 100.

2 Die Fachdiskussion hat freilich ergeben, dass auch andere »Problemfamilien« ähnliche Konstellationen aufweisen. Dass eine solche Analogie keine Identifikation meint und hier nur ganz bestimmte Aspekte beschreibt, versteht sich von selbst.

3 Vgl. über das erste Internationale Symposium der Klinik St. Martin im Rahmen der Stotzheimer Therapietage: J. Hesse 1997.

4 Vgl. S. Freud, Totem und Tabu, in S. Freud Bd. IX 1982, S. 287-444.

5 Der protestantische »Konservative«, der tapfer dem Zeitgeist trotzt, kann sich dabei wenigstens noch auf die im eigentlichen Sinne »protestantische« Tradition berufen.

6 Laut Mitgliederstatistik des DGB schrumpfte die Gesamtzahl der Mitglieder aller Einzelgewerkschaften in den Jahren von 1993 bis 1996 insgesamt von 10.290.152 auf 8.972.672. Das bedeutet einen dramatischen Rückgang von 12,8% der Mitglieder. Im gleichen Zeitraum nahm die Zahl der Katholiken von 28.003.409 auf 27.533.156 ab. Das ist ein Schwund von 1,7%, wobei sich inzwischen wieder eine Trendwende zum Positiven zeigt.

7 A. Mitscherlich [17]1989, v. a. S. 172-204 und 337-350.

8 Vgl. idea Nr. 4/93 vom 11. 1. 1993 und KNA vom 26. 5. 1993.

9 Allen demoskopischen Studien zufolge ist die Gläubigkeit der Amerikaner deutlich ausgeprägter als die der Europäer, obwohl alle sonstigen soziologischen Daten sehr ähnlich sind. Es ist eine Überlegung wert, ob das nicht vielleicht damit zusammenhängt, dass in einer von vornherein egalitären Gesellschaft das Bedürfnis nach »Vaterprotest« geringer ist als in den historisch stärker von autoritären Strukturen geprägten Ländern Europas. Unter diesem Gesichtspunkt wäre die Glaubenskrise in Europa ein Übergangsphänomen der noch allzu jungen Demokratien.

10 Zu diesem Thema vergleiche ausführlicher: M. Lütz 1994, S. 115-132.

11 Montanisten, Enkratiten, Manichäer und andere rigoristische Strömungen werteten in den ersten Jahrhunderten die Sexualität ab und wurden von der Kirche als Irrlehrer ausgeschlossen. Die Leibfreundlichkeit der Christen, die an die Inkarnation, das heißt die »Fleischwerdung Gottes«, und an die Auferstehung »des Fleisches« glaubten, galt dem umgebenden Heidentum als anstößig, ja als gotteslästerlich.

12 Vgl. zu diesem Thema: J. Willi 1991, S. 108.

13 S. Freud, Totem und Tabu, in S. Freud Bd. IX 1982, S. 430-444, v. a. S. 439, wo Freud »die Anfänge von Religion, Sittlichkeit, Gesellschaft und Kunst« geradezu im »Verhältnis zum Vater« begründet sieht.

14 Zit. nach M. Müller (Hrsg.) 1993, S. 3. Es wäre gewiss ein interessantes Projekt, gegenläufig zu den sozialpsychologischen Vaterprojektionen und jenseits des rituellen Protests gegen die »Männerkirche« sorgfältiger als bisher das Weibliche der Kirche – nicht bloß in der Kirche – herauszuarbeiten. Vgl. dazu auch H. U. v. Balthasar 1971, v. a. S. 65-72.

15 Vgl. die unverdächtige Aussage in dem feministisch theologischen Sammelband: B. Janetzky et al. 1989, S. 70: »Die Hexenverfolgungen selbst gehören zwar nicht mehr ins Mittelalter ...«

16 J. Habermas 1985, S. 141-163.

17 Vgl. N. Luhmann 1977, v. a. S. 26 f.

18 M. Buber 1962.

19 Vgl. C. Lasch 1982.

20 G. v. Wysocki 1980.

21 A. Miller 1983, S. 76 f.

22 Joh 17,21.

23 G. Schmidtchen 1972.

24 P. Watzlawick 1992, S. 51.

25 Vgl. J. Kriz 1985, S. 112.

26 Das bestätigte konkludent auch der Vizepräsident des Zentralkomitees Dr. Bayerlein bei einer Podiumsdiskussion anlässlich des Mainzer Katholikentags 1998.

27 Am 11. 6. 1998 meldeten die Nachrichtenagenturen, die Parteigänger Präsident Milosevics in Jugoslawien hätten die Mordaktionen gegen die Albaner als Voraussetzung für einen »Dialog« mit den Albanern gutgeheißen. Zum Missbrauch des Wortes vgl. den klugen Artikel von S. Spendel 1994, S. 97-105.

28 E. Drewermann 1993, S. 179. Vgl. dagegen S. Freuds strenges Verdikt gegen solche »psychoanalytischen« Behandler: »... und doch mussten wir erkennen und als unsere Überzeugung verkünden, dass niemand das Recht hat, in die Psychoanalyse dreinzureden, wenn er sich nicht bestimmte Erfahrungen erworben hat, die man nur durch eine Analyse an seiner eigenen Person erwerben kann.« (S. Freud Bd. I 1982, S. 507).

29 E. Drewermann 1989, S. 416-420. Der hier geschilderte Behandlungsfall muss für den klinisch Erfahrenen den dringenden Verdacht auf eine schwere depressive Episode mit psychotischen Symptomen (ICD 10: F 32.3) nahe legen. Es werden bei einer vorher berufsfähigen jungen Frau depressive Wahnsymptome geschildert, die aber offensichtlich – mangels klinischer Erfahrung Drewermanns – nicht erkannt wurden. Bei einer solchen Patientin eine psychoanalytische Behandlung vorzunehmen – zudem mit abgebrochener Ausbildung – wäre ein gravierender Kunstfehler, mit dem man

Patienten schlimmstenfalls in den Tod treiben kann. Dennoch hat Drewermann offensichtlich psychoanalytisch behandelt. Es ist aus fachlicher Sicht die erschütterndste Stelle des Klerikerbuches, an der Drewermann in auffällig nebulösen Formulierungen zugibt, dass diese Frau sich umgebracht hat. Solche Patienten dann auch noch zu beschuldigen, nach dem Suizid selbstkritische Fragen beim Behandler auszulösen, ist der Höhepunkt der Verblendung: »Sie, die aus lauter Schuldgefühlen selber nicht zu leben wissen, erzeugen am Ende gerade bei denjenigen, die sich auf sie einlassen, quälende Schuldgefühle, aus Fahrlässigkeit, Unachtsamkeit oder mangelndem Pflichtgefühl am Tod eines anderen ursächlich mitbeteiligt zu sein« (S. 419f.) Ich halte solche Gefühle in einem solchen Fall nicht für »erzeugt«, sondern schrecklicherweise für berechtigt. Dies kann aber nur eine vorläufige Einschätzung sein, da die wenig präzisen Schilderungen Drewermanns eine definitive Beurteilung des Falls nicht zulassen. Wer wie Drewermann mit prophetischem Unfehlbarkeitsanspruch auftritt und wohl auch ohne Supervision arbeitet, dem können solche therapeutischen Katastrophen besonders schnell unterlaufen – und er bemerkt es nicht einmal.

30 Die neuere Psychoanalyse selbst hat diese Problematik vor allem nach den kritischen wissenschaftstheoretischen Anmerkungen von Jürgen Habermas in »Erkenntnis und Interesse« (v. a. S. 262-332) in einer umfangreichen wissenschaftlichen Diskussion aufgegriffen. Vgl. hierzu vor allem H. Thomä / H. Kächele Bd. I [2]1989, v. a. S. 1-52, mit ausführlichen Literaturangaben. Drewermann wird in diesem psychoanalytischen Standardwerk übrigens nur kurz erwähnt und vernichtend kritisiert (Bd. II, S. 558).

31 Er wurde daher auch in der entsprechenden Literatur so gut wie gar nicht aufgegriffen. Vgl. zur wissenschaftlichen Bedenklichkeit des Drewermannschen Ansatzes auch A. Bucher 1992, S. 102-131; außerdem A. Görres [3]1990, S. 133-174.

32 Eine derartige letztlich konservative Bischofsfixierung findet man auch bei Uta Ranke-Heinemann, die ansonsten alle Kriterien pubertätstypischen Kirchenprotestes erfüllt, was freilich aus den oben genannten sozialpsychologischen Gründen gar nicht so unerwartet ist. In ihrem Buch »Nein und Amen: Anleitung zum Glaubenszweifel« ist letzte theologische Instanz – Joseph Kardinal Ratzinger, der stets positiv zitiert wird. S. 46: »Damit erkennt sogar Kardinal Ratzinger …«, S. 55: »die auch für Kardinal Ratzingers selbstverständliche Erkenntnis …«, S. 302: »… das ist nicht ein Ratzinger-Komplott …«, und die letzte Seite des Buches (S. 356) hebt an mit der geradezu hymnischen Bemerkung. »Und es gibt auch heute Theologen, die nachdenklicher über Kreuz und Opfer reden, z.B. Kardinal Joseph Ratzinger, der … ein bedeutender Theologe war«, wobei sie freilich der political

correctness halber einschieben muss, »bevor er Kardinal wurde«. Dann folgt über eine halbe Seite ein positiv konnotiertes Ratzinger-Zitat.

33 Vgl. hierzu ausführlicher: M. Lütz 1997, S. 113-120.

34 D. Funke 1993, S. 154: »Da aufgrund der spezifischen kirchlichen Soziali-sation in der Regel (!) nicht davon auszugehen ist, dass Seelsorger ein freundliches Über-Ich in ihrer Erziehung erworben haben, bedarf es eines Erfahrungsraumes, in dem Seelsorger in Kontakt treten können mit ihren Wünschen und Sehnsüchten, ihren Ängsten und Konflikten, und sich dabei aufgehoben wissen in Beziehungen zu anderen Menschen, die ihnen erst einmal die Erlaubnis geben, all das auszudrücken, was sonst der Zensur des inneren Herrschers zum Opfer fällt. Oft ist es eine langfristige Gruppe der erwähnten Art, in der ein Seelsorger lernen kann, ohne Schuldgefühle offen zu sein und sich abgrenzen zu dürfen, eine Gruppe, die einen Raum dar-stellt, in dem sein darf, was ist.« – Eine Gruppe, die Pater Funke vorhält ...

35 E. Drewermann, in: Spiegel Nr. 52, 6. 1. 1998, S. 41: »Biologisch wie mora-lisch korrekt wäre es demgegenüber zu sagen, dass jemand, der beim An-geln einen Fisch aus dem Wasser zieht, mehr an Schmerz und Tod verur-sacht als ein Arzt, der im dritten Monat einen Fötus absaugt ...«

36 J. Habermas 1973, S. 263.

37 Vgl. P. Ricoeur 1974, S. 113: »Man muss den Mut aufbringen zu sagen, dass die Psychoanalyse keinen Zweig der Naturwissenschaften bildet ... Es gibt in der Psychoanalyse gar keine ›Tatsachen‹ im Sinne der Experimental-wissenschaften ...«

38 T. S. Kuhn 1973.

39 Der Ausdruck »Paradigmenwechsel« ist inzwischen wegen inflationären Gebrauchs in die Kritik geraten. Gründliche Forschung hat deutlich ge-macht, dass auch vor der Einführung systemischen Denkens in die Psycho-therapie manche Aspekte des Neuen in den verschiedenen Therapieschulen vorhanden waren. Im Lichte dieser Ergebnisse erscheint der Übergang we-niger abrupt. Freilich ist das ein in Übergängen übliches Phänomen. Den-noch wird man daran festhalten dürfen, dass der systemische Perspektiv-wechsel grundlegende Bedeutung hatte.

40 Daraus ging das Buch hervor: K. Grawe et al. 1994, vgl. S. 696: »Wenn langjährige Psychoanalysen überhaupt für jemanden besonders geeignet sind, dann für besonders Ich-starke, gesunde Patienten.«

41 Vgl. insbesondere H. Thomä/H. Kächele Bd. I ²1989, Kapitel »Theoriekri-se«, S. 13-30. Siehe auch die Psychoanalysekritik des bekannten Psycho-analytikers Johannes Cremerius (1994, 1995).

42 Vgl. dazu der ausgewiesene Psychoanalytiker Peter Fürstenau 1992.

43 Siehe M. Selvini 1992.

44 Vgl. W. Wieland 1975.

45 Zit. nach P. Watzlawick ^{5}1992, S. 119.

46 H. R. Maturana und F. J. Varela 1987.

47 Die erschütternde Realität persönlicher Schuld kommt unter solcher – therapeutischer – Perspektive nicht in den Blick, allenfalls ihre psychischen Wirkungen. Das ist auch gut so. Mit diesem wichtigen Bereich hat nämlich die Seelsorge zu tun. Der Psychotherapie ist er streng verwehrt.

48 J. W. Goethe, Faust I, in: ders. 1950 Bd. V, S. 155 f.

49 Vgl. hierzu unter vieler anderer einschlägiger Literatur P. Jordan 1963.

50 Die Frau Erich Fromms.

51 V. E. Frankl 1977.

52 F. Schiller in: T. Echtermeyer 1968, S. 271.

53 Die übrigens mit anderer Akzentuierung auch schon von Alfred Adler und seinen Schülern angewandt wurde (ich danke Joachim Hesse für diesen Hinweis).

54 Grundlegende Arbeiten in: G. Bateson 1981.

55 Freilich herrscht keine vollständige Distanz und Unbefangenheit. Es wäre eine Illusion, zu glauben, dass die Therapeuten »hinter der Scheibe« nicht auch bedeutsamer und damit wirksamer Teil des Gesamtsystems der Therapiesituation wären.

56 Familientherapie kann man, streng genommen, mit jeder Psychotherapiemethode betreiben.

57 P. Fürstenau 1992, v. a. S. 51-96.

58 Lindauer Psychotherapiewochen 1990, ich zitiere im Folgenden aus dem Gedächtnis.

59 J. Willi 1991.

60 Watzlawick et al. ^{5}1992, S. 51-96.

61 Vgl. insbesondere: P. Watzlawick et al. ^{8}1990.

62 P. Watzlawick 1983.

63 J. Fest 1991.

64 P. Watzlawick et al. ^{5}1992, S. 69.

65 Ebd. S. 83.

66 Vgl. dazu auch H. U. v. Balthasar 1971, S. 70: »Die nachkonziliare Kirche hat ihre mystischen Züge weitgehend eingebüßt, sie ist eine Kirche der permanenten Gespräche, Organisationen, Beiräte, Kongresse, Synoden, Kommissionen, Akademien, Parteien, Pressionsgruppen, Funktionen, Strukturen und Umstrukturierungen, soziologischen Experimente, Statistiken: mehr als je eine Männer-Kirche.«

67 Kommunikationstheoretisch ein bedeutsamer Unterschied, der einen Unterschied macht, gegenüber einer argumentativen Erklärung. Eine argu-

mentative Erklärung des Papstes wäre zu diesem Zeitpunkt nur »mehr desselben« gewesen. Wer freilich in einer autoritativen Erklärung Argumente
im eigentlichen Sinne sucht, verkennt das Wesen dieses Sprachspiels ebenso
wie derjenige, der in einer präzisen mathematischen Argumentation den
Beleg durch Autorität vermisst. Dieses Missverständnis kennzeichnet oft
die undifferenzierte deutsche Debatte über päpstliche Äußerungen – die
keineswegs immer autoritativ sind. Selbstverständlich kann die Autorität
nicht ein zwingendes Argument vom Tisch wischen nach dem Motto »sic
volo, sic iubeo, sit pro ratione voluntas«. Aber in der Debatte um das Frauenpriestertum hatte vor der päpstlichen Entscheidung niemand ernsthaft
behauptet, dass es »zwingende« Argumente für oder gegen die Einführung
des Frauenpriestertums gebe.

68   Eine selbstbewusste humorvolle und lebenskluge Ordensschwester meinte,
     Gott sei Mann geworden, weil er sich immer mit den Schwachen identifizie-
     re – und die Männer seien ja bekanntlich das schwache Geschlecht. Daher
     habe sie gar nichts dagegen einzuwenden, wenn nur Männer Priester seien.

69   Interessant war übrigens, dass der als eher »progressiv« geltende Bischof
     Kamphaus einer der heftigsten Gegner des »Kirchenvolksbegehrens« war.
     Er mahnte, dass solche Themen mit dem Kern des Glaubens, den Christen
     zu verkündigen haben, kaum etwas zu tun haben. Inzwischen hat Christian
     Weisner übrigens einen durchaus fruchtbareren Standpunkt eingenommen,
     bezieht sich mit dem Signum »Wir sind Kirche« auf ein Wort Papst Pius
     XII., greift Anregungen Kardinal Ratzingers auf und bemüht sich um wei-
     terführende Diskussionsbeiträge.

70   Vgl. hierzu H. Schenk 1991, S. 257: »Auch heute gibt es eine starke Strö-
     mung innerhalb der Frauenbewegung wie in der Öffentlichkeit, die die Ge-
     schlechtsunterschiede retten will ... Es ist ein merkwürdiges Phänomen,
     dass sich in der Betonung der geschlechtsspezifischen Differenz Konservati-
     ve und Feministinnen treffen.«

71   Papst Johannes Paul II., Apostolisches Schreiben »Mulieris dignitatem«,
     15. 8. 1988, Verlautbarungen des Apostolischen Stuhls Nr. 86, S. 56. Seit
     einigen Jahrzehnten gibt es nun Pfarrerinnen in der evangelischen Kirche.
     Aber man kann gerade aus feministischer Sicht gewiss nicht behaupten,
     dass damit das ganze Problem befriedigend gelöst ist. Frauen haben hier
     schlicht ein männliches Rollenklischee übernommen bis hin zur Absurdi-
     tät, dass sie in ihrer Funktion gezwungen sind, Männerkleider zu tragen.
     Wie kann man eigentlich drastischer beweisen, dass man die Pfarrerrolle im
     Grunde auch für eine Männerrolle hält, obwohl theologisch beim unter-
     schiedlichen Amtsverständnis für die evangelische Kirche gar kein eigentli-
     ches Pfarrerinnenproblem bestehen müsste?

72 Vgl. hierzu die »Instruktion zu einigen Fragen über die Mitarbeit der Laien am Dienst der Priester« vom 15. August 1997: Verlautbarungen des Apostolischen Stuhls 129, S. 5; S. 17.

73 Vgl. hierzu M. N. Ebertz 1993.

74 U. Beck / E. Beck-Gernsheim 1990.

75 Ebd. S. 49.

76 H. Jellouschek ⁴1993, S. 133-147.

77 J. Willi 1991, S. 140.

78 Ebd. S. 35.

79 U. Beck / E. Beck-Gernsheim 1990, S. 9.

80 J. Willi 1991, S. 60.

81 Ebd. S. 130.

82 P. Watzlawick 1986.

83 J. Willi 1991, S. 80.

84 Ebd. S. 65.

85 Ebd. S. 22.

86 Die Allensbach-Studie über das Nahbild und das Fernbild der Kirche hat da durchaus Ermutigendes ergeben: Institut für Demoskopie: Frauen und Kirche. Eine Repräsentativbefragung von Katholikinnen, Allensbach 1993.

87 P. Watzlawick ⁵1992, S. 53.

88 Zit. ebd. S. 38.

89 Zit. ebd. S. 72.

90 Hier sind beispielhaft Fürst Karl zu Löwenstein-Wertheim-Rosenberg, der tatkräftige Präsident der deutschen Katholikentage, und Ludwig Windthorst, der Führer des politischen Katholizismus, zu nennen.

91 Vgl. E. Gatz 1978.

92 Vgl. hierzu vor allem die fundierte historische Darstellung dieser Entwicklung bei E. Gatz 1995, S. 346-362, mit ausführlichen Literaturhinweisen.

93 Ebd. S. 352.

94 Ebd. S. 351.

95 Hierzu vor allem P. Watzlawick ⁵1992, S. 99-183.

96 Siehe T. Weiss 1988.

97 P. Watzlawick ⁵1992, S. 9.

98 Auch dem Missverständnis, es gehe hier um die Verherrlichung militärischer Leistungen, sei vorgebeugt. Dem Autor ist sehr wohl bekannt, dass es heute zum guten Ton gehört, beim Fragebogen der Frankfurter Allgemeinen auf die Frage: Welche militärische Leistung bewundern Sie am meisten? Mit »Keine!« zu antworten. Im Mittelpunkt soll hier allein der Effekt einer realen »Lösung zweiter Ordnung« stehen.

99 Vgl. A. Schwarzer 1975, S. 181: »Früher konnten Frauen sich aus Prüderie

oder Angst vor unerwünschter Schwangerschaft wenigstens weigern, wenn sie keine Lust hatten, heute haben sie dank Aufklärung und Pille zur Verfügung zu stehen.«

100 H. Schenk 1991, S. 130.

101 Zit. ebd., S. 199.

102 Über die hier skizzierte feministische Perspektive hinaus hat zum Erstaunen vieler seiner Schüler Max Horkheimer, der Begründer der Frankfurter Schule, die päpstliche Enzyklika von 1968 mit den Worten begrüßt: »Die Pille müssen wir mit dem Tod der erotischen Liebe bezahlen.« (M. Horkheimer 1981, S. 331). Aber auch aus ökologischer Sicht lässt sich das damalige päpstliche Schreiben als geradezu prophetischer Vorgriff verstehen. Gewiss mag man auch unter Christen zur Pille unterschiedlicher Auffassung sein. Leibfreundlich ist sie jedenfalls nicht.

103 Es sei wenigstens erwähnt, dass in Japan über Jahre hin die Pille mit unterschiedlichen Begründungen verboten wurde.

104 Der Bericht des Bevölkerungsfonds der Vereinten Nationen von 1989 weist das Bildungsniveau von Frauen als entscheidend für angemessene Geburtenregelung aus. In einem der bevölkerungsreichsten Länder Asiens, in Bangladesh, sind die Katholiken diejenige Bevölkerungsgruppe, die am wenigsten Kinder hat. Der Grund ist die Bemühung der Kirche um die Frauenbildung (Siehe FAZ vom 26. 5. 1993).

105 P. Watzlawick [5]1992, S. 103.

106 So die üble Unterstellung des Deutschen.

107 So die Intervention des Königs.

108 M. Twain 1996, S. 20-27.

109 M. Müller (Hrsg.) 1993.

110 Manche erbitterten Reaktionen erinnerten an die berühmte »Emser Depesche«, durch die Bismarck einen wenig spektakulären Vorgang so verschärft darstellte, dass diese Darstellung, nicht aber der Vorgang selbst, den Deutsch-Französischen Krieg auslöste.

111 P. Watzlawick [5]1992, S. 42.

112 U. H. Peters [4]1990, S. 167.

113 E. Jaeggi 1992.

114 »In Zeiten, in denen die Liebesbefriedigung keine Schwierigkeiten fand, wie etwa während des Niedergangs der antiken Kulturen, wurde die Liebe wertlos, das Leben leer, und es bedurfte starker Reaktionsbildungen, um die unentbehrlichen Affektwerte wiederherzustellen. In diesem Zusammenhang kann man behaupten, dass die asketische Strömung des Christentums für die Liebe psychische Werte geschaffen hat, die ihr das heidnische Altertum nie verleihen konnte.« (zit. nach A. Mitscherlich [17]1989, S. 261)

115 Die Ehelosigkeit um des Himmelreiches willen deklarierte eine radikale Gleichheit der Geschlechter mit entsprechenden soziologischen Auswirkungen.

116 G. Schmidt, in: S. de Shazer [3]1991, S. 231.

117 Vgl. vor allem K. Grawe et al. 1994.

118 S. de Shazer 1989, 1990, 1991, 1992a, 1992b, 1996, 1997.

119 I. K. Berg 1992, 1993.

120 Vgl. P. Watzlawick [19]1991, S. 70.

121 Auch das kann man bestreiten. Doch ist eine solche Sichtweise in therapeutischer Absicht jedenfalls nützlicher. Zu diesem Phänomen: S. de Shazer 1990, S. 182-187.

122 S. de Shazer 1996.

123 Nachzulesen in: J. Hesse 1997, S. 71 f.

124 Die unwiederholbare Einzigartigkeit jedes Moments, wovon zum Beispiel »Sein und Zeit« von Martin Heidegger ([12]1972) handelt, lässt den Menschen zur Entschiedenheit aufgerufen sein. Demgegenüber wäre die Vorstellung, irgendetwas im Leben »aufarbeiten« zu können, eine Flucht in die »Uneigentlichkeit«.

125 Vgl. hierzu M. Lütz 1997.

126 C. Reimer, Abhängigkeit in der Psychotherapie, Vortrag bei den 40. Lindauer Psychotherapiewochen 1990.

127 S. de Shazer [3]1991, S. 217 f.

128 G. Schmidt 1993.

129 Ebd. S. 123.

130 Ebd. S. 125.

131 Ebd. S. 127.

132 Ebd. S. 132.

133 L. Freiherr von Pastor [1]1891-1933.

134 Vgl. hierzu vor allem L. Freiherr von Pastor Bd. XI [7]1927, S. 513-576; Bd. XII ([7]1927), S. 163-183; H. Jedin (Hrsg.), Bd. IV (1967), S. 570-573; H. Denzinger [37]1991, S. 611 f.

135 Schlimm genug zwar, dass Kirchenmänner in die üblen Machenschaften der spanischen Inquisition verstrickt waren, die historische Gerechtigkeit verlangt aber festzuhalten, dass die Päpste unzählige Male gegen die Übergriffe dieser Behörde protestierten, den König sogar mit der Exkommunikation (= Ausschluss aus der kirchlichen Gemeinschaft) bedrohten, aber keinerlei Erfolg bei ihren Bemühungen hatten. Der mächtigste Herrscher der katholischen Christenheit ließ sich vom Papst da nicht hineinreden.

136 Vergleiche die autoritativen korrigierenden Interventionen Kardinal Ratzingers gegen das »Engelwerk«.

137 Natürlich sind nicht nur Dogmen mit lehramtlicher Autorität ausgestattet. Hier gibt es höchst subtile Abstufungen, die in diesem Rahmen nicht weiter verfolgt werden können. Es wäre auch absurd, zu unterstellen, zwischen der – seltenen – Verkündigung von Dogmen seien päpstliche Äußerungen von ähnlicher Bedeutung wie die Bemerkungen eines frisch habilitierten Universitätstheologen. Es geht hier um die unsinnigen und undifferenzierten Schwarz-Weiß-Überzeichnungen von beiden Seiten. Vgl. dagegen die differenzierten Ausführungen in den Dokumenten der Glaubenskongregation »Über die kirchliche Berufung des Theologen« (24. 5. 1990, Verlautbarungen des Apostolischen Stuhls Nr. 98).

138 Vgl. H. Denzinger [37]1991, D 2730-2732, D 2751-2756, D 2811-2814.

139 K. Jaspers [4]1973, S. 201-254.

140 Kirchennahe Christen akzeptieren das Gebot »Du sollst nicht stehlen« zu 95 Prozent. Konfessionslose nur zu 64 Prozent (Allensbachstudie)! Horst Mahler, einer der Köpfe der RAF (Rote Armee Fraktion), hat sehr nachdenklich festgestellt: »Alle Versuche, die Moral anders, zum Beispiel auf ›den Menschen‹ und seine Würde zu gründen, scheitern an der Frage Nietzsches: ›Wozu Mensch überhaupt?‹, auf sie gibt es ohne Gott keine Antwort« (zitiert nach Deutsche Tagespost vom 12. 5. 1998).

141 Vgl. hierzu W. Kluxen 1974.

142 Zur wissenschaftlichen Krise der Evolutionstheorie vgl.: R. Spaemann / P. Koslowski / R. Löw 1985, und R. Wesson 1993.

143 I. Kant 1788, v. a. S. 219-241.

144 H. Jonas 1979, S. 36.

145 Das bestätigen übereinstimmend alle relevanten demoskopischen Erhebungen der letzten Jahre (ich bedanke mich bei Frau Dr. Renate Köcher vom Institut für Demoskopie Allensbach für diesen Hinweis). Letzte entsprechende Allensbach-Erhebung 28. 5.-5. 9. 1998.

146 A. Schwarzer (1975, S. 182) ist da zumindest ambivalent: »Daran liegt es, dass auch wünschenswerte Freiheiten wie Verhütung oder legaler Schwangerschaftsabbruch Frauen manchmal noch unfreier machen können: Sie schlagen als Bumerang auf die Frauen zurück.«

147 Vgl. in diesem Zusammenhang die Rede der Bundestagsabgeordneten Monika Knoche von Bündnis 90/Die Grünen, die sich am 25. 6. 1997 im Deutschen Bundestag namens ihrer Fraktion zum Transplantationsgesetz wesentlich auf Zitate Kardinal Meisners bezog und mit dem Aufruf schloss, es sei wichtig »an den allgemeinen alten Werteübereinkünften festzuhalten«. Auch der mit Beifall bedachte Auftritt einer Grünen-Abgeordneten bei der »Juristenvereinigung Lebensrecht« 1998 wäre vor Jahren noch undenkbar gewesen.

148 M. Weber [7]1984 (1. Auflage 1905).

149 Sendung des Südwestfunks Baden-Baden 1967.

150 Joh 15,16.

151 Es handelt sich dabei aber nicht um ein irgendwie irrationales Geschehen. Der Mensch ist gerade im Verständnis der katholischen Kirche im Glauben ganzheitlich von Gott ergriffen. Das heißt, dass auch seine Ratio von Gott aufgerufen ist. Der Glaube ist auch etwas Rationales und geht nicht in einem wabernden großen Gefühl auf, das die Ratio als Fehlkonstruktion hinter sich lassen würde. Die Ratio klärt den Glauben, das Gefühl gibt ihm die Farbe.

152 K.-H. Deschner 1986-1990.

153 H. R. Seeliger (Hrsg.) 1993.

154 S. Heinen [3]1990, S. 33.

155 H. Schenk [5]1990, S. 55 f.

156 Vgl. M. Weber [7]1984 (1. Auflage 1905).

157 Das heißt, sie waren direkt dem Papst unterstellt, was bei den damaligen Verkehrsverhältnissen de facto völlige Freiheit bedeutete.

158 M. Daly [5]1988, S. 105 f.

159 G. A. Wetter 1962, S. 265 f.

160 W. Ockenfels [4]1992, S. 29.

161 Vgl. hierzu neuerdings D. K. Van Kley 1996.

162 Vgl. K. Popper [4]1971.

163 W. Heisenberg 1974.

164 H. Blumenberg 1981, S. 470.

165 Galilei über Galilei: »... das Universum, das ich durch meine wunderbaren Beobachtungen und klaren Beweisführungen hundert-, ja tausendfach mehr als je ein Weltweiser aller vergangenen Jahrhunderte erweiterte ...«, »Was wollt ihr machen, Herr Sarsi, wenn es mir allein vergönnt war, alles Neue am Himmel zu entdecken und niemand anders auch nur irgendetwas ...« (zit. nach W. Brandmüller 1982, S. 133).

166 B. Brecht 1955.

167 Vgl. R. Krämer-Badoni 1985, v. a. S. 7.

168 Ihm wurde in einem streng vorgeschriebenen Ritus die Folter »angedroht«, wobei er in aller Ruhe wusste, dass ebenso streng Folter in seinem Alter verboten und damit unter keinen Umständen zu befürchten war. Das »Androhen« der Folter war aber zur formalen Gültigkeit des Verfahrens erforderlich. Selbstverständlich ist jede Form von Folter streng abzulehnen. Dass im damaligen Rechtssystem in allen Ländern der Welt gefoltert wurde, hatte damit zu tun, dass Indizienurteile nicht erlaubt waren – ohne Geständnis

kein Urteil. Dass das heute Gott sei Dank überwunden ist, darf nicht verhindern, präzise historische Fakten zur Kenntnis zu nehmen.

169 H. Blumenberg 1981, S. 492.

170 Ebd. S. 472.

171 C. F. v. Weizsäcker 1977, S. 462: »Ich habe zu Karl Barth in dem einzigen, freilich langen Gespräch, das ich, Anfang der fünfziger Jahre, mit ihm gehabt habe, unter anderem gesagt, ich sehe den geraden Weg von Galilei zur Atombombe und sei umgetrieben von der Frage, ob ich in diesem Wissen die von mir so geliebte Physik weiter betreiben dürfe ...«; vgl. in gleichem Sinn: B. Brecht in: J. Hemleben, 1969, S. 172.

172 Mt 7,16.

173 Es waren schon die Kirchenväter Augustinus und Leo der Große, die die Sakramente »Medikamente« nannten.

174 Mt 25,14-30.

175 Lk 10,38-42.

176 Lk 24,13-35.

177 F. Nietzsche, Also sprach Zarathustra, in: ders. 1980, S. 350.

178 Joh 16,6ff.

179 Gen 1,31.

180 Vgl. F. Gregorovius 1978, S. 64-70.

181 Der Ausdruck Zölibat soll hier – wie in der öffentlichen Debatte üblich – für jede bewusst gewählte »Ehelosigkeit um des Himmelreiches willen« benutzt werden, obwohl er eigentlich nur das kirchliche Amt betrifft. Dass diese Lebensform schon seit apostolischer Zeit geschätzt wurde, hat jüngst Stefan Heid (1997) sorgfältig herausgearbeitet. Der Zölibat bekommt im 4. Jahrhundert freilich besondere Bedeutung. Sprachlich brillant, unterhaltsam und zugleich fundiert ist das kleine Buch des ehemaligen Stern- und WDR-Journalisten Hans-Conrad Zander: Zehn Argumente für den Zölibat, ein Schwarzbuch, 1997. Zander kann es allerdings nicht lassen, an einigen kurzen Stellen zu weit zu gehen – wohl um die Schweizer Neutralität zu wahren und um Himmels willen von niemandem vereinnahmt zu werden.

182 H. Jedin (Hrsg.) Bd. I 1962, S. 430.

183 Zit. nach R. Sipe 1992, S. 75.

184 Von 1378 bis 1417 zunächst zwei, dann sogar drei konkurrierende Päpste.

185 Vor allem deren Begründer, der Lübecker Friedrich Overbeck.

186 G. W. F. Hegel 1929 (=1966), S. 172.

187 U. Ranke-Heinemann 1992, S. 325-357.

188 J. W. Goethe, Iphigenie auf Tauris, in: ders. 1950 Bd. VI, S. 198 f.

189 1 Joh 4,8.

190 Vgl. E. Drewermann 1988, S. 622. Im Übrigen durchzieht dieses Thema in kraftvollen Bildern das gesamte dreibändige Werk.

191 Das ist keine Kritik an der Exegese, die vom Zweiten Vatikanischen Konzil vor allem in der Konstitution »Dei verbum« ermutigt wird, die heiligen Texte auch mit den Mitteln moderner Textforschung aufzuschließen. Sie kann freilich gerade um ihrer Wissenschaftlichkeit willen nur zu falsifizierbaren Aussagen vordringen, auf die allein man kaum sein Leben wagen wird.

192 Vgl. K. Rahner in: Mysterium Salutis Bd. II 1967, S. 327.

193 1 Petr 3,15.

194 Durchaus im Sinne des unten erläuterten Subsidiaritätsprinzips.

195 Vgl. K. Erlinghagen 1965.

196 Dem bleibt damit dennoch die wichtige Aufgabe des Dienstes an diesem Glauben.

197 Der Vortrag zum Thema »Zukunft der Caritas – Zukunft der Kirche« ist – ohne solche rhetorischen Exkurse – unter dem Titel: »Anmerkungen zum Verhältnis Betreuung und Selbstbestimmung in der caritativen Arbeit« abgedruckt (1995).

198 Vgl. hierzu das »Leitbild des Deutschen Caritasverbands« vom 6. 5. 1997, S. 11: »Die verbandliche Caritas unterstützt, fördert und ergänzt deshalb in Abstimmung mit dem Bischof die Caritasarbeit von Einzelnen, Gruppen, Gemeinschaften und Pfarrgemeinden in den verschiedenen Diözesen und stärkt deren Eigeninitiative … Die Caritasarbeit in den Pfarrgemeinden ist Ausgangspunkt und Grundlage. Sie ist sowohl für das Leben der Gemeinden als auch für die verbandliche Caritasarbeit unverzichtbar.«

199 Caritas heißt Liebe – und wer wird schon für bezahlte Liebe plädieren wollen!

200 1994 wurden dann auch seitens des Vatikans Ministrantinnen ausdrücklich zugelassen.

201 Liturgiekonstitution »Sacrosanctum concilium« Nr. 10.

202 Schließlich bleibt noch anzumerken, dass dann, wenn die Kirche nur aus Liturgie bestehen würde, in der Tat kaum plausibel zu machen wäre, warum unter diesen Umständen nicht auch Frauen die Liturgie leiten sollten.

203 Es muss sich dabei nicht um die Territorialgemeinde handeln, sondern um eine konkrete Gemeinde vor Ort. Im Übrigen wird diese Sichtweise auch in der Evangelischen Kirche geteilt. Eine Studie der EKD (K. Engelhardt et al. 1997) kommt zu dem Ergebnis: »Profil gewinnt die Kirche, wenn sie das tut, was sie und nur sie kann, und deutlich macht, worin ihre Kompetenz liegt, nämlich durch ihre Verkündigung, ihre Diakonie, ihr Gemeinschaftsangebot lebensdienlichen religiösen Rückhalt zu geben.«

204 Zit. nach M. Müller (Hrsg.) [4]1992, S. 150.

205 Apg 17,21.

206 E. Gatz 1978, S. 16.

207 Vgl. E. Noelle-Neumann 1982.

208 E. Fromm 1976, S. 199.

209 Vgl. zu diesem Thema die Ausführungen von Werner Raith, Redakteur der extrem linken »Tageszeitung« (taz): die »Begriffe … ›fundamentalistisch‹ und ›integralistisch‹ … haben beide einen religionsgeschichtlichen Hintergrund, doch in der heutigen Diskussion werden sie zumeist als Ersatz für Argumente verwendet …« (W. Raith 1993, S. 86).

210 Umfrage des Instituts für Demoskopie Allensbach vom Januar 1995.

211 Enzyklika »Redemptoris Missio« (1990), Nr. 8.

212 Im frühen Mittelalter galt die »acedia« – man kann das mit »Gleichgültigkeit« übersetzen – als größtes Laster, in der beginnenden Neuzeit war es die »avaritia«, die Habsucht, und erst die Aufklärung brachte die Sexualität hier in vorderste Reihe.

213 Max Weber wusste das noch: M. Weber [7]1984 (1. Auflage 1905), S. 316: »Die katholische Beichte war … demgegenüber ein Mittel der Entlastung von dem gewaltigen inneren Druck, unter dem das Sektenmitglied in seiner Lebensführung fortwährend gehalten wurde.«

214 Vgl. hierzu den Artikel des wohl derzeit renommiertesten deutschen Sexualwissenschaftlers Volkmar Sigusch in der »Zeit« vom 4. 10. 1996 unter dem Titel »Die Trümmer der sexuellen Revolution«. Aus anderer Perspektive wird dieser Befund auch von Feministinnen bestätigt wie H. Schenk 1991, S. 119 f.: »Wir Töchter der sexuellen Revolution sind in der Vorstellung aufgewachsen, dass ein Leben ohne sexuelle Betätigung ungesund ist, dass nur regelmäßige Orgasmen unser körperliches und seelisches Gleichgewicht garantieren. Doch dies ist ebenso gut eine Ideologie wie die Bewertung der körperlichen Liebe als niederer Trieb.«

215 Vgl. hierzu die sorgfältige wissenschaftliche Studie von H. P. Duerr, Intimität 1990, v. a. S. 19 f.

216 Vgl. das sehr nachdenkliche Buch eines der Väter der sexuellen Revolution: E. Bornemann 1992.

217 Vgl. zu diesem Thema: M. Weber [7]1984 (1. Auflage 1905); E. Leites 1988.

218 Noch im 18. Jahrhundert riet der heilige Alfons von Liguori, der Patron der Beichtväter, im Bereich des Sexuellen bei der Beichte nicht übertrieben nachzufragen. Vor allem im 19. Jahrhundert ist es dann in Anpassung an den bürgerlich-puritanischen Zeitgeist die kasuistische Moraltheologie – nicht das kirchliche Lehramt –, die die sexuellen Sünden in den Vordergrund rückt.

219　K. Wojtyla 1979, S. 54: »Die geschlechtliche Lust zu genießen, ohne jedoch die Person als ein Lustobjekt zu behandeln, darum geht es im Grunde der Sexualethik.« Moderne Feministinnen könnten dem nur lebhaft zustimmen – wenn sie solche Texte kennen würden.

220　J. Ratzinger in Rheinischer Merkur vom 20. 12. 1991: »Ich bin der Meinung und habe dies auch öffentlich gesagt, dass die Kirche weit überinstitutionalisiert ist und dass wir wenigstens die Hälfte dieser Institutionalisierung beseitigen sollten, um uns wieder bewegen zu können.«

221　J. W. Goethe, Faust I, in: ders. 1950 Bd. V, S. 231.

222　G. Bateson, Metalog: Warum ein Schwan?, in: ders. [3]1990, S. 67-72. Vgl. auch ders. 1993.

223　Leider können wir die Grundlagendiskussion in der systemischen Therapie, die sich dann später doch eher nominalistischen Positionen nähert, hier nicht weiter verfolgen. Jedenfalls gelingt es dabei systemischem Denken nicht überzeugend, das Verhältnis von Bezeichnung und Bezeichnetem zu klären. Freilich ist zu beachten, dass die systemische Wahrnehmung der Wirklichkeit in therapeutischer Absicht erfolgt. Ob man diese Auffassungen dann als grundsätzliche Erkenntnistheorie generalisieren darf, darüber gehen die Meinungen erheblich auseinander. Aus katholischer Perspektive wird man dem jedenfalls widersprechen.

224　Jes 49,16.

225　I. H. Schulz [17]1982, S. 337 f.

226　Vgl. K. Rahner [2]1969.

227　Auch wenn die heidnische Trennung dieser Bereiche christlich so überwunden ist, dass man nur analog davon sprechen kann.

228　Es war gewiss an der Zeit, dass das Zweite Vatikanische Konzil der Muttersprache im katholischen Gottesdienst größeren Raum gab. Freilich war nicht beabsichtigt, dass dies de facto zum fast völligen Ausfall der »Kirchensprache« Latein geführt hat. Unter familientherapeutischem Aspekt ist aber interessant, dass sich stattdessen eine neue Kirchensprache eingebürgert hat. Theologen reden von »sich einlassen« auf einen Kirchenraum und auf Gott, von »ein Stück Hoffnung« und dergleichem. Ein gottesfürchtiger Metzgermeister wird so nie reden. Diese neue Kirchensprache entstammt offenbar dem tief liegenden Bedürfnis nach einer Sakralsprache, das man durch Dekrete und selbst durch guten Willen nicht abschaffen kann. Freilich ermangelt der neuen Kirchensprache die große kulturelle Tradition – und bei Unverständlichkeit hilft kein Lexikon.

229　J. Pieper 1948.

230　Schuldgefühle und Schuldkomplexe gibt es zweifellos als krankheitswertige Leidenszustände. Sie sind aber gerade dadurch charakterisiert, dass sie überhaupt nichts mit Schuld zu tun haben.

231 Vgl. J. Demuleau 1985.

232 Vgl. M. N. Ebertz 1993.

233 Hier wird nicht eigens auf den Diakonat und das Bischofsamt eingegangen, für die allerdings Vergleichbares gilt.

234 M. Heereman, in: M. Müller (Hrsg.) 1993, S. 99.

235 Vgl. demgegenüber die bei E. Gatz 1995, S. 350 zitierte Begründung des bekannten Theologen Johann Baptist Hirscher für die Priesterehe aus dem Jahre 1820: »Recensent ist namentlich von der Nothwendigkeit der Leiden zur Erziehung des Menschen zur Gottes- und Nächstenliebe so sehr überzeugt, dass er die Ehe für die Geistlichen aus keinem anderen Grunde so sehr wünschen kann, als aus dem, dass sie von Leiden heimgesucht werden, und zwar von Leiden, mit denen man sich mit dem höchsten Interesse beschäftigt.« Freilich wandelte sich Hirscher später zum Verteidiger des Zölibats.

236 Der evangelische Kulturhistoriker Heinrich Riehl schrieb 1851: »Denkt man sich bei dem merkwürdigen Organismus des katholischen Priestertums das Cölibat hinweg, so würde aus jenem längst eine geschlossene erbliche Priesterkaste geworden sein. Das Cölibat entrückt den einzelnen Priester beinahe ganz der bürgerlichen Gesellschaft, damit das Priestertum nicht ganz derselben entrückt werde.« (Zit. nach E. Gatz ebd. S. 356).

237 In einem 1816 von der theologischen Fakultät Landshut im Auftrag der bayerischen Regierung abgefassten Gutachten wurde der damalige Priestermangel u. a. auf die religiöse und moralische »Versunkenheit« des Zeitalters und auf das in der Jugenderziehung weit verbreitete Unverständnis für die Ehelosigkeit zurückgeführt. »Dennoch lehnten die Professoren die Freigabe der Eheschließung ab, da die Zahl der Priester dadurch nicht vergrößert werde und übrigens die Ehe genau so zerbrechlich wie der Zölibat sei.« (E. Gatz, ebd. S. 350).

238 Dass die Benutzung des Wortes »Treue« für solche mehr hormonalen Zustände freilich ein Etikettenschwindel wäre und das Ganze mit einem »Versprechen« nichts mehr zu tun hätte, liegt auf der Hand. Dafür noch einen pseudochristlichen Ritus zu veranstalten, hieße, Gott zu belästigen. Von einem evangelischen Pfarrer ist dieser Formulierungsvorschlag tatsächlich gemacht worden (idea-Meldung vom 3. 2. 1986). Er hat aber den heftigen Widerspruch vieler aufrechter Protestanten gefunden.

239 EMNID-Untersuchung von 1997: Nach »Pflichtbewusstsein« (93%) genießt »Treue« (91%) oberste Priorität bei jungen Menschen zwischen 14 und 29 Jahren (zit. nach idea 12. 8. 1997).

240 Des lateinischen Ritus

241 A. Gehlen [13]1986. »Institution« ist bei Gehlen freilich ein sehr weit gefasster Begriff, der Familie und Straßenverkehrsordnung mit einschließt.

242 Vgl. can 212 § 3 CIC.

243 Die Gelassenheit gerade der Römer ist in dieser Hinsicht sprichwörtlich. Vgl. die schöne Geschichte aus dem Campo Santo Teutonico bei R. Raffalt, 1972, S. 16 f.

244 Vgl. die frühe künstlerische Darstellung in der Kirche S. Sabina in Rom.

245 Im Sinne von Hegel verstanden.

246 Joh 13,35.

247 So setzt sich ausgerechnet der heilige Thomas von Aquin als Bettelmönch für das Privateigentum ein.

248 Bibliothek der Kirchenväter 1914, S. XXII.

249 Immerhin der einzige Heilige, dem Goethe – in seiner italienischen Reise – eine längere Würdigung zuteil werden lässt.

250 Kontemplative Orden vollziehen das in Einheit mit der Gesamtkirche.

251 1 Joh 4,7 f.

252 Joh 14,6.

253 Durchaus nicht im heutigen Sinne zu verstehen.

254 Damit soll ausdrücklich nicht das Wirken des Bösen im Leben der Menschen geleugnet werden. Aber es begegnet nach alter christlicher Lehre nicht bloß in psychischen Ausnahmesituationen, sondern kann in alle Dimensionen des Lebens einbrechen. Gerade hier ist auf die strenge Trennung von Psychotherapie und Seelsorge zu achten. Nur so kann man einer Psychologisierung des Bösen einerseits und einer Moralisierung psychischer Krankheit andererseits wehren.

255 Zit. nach E. Fromm 1976, S. 64.

256 Verlautbarungen des Apostolischen Stuhls Nr. 108, S. 39 f.

257 So die Angaben des Oratorianerpaters Dr. Paul Türks, des inzwischen verstorbenen Gründers des ersten deutschen Hospizes in Aachen. Dieser Ordensmann, ein tief beeindruckender Wegweiser moderner Caritas, beklagte in den kirchlichen Institutionen die »wunderbare Schreibtischvermehrung«. Aber er jammerte nicht, sondern handelte.

258 Solche Publikationen sind legitim. Es geht hier nur um die allein schon quantitative Proportion zwischen Problem- und Ressourcenwahrnehmung. Bisweilen entsteht der Eindruck, dass sich kassandrahafte Problemanalysen in der Subtilität der Defizitbeschreibungen gegenseitig zu übertreffen suchen.

259 Gotteslob Nr. 295.

260 Nach einer Zählung 1990 928,5 Millionen, das sind etwa 17,7 Prozent der

Weltbevölkerung, eine Zunahme um fast 180 Millionen (= 24%) allein im Pontifikat des jetzigen Papstes. Inzwischen (1999) hat die Zahl der Katholiken die Milliardengrenze überschritten.

261 W. Raith 1993, S. 23.

262 Angabe des Seelsorgsamts des Erzbistums Köln.

263 Vgl. Studie des Instituts für Demoskopie Allensbach, Frauen und Kirche, 1993.

264 W. Busch ohne Jahr, S. 204.

265 W. Raith 1993, S. 105-114.

266 1993 erklärte der amerikanische Präsident Clinton in seinem Weihnachtsgruß an den Papst: »Gestatten Sie mir zu sagen, dass in den letzten Jahren niemand mehr getan hat, um die menschliche Freiheit und die politische Demokratie zu fördern als Papst Johannes Paul II. Durch seine Arbeit, die des Vatikan und der ganzen Kirche, hat der Heilige Vater mehr als irgendeine Person auf der Erde den historischen Kampf für die Freiheit inspiriert, für den wir in jedem Teil der Erde Zeugen sind«.

267 Gorbatschow äußerte sich laut FAZ vom 4. 3. 1992: »Was in Osteuropa in den letzten Jahren geschehen ist, wäre nicht möglich gewesen ohne diesen Papst, ohne die große – auch politische – Rolle, die Johannes Paul II. im Weltgeschehen gespielt hat«, und der bekennende Atheist fügte hinzu: »Ich bleibe überzeugt von der Wichtigkeit des Handelns Papst Johannes Pauls II. in diesen Jahren … Wir stehen vor einer außergewöhnlichen Persönlichkeit. Ich möchte nicht übertreiben. Aber ich habe einen besonderen Eindruck empfunden, als ob von diesem Mann eine Energie ausgehe, dank der man ein tiefes Gefühl des Vertrauens ihm gegenüber empfindet.«

268 In einem Jahr, in dem viele über den Niedergang moralischer Werte lamentierten oder nach Entschuldigungen für schlechtes Benehmen suchten, habe der Papst dem »seine Vision eines guten Lebens« entgegengesetzt und die Welt aufgerufen, dieser Vision zu folgen. Die überall auf der Welt festzustellende Autorität des Papstes sei »enorm«. Seine Macht beruhe »auf seinem Wort, nicht auf dem Schwert« (FAZ v. 19. 12. 1994).

269 KNA-Meldung vom 4. 1. 1996: Auf die Frage, welcher Erwachsene ihnen am meisten imponiere, nannten 76% der befragten 15-18-Jährigen den Papst.

270 In den Vereinigten Staaten wird diese außergewöhnliche Entwicklung deutlich wahrgenommen: Mary Ann Glandon 1997.

271 Daher ist der Satz: »Wenn nur eine Seite lernbereit ist, kann Dialog nicht gelingen« (Dialogpapier des Zentralkomitees der deutschen Katholiken, A. Schavan (Hrsg.) 1994, S. 41) kommunikationstheoretisch falsch und selbstsabotierend.

272 Vgl. Kardinal Ratzinger in der FAZ vom 29. 5. 1992: »In allen Krisenzeiten
    der Kirche, in denen die eingerosteten Strukturen dem Strudel des allgemei-
    nen Verfalls nichts mehr entgegenzusetzen hatten, waren solche Bewegun-
    gen Ausgangspunkt der Erneuerung, Kräfte der Wiedergeburt.«

273 Vgl. N. Trippen 1993.

274 Vgl. dazu M. Lütz 1996.

275 Mk 9,35.

276 J. W. Goethe, Xenien aus dem Nachlass, in: ders. 1950 Bd. II, S. 503.

277 So Professor Peter Hünermann auf einer Tagung der Katholischen Akade-
    mie in Bayern zu Eugen Drewermann am 22. 2. 1992.

278 O. Marquard 1986, S. 33-53.

279 W. Raith 1993, S. 24.

280 Joh 14,6.

281 Joh 8,32.

LITERATURVERZEICHNIS

Balthasar, H. U. von, Klarstellungen, Freiburg im Breisgau, Basel, Wien 1971.

Bateson, G., Ökologie des Geistes, Frankfurt am Main ³1990.

Bateson, G., Wo Engel zögern. Unterwegs zu einer Epistemologie des Heiligen, Frankfurt am Main 1993.

Beck, U. / Beck-Gernsheim E., Das ganz normale Chaos der Liebe, Frankfurt am Main 1990.

Berg, I. K., Familienzusammenhalt(en), Dortmund 1992.

Berg, I. K., Kurzzeittherapie bei Alkoholproblemen, Heidelberg 1993.

Bibliothek der Kirchenväter, Des Heiligen Kirchenvaters Eusebius Hieronymus ausgewählte Schriften Bd. I, Kempten, München 1914.

Blumenberg, H., Die Genesis der kopernikanischen Welt, Frankfurt am Main 1981.

Bornemann, E., Sexuelle Marktwirtschaft. Vom Waren- und Geschlechtsverkehr in der bürgerlichen Gesellschaft, Wien 1992.

Brandmüller, W., Galilei und die Kirche, Regensburg 1982.

Brecht, B., Leben des Galilei, Berlin 1955.

Buber, M., Das dialogische Prinzip, Heidelberg 1962.

Bucher, A., Auf Felsen oder auf Sand gebaut? Fragen an Eugen Drewermanns psychologische Theorien und Methoden, in: Pottmeyer, H. J. (Hrsg.), Fragen an Eugen Drewermann – eine Einladung zum Gespräch, Düsseldorf 1992.

Busch, W., Die fromme Helene, in ders., Gesamtausgabe Bd. II, Wiesbaden o. J., S. 203-293.

Cremerius, J., Die psychoanalytische Ausbildung – ein Unterwerfungsritual, in: Psychoanalytiker – alles gehorsame Normopathen, Psychologie Heute (1994), Nr. 21, S. 45-47.

Cremerius, J., Die Zukunft der Psychoanalyse, Frankfurt am Main 1995.

Daly, M., Jenseits von Gottvater Sohn & Co, München ⁵1988.

De Shazer, S., Das Spiel mit Unterschieden, Heidelberg 1992a.

De Shazer, S., Der Dreh, Heidelberg 1989.

De Shazer, S., Die lösungsorientierte Kurztherapie, in: Hesse, J. (Hrsg.), Systemisch-lösungsorientierte Kurztherapie, Göttingen 1997, S. 55-73.

De Shazer, S., Muster familientherapeutischer Kurzzeittherapie, Paderborn 1992b.

De Shazer, S., Shit happens, in: Weber, G., Simon F. B., (Hrsg.), Carl Auer: Geist or Ghost?, Heidelberg 1990, S. 182-187.

De Shazer, S., Wege der erfolgreichen Kurzzeittherapie, Stuttgart ³1991.

De Shazer, S., Worte waren ursprünglich Zauber, Dortmund 1996.

Demuleau, J., Angst im Abendland, Reinbek 1985.

Denzinger, H., Kompendium der Glaubensbekenntnisse und kirchlichen Lehrentscheidungen, Freiburg [37]1991.

Deschner, K.-H., Kriminalgeschichte des Christentums Bd. I-III, Reinbek 1986-1990.

Drewermann, E., Kleriker, Olten 1989.

Drewermann, E., Strukturen des Bösen Bd. II, Paderborn, München, Wien 1988.

Drewermann, E., Wort des Heils – Wort der Heilung Bd. II, Düsseldorf [3]1993.

Duerr, H. P., Intimität, Der Mythos vom Zivilisationsprozess, Frankfurt am Main 1990.

Ebertz, M. N., Die Zivilisierung Gottes und die Deinstitutionalisierung der »Gnadenanstalt«, Befunde einer Analyse von eschatologischen Predigten, in: Bergmann, J. et al. (Hrsg.), Religion und Kultur, Kölner Zeitschrift für Soziologie und Sozialpsychologie, Sonderheft 33 (1993), S. 92-125.

Engelhardt, K. / Loewenich, H. von / Steinacker, P., Fremde Heimat Kirche, Gütersloh 1997.

Erlinghagen, K., Das katholische Bildungsdefizit, Freiburg im Breisgau 1965.

Fest, J., Der zerstörte Traum. Vom Ende des utopischen Zeitalters, Berlin 1991.

Frankl, V. E., ... trotzdem Ja zum Leben sagen. Ein Psychologe erlebt das Konzentrationslager, München 1977.

Freud, S., Studienausgabe, Frankfurt am Main 1982.

Fromm, E., Haben oder Sein, Stuttgart 1976.

Funke, D., Der halbierte Gott, München 1993.

Fürstenau, P., Entwicklungsförderung durch Psychotherapie. Grundlagen psychoanalytisch-systemischer Psychotherapie, München 1992.

Gatz, E., Der Zölibat als Spezifikum priesterlicher Lebenskultur, in: ders. (Hrsg.): Geschichte des kirchlichen Lebens Bd. IV, Freiburg im Breisgau, Basel, Wien 1995.

Gatz, E., Für Gott und die Welt, Die selige Franziska Schervier, Aachen 1978.

Gehlen, A., Der Mensch. Seine Natur und seine Stellung in der Welt, Wiesbaden [13]1986.

Glandon, M. A., The Pope's New Feminism, in: Crisis 3/1997.

Görres, A., Erneuerung durch Tiefenpsychologie?, in: Görres, A., Kasper, W. (Hrsg.), Tiefenpsychologische Deutung des Glaubens?, Freiburg im Breisgau, Basel, Wien [3]1990.

Goethe, J. W., Gedenkausgabe der Werke, Briefe und Gespräche, Zürich 1950.

Grawe, K. et al., Psychotherapie im Wandel, Göttingen 1994.

Gregorovius, F., Geschichte der Stadt Rom im Mittelalter Bd. I, Neuausgabe, München 1978.

Habermas, J., Die neue Unübersichtlichkeit, Frankfurt am Main 1985.

Habermas, J., Erkenntnis und Interesse, Frankfurt am Main 1973.

Hegel, G. W. F., Vorlesungen über die Philosophie der Religion, hrsg. von G. Lasson, Bd. II, 2 (Die absolute Religion), Ph B 63, 1929 (=1966).

Heid, S., Zölibat in der frühen Kirche: Die Anfänge einer Enthaltsamkeitspflicht für Kleriker in Ost und West, Paderborn 1997.

Heidegger, M., Sein und Zeit, Tübingen [12]1972.

Heinen, S., Frauen der frühen Christenheit, Göttingen [3]1990.

Heisenberg, W., Naturwissenschaftliche und religiöse Wahrheit, in: Chronik der katholischen Akademie in Bayern 1972/73, München 1974, S. 89-100.

Hemleben, J., Galilei, Reinbek 1969.

Hesse, J. (Hrsg.), Systemisch-Lösungsorientierte Kurztherapie, Göttingen 1997.

Horkheimer, M., in: Rössner, H. (Hrsg.), Der nahe und der ferne Gott, Berlin 1981.

Institut für Demoskopie, Frauen und Kirche. Eine Repräsentativbefragung von Katholikinnen, Allensbach 1993.

Jaeggi, E., Ich sag' mir selber Guten Morgen, München 1992.

Janetzky, B. et al., Aufbruch der Frauen, Münster 1989.

Jaspers, K., Philosophie Bd. II, Berlin, Heidelberg, New York [4]1973.

Jedin, H. (Hrsg.), Handbuch der Kirchengeschichte Bd. I-VII, Freiburg im Breisgau 1962-1979.

Jellouschek, H., Die Kunst als Paar zu leben, Stuttgart [4]1993.

Jonas, H., Das Prinzip Verantwortung, Frankfurt am Main 1979.

Jordan, P., Der Naturwissenschaftler vor der religiösen Frage, Oldenburg, Hamburg 1963.

Kant, I., Kritik der praktischen Vernunft, Riga 1788.

Kluxen, W., Ethik des Ethos, Freiburg im Breisgau, München 1974.

Krämer-Badoni, R., Galileo Galilei. Wissenschaftler und Revolutionär, München 1985.

Kriz, J., Grundkonzepte der Psychotherapie, München, Wien, Baltimore 1985.

Kuhn, T. S., Die Struktur wissenschaftlicher Revolutionen, Frankfurt am Main 1973 (amerikanische Erstausgabe 1962).

Lasch, C., Das Zeitalter des Narzissmus, München 1982.

Leites, E., Puritanisches Gewissen und moderne Sexualität, Frankfurt am Main 1988.

Luhmann, N., Funktion der Religion, Frankfurt am Main 1977.

Lütz, M., Anmerkungen zum Verhältnis Betreuung und Selbstbestimmung in der caritativen Arbeit, Schriftenreihe des Diözesan-Caritasverbandes Köln Nr. 21, 1995.

Lütz, M., Die ganzheitliche ökologische Sicht von Sexualität, in: M. Müller, Kirche und Sex, Aachen 1994.

Lütz, M., Nur eine künstliche Beziehung für Geld, in: Rheinischer Merkur vom 26.7.1996.

Lütz, M., Psychotherapie und Religion, in: J. Hesse (Hrsg.), Systemisch-lösungsorientierte Kurzzeittherapie, Göttingen 1997, S. 113-120.

Marquard, O., Apologie des Zufälligen, Stuttgart 1986.

Maturana, H. R., / Varela, F. J., Der Baum der Erkenntnis, Bern, München 1987.

Miller, A., Das Drama des begabten Kindes, Frankfurt am Main 1983.

Mitscherlich, A., Auf dem Weg zur vaterlosen Gesellschaft, München [17]1989.

Müller, M. (Hrsg.), Plädoyer für die Kirche, Aachen [4]1992.

Müller, M. (Hrsg.), Von der Lust, katholisch zu sein, Aachen 1993.

Mysterium Salutis, Bd. II, Einsiedeln 1967.

Nietzsche, F., Werke, Bd. III, München, Wien 1980.

Noelle-Neumann, E., Die Schweigespirale. Öffentliche Meinung – unsere soziale Haut, Frankfurt am Main, Wien, Berlin 1982.

Ockenfels, W., Meine katholische Soziallehre, Trier [4]1992.

Pastor, L. Freiherr von, Geschichte der Päpste Bd. I-XVI, Freiburg im Breisgau [2]1891-1933.

Peters, U. H., Wörterbuch der Psychiatrie und medizinischen Psychologie, München, Wien, Baltimore [4]1990.

Pieper, J., Muße und Kult, München 1948.

Popper, K., Logik der Forschung, Tübingen [4]1971.

Raffalt, R., Fantasia Romana, München 1972.

Rahner, K., Hörer des Wortes, München [2]1969.

Raith, W., Eiszeit im Vatikan, München 1993.

Ranke-Heinemann, U., Nein und Amen: Anleitung zum Glaubenszweifel, Hamburg 1992.

Ricoeur, P., Hermeneutik und Psychoanalyse, München 1974.

Schavan, A. (Hrsg.), Dialog statt Dialogverweigerung, Kevelaer 1994.

Schenk, H., Die Befreiung des weiblichen Begehrens, Köln 1991.

Schenk, H., Die feministische Herausforderung, München [5]1990.

Schiller, F., Die Worte des Glaubens, in: Echtermeyer, T., Deutsche Gedichte, Düsseldorf 1968, S. 271.

Schmidt, G., Tranceprozesse in Organisationen, in: Gerken G., Kapellner T. (Hrsg.), Wie der Geist überlegen wird, Paderborn 1993, S. 119-134.

Schmidtchen, G., Zwischen Kirche und Gesellschaft. Forschungsbericht über die Umfragen zur gemeinsamen Synode der Bistümer in der BRD, Freiburg im Breisgau 1972.

Schulz, I. H., Das Autogene Training, Stuttgart, New York [17]1982.

Schwarzer, A., Der kleine Unterschied und seine großen Folgen, Frankfurt am Main 1975.

Seeliger, H. R., (Hrsg.), Kriminalisierung des Christentums?, Freiburg im Breisgau, Basel, Wien 1993.

Selvini, M., Mara Selvinis Revolutionen, Heidelberg 1992.

Sigusch, V., Die Trümmer der sexuellen Revolution, in »Die Zeit« vom 4. 10. 1996.

Sipe, R., Sexualität und Zölibat, Paderborn 1992.

Spaemann, R. / Koslowski, P. / Löw R., Evolutionstheorie und menschliches Selbstverständnis, Weinheim 1985.

Spendel, S., Die Füße aufbinden, in: Schavan, A., Dialog statt Dialogverweigerung, Kevelaer 1994.

Stehle, H., Geheimdiplomatie im Vatikan, Zürich 1993.

Thomä, H. / Kächele H., Lehrbuch der psychoanalytischen Therapie, Berlin, Heidelberg [2]1989.

Trippen, N., Der Wandel der Seelsorge in der Geschichte der Kirche, in: Pastoralblatt 8/1993, S. 227-234.

Twain, M., Die Abenteuer von Tom Sawyer, Frankfurt am Main 1996 (Erste Auflage 1876).

Van Kley, D. K., The Religious Origins of the French Revolution, London 1996.

Watzlawick, P., Anleitung zum Unglücklichsein, München 1983.

Watzlawick, P., Vom Schlechten des Guten, München 1986.

Watzlawick, P., Wie wirklich ist die Wirklichkeit?, München [19]1991.

Watzlawick, P. et al., Lösungen: Zur Theorie und Praxis menschlichen Wandels, Bern, Göttingen, Toronto [5]1992.

Watzlawick, P. et al., Menschliche Kommunikation: Formen, Störungen, Paradoxien, Bern, Stuttgart, Toronto [8]1990.

Weber, M., Die protestantische Ethik und der Geist des Kapitalismus, Gütersloh [7]1984 (1. Auflage 1905).

Weiss, T., Familientherapie ohne Familie, Kurztherapie mit Einzelpatienten, München 1988.

Weizsäcker, C.-F. von, Der Garten des Menschlichen, München, Wien 1977.

Wesson, R., Die unberechenbare Ordnung, Chaos, Zufall und Auslese in der Natur, München 1993.

Wetter, G. A., Sowjetideologie heute Bd. I, Frankfurt am Main 1962.

Wieland, W., Diagnose, Überlegungen zur Medizintheorie, Berlin 1975.

Willi, J., Was hält Paare zusammen?, Hamburg 1991.

Wojtyla, K., Liebe und Verantwortung, München 1979.

Wysocki, G. v., Die Fröste der Freiheit. Aufbruchphantasien, Frankfurt am Main 1980.

Zander, H.-C., Zehn Argumente für den Zölibat. Ein Schwarzbuch, Düsseldorf 1997.

Stichwortverzeichnis

Abtreibung 134
Alkoholikerfamilie 14 f., 41 ff., 226
Auferstehung 125, 154, 179 f.,
    206 f., 213
Aufgabe der ersten Stunde 101,
    111 f., 165
Ausnahme 101 f., 105, 111 ff.
Autogenes Training 194

Barockstil 29, 161
Behinderte 134, 174, 176, 178, 222,
    224
Beichte 185, 197 ff.
Bekenntnis 131, 157 f., 163 f.,
    171 ff., 176, 178 ff., 182, 184,
    186, 203, 205, 229, 238
Beobachtungsaufgaben 111 f.
Besucher 110 ff.
Bewältigungsstrategien 105, 151
Brücke-Krücke 224

Canossa 92
Caritas 162 ff., 171, 173–179,
    219 ff., 225, 234 f.
Christus ja – Kirche nein 134

Demokratie 17, 79, 130, 208, 210
Der Spiegel 35
Dialog 44 f., 50
Dogma 124 ff., 142

Ehe 66, 68, 72 ff., 77 f., 81 f., 84 f.,
    125 f., 133, 142, 197, 204 ff.,
    209
Ehrenamt 176
Einwegscheiben 61, 78
Emmaus 153 ff.
Erlösung 73, 93, 202, 238 f.

Eskalation, symmetrische 40, 60
Esoterik 36, 129, 150, 223, 240
Eucharistie 194
Evolutionstheorie 132
Exklusivitätsverbot 121 ff.

Familientherapie 13, 37, 62, 84, 208
Feministin 72, 87, 134, 203
Firmung 172, 176, 193
Fragen, zirkuläre 103, 207, 212,
    218
Frauenbewegung 71, 87, 142, 232
Frauenpriestertum 17, 19, 69 f., 79
Fundamentalismus 182 f.

Gebet 193, 197, 205, 218, 238
Gemeinschaft, geistliche 189, 234
Gemeinschaft, kirchliche 171, 179,
    208 f., 213 ff., 218 f.
Generalvikariat 71, 172, 224
Gesellschaft, vaterlose 26, 28
Gesprächspsychotherapie 48
Gesundheitskult 129, 201
Gnade 93, 153, 192, 201 f., 219,
    239
Gnadenstreit 118 ff.
Gottesdienst 73, 91, 128, 157 f.,
    171, 177 ff., 189 ff., 194 ff., 219,
    222, 224
Grenzsituationen 129, 198, 200,
    223
Gut-Böse-Spaltung 34

Handlungsaufgaben 111 f.
Heilige Messe 178, 190, 197, 229
Hexe 32 f., 139
Hexenverbrennungen 32 f., 141
Hierarchie 181, 210 ff.

269

Hölle 200, 213
Hospizbewegung 223
Hypnotherapie 94, 97

Individualisierung 25, 36, 129, 133,
    192
Inquisition 33, 119, 139
Instruktion 91
Integration 174
Intervention, paradoxe 58 f., 161

Jansenismus 199
Jesuitenstaat 143

Kirchensteuer 188, 226
Kirchenväter 48, 80, 207, 213
Kirchenvolksbegehren 70, 80, 208
Klagender 110 ff.
Komplimente 111 f., 217, 233
Kondom 17, 125
Konzil, Fünftes Laterankonzil 159
Konzil von Trient 80, 119, 161, 206
Erstes Vatikanisches Konzil 126
Zweites Vatikanisches Konzil 37,
    45, 69, 73, 80, 155, 178, 181,
    191, 208, 210, 212, 231
Krankensalbung 200 f.
Kreuzzüge 139 ff.
Kulturkampf 145, 230
Kunde 110 ff.
Kybernetik 55

Laie 44, 80 f., 91, 105, 160, 162,
    176 f., 202, 211 f.
Leid 42, 44, 73 f., 106 ff., 129, 200,
    217
Logotherapie 58, 219
Lösung, katholische 117 f., 121
Lösungsorientierte Therapie 98,
    110, 112 f.
Lösung zweiter Ordnung 60, 84, 86,
    117 f., 120 f.

Magersucht 53, 56, 59, 61
Märtyrer 148, 155, 179,
    181 f.
Menschenrechte 134 f., 143, 166,
    184, 231
Muße 196

Nationalsozialismus 26, 145 f.
Natur 88, 135 f., 147
Naturwissenschaft 50, 55, 57, 132,
    135, 146 ff., 166

Ökumene 37 ff., 231
Orden 69, 80 f., 97, 119, 121 f.,
    133, 139, 142 ff., 159, 180, 216,
    221 f., 225

Palo-Alto-Gruppe 53, 59, 84
Papsttum 69 f., 140, 161, 212 f.
Perspektivwechsel 57, 84, 90 f., 93,
    123, 127, 154, 193, 218, 233
Priesterkleidung 20
Problemtrance 14, 19, 44, 127, 154,
    185, 212, 214, 227, 232, 237
Protestobjekt 29 f., 34, 38, 125
Psychoanalyse 27, 29, 32, 34,
    47–51, 53, 57 ff., 62, 101, 137,
    197
Pubertät 27, 29 f.

Quantentheorie 55, 57, 146

Reformation 33, 39, 70, 129, 159,
    161, 224
Religionsunterricht 40, 130, 172
Rosenkranz 197

Sakrament 29, 191 ff., 195, 198,
    200 ff., 204 ff., 211
Schlachtordnung, schiefe 87, 181
Schuld 34, 56, 108, 126, 129, 143,
    197 ff.

Seelsorge 46 ff., 50, 75, 77, 93, 108, 199, 229, 234
Sekte 123, 129, 156
Sexualität 17 f., 24, 29 f., 79, 184 ff., 199, 203
Skalenfragen 103
Soziallehre, katholische 175, 209
Sterbende 174, 200, 222, 225, 233
Subsidiaritätsprinzip 173, 175 ff., 209 f.
Supervision 108
Systemische Therapie 55, 58, 62, 94, 109

Tabu 31, 65, 229
Taufe 89, 143, 172, 176, 192 f., 208, 228
Theologie, feministische 141 f.
Therapieeffizienzforschung 51, 54, 99, 106
Tod 94, 125, 129, 132, 144, 166, 168, 170, 185, 196, 198, 200 f., 204, 207, 240
Traditionalismus 126
Transaktionsanalyse 41

Überbevölkerung 88
Umwelt 135

Unfehlbarkeit 17, 70, 82, 124 ff.
Unfehlbarkeitsverbot 123 f., 127
Unübersichtlichkeit, neue 34
Unwiederholbarkeit 132, 197, 236
Utopiesyndrom 67, 69, 73, 75, 169, 198

Vater 26 f., 29 ff., 63, 196
Verhaltenstherapie 105
Verkündigung 72 f., 152, 179 f., 182, 184, 210, 222
Visitationstrance 19
Vollmacht 72, 182, 202

Wahrheit 48, 50, 54 f., 79, 93, 146, 169, 181, 220, 237
Warum-Frage 48, 56 ff., 106
Weihesakrament 201, 211
Wende, konstantinische 156
Wesensvollzüge der Kirche 171, 186, 222
Widerstand 27, 53, 101, 144 ff., 206, 213
Wunderfrage 102, 104, 238

Zentralkomitee 44
Zölibat 17 ff., 28, 79, 81 ff., 96 f., 157 f., 170, 201 ff., 212